本书获上海市委宣传部中青年理论骨干班专项课题"新时代人民福利整体性构建研究"（2018FZX027）的支持，在此致以衷心感谢！

今日马克思主义研究丛书

新时代人民福利共建共享研究

牛海、刘光旭————著

天津出版传媒集团

天津人民出版社

图书在版编目（ＣＩＰ）数据

新时代人民福利共建共享研究 / 牛海, 刘光旭著
. -- 天津 : 天津人民出版社, 2023.6
（今日马克思主义研究丛书）
ISBN 978-7-201-19552-0

Ⅰ.①新… Ⅱ.①牛… ②刘… Ⅲ.①社会福利—研
究—中国 Ⅳ.①D632.1

中国国家版本馆 CIP 数据核字(2023)第 112837 号

新时代人民福利共建共享研究
XINSHIDAI RENMIN FULI GONGJIAN GONGXIANG YANJIU

出　　版	天津人民出版社
出 版 人	刘　庆
地　　址	天津市和平区西康路35号康岳大厦
邮政编码	300051
邮购电话	（022）23332469
电子信箱	reader@tjrmcbs.com
责任编辑	王佳欢
封面设计	明轩文化·李晶晶
印　　刷	艺堂印刷(天津)有限公司
经　　销	新华书店
开　　本	710毫米×1000毫米　1/16
印　　张	17
插　　页	2
字　　数	210千字
版次印次	2023年6月第1版　2023年6月第1次印刷
定　　价	89.00元

前　言

大道至简,为民则强,在中国共产党建党百年的历史性贡献中,改善人民生活成为最朴素又最庄严的使命。党带领人民在中华大地上完成了人类历史上最壮丽的脱贫攻坚任务,创造了全球史诗级别的减贫奇迹。党的十八大以来,我国接近1亿人摆脱了绝对贫困,900万困难群众从生产生活条件极差的地区搬迁到可以真正安家生活的希望之地,开始建设自己的新家园,生活和发展的条件获得极大改善。一些群众的生活条件和社会生活状态甚至实现了千年的跨越,从相对原始封闭的生产生活方式直接进入到社会主义小康社会,能够逐渐融入社会主义现代化建设的大潮中,并逐步培养出他们参与建设社会和自我发展的基本能力。大量绝对贫困人口命运的改变,体现了马克思主义政党人民至上的根本立场,也是中国特色社会主义制度集中力量办大事的优势的集中反映。消除贫困是人民获得的最大最根本最真实也是最急需的福利支持,为建设中国特色社会主义现代化奠定了最为坚实的基础,凝聚了甚为磅礴的发展之力。

新时代以来,我国创造的脱贫攻坚制度体系,是建设人民福利的重大战略举措,也是对我国福利体系发展多层面工作的重大创新和纵深的拓展。可以说,脱贫攻坚制度体系的创建,从一个层面也反映了我国原有福利体系建设中的不足和问题,填补了我国福利体系建设中的空缺,弥补了我国福利体系建设中的部分短板。它不但推动解决了现行标准下我国部分地区的绝对贫困问题，而且以实践创新的方式探索出赋予贫困人口自我发展潜力的能力建设，是一种富含能动性特征的积极福利支撑，是新时代共建共促共享人民福利的杰出创举。这一有效的福利建设体制在后精准扶贫时代仍然根据时代的发展需要，通过创新在积极探索防止困难群众返贫的有效阻断机制，助推国家全面建成小康社会后，顺利进入全面建设社会主义现代化国家新阶段，推进国家步入共同富裕建设发展的崭新时期。

在"两个一百年"奋斗目标的历史交汇时期，在统筹两个大局的重要发展进程中，我国开启了全面建设社会主义现代化的新征程，正在构建新的发展格局。人民对美好生活的需要成为我国社会建设的重要任务。我国需要构建多层次多维度整体性的人民福利制度，以适应新时代内涵丰富的人民美好生活之需要，也是我国逐步步入高收入、高发展程度国家应有的社会进步特征。换言之，全面开启社会主义现代化建设新征程后，发动人民共同建设中国特色社会主义人民福利社会，同时提高人民分享经济社会发展成果的水平，扩大共同享有的机会，是我国社会建设特别是社会福利建设重点考虑和布局推进的任务。为保证福利建设更好地满足人民需要，必须坚持以人民为中心的发展思想，更好地坚持和发展公有制经济基础性支撑作用，围绕人民需要展开生产力布局，依循人民性路径进行宏观调控，防止以人民的名义进行福利建设的工具化倾向。

需要说明的是，本书使用的"福利"一词内涵比较宽泛，与西方"福利国家"的内涵有本质区别，也不同于我国现在常用的只针对妇女儿童和社会优抚特定群体的相对狭义的福利概念。本书使用的是广义的、与人民美好生活建设相对应的福利内涵，涉及的内容扩展到了包括社会保险、社会救助、共享制度的建设，以及供给、人民发展能力的培养、发展机会的公平提供等社会建设和服务的多个领域，与人们的安全感、获得感、幸福感的增强密切相关,以一种大福利的视角,在全面审视我国经济社会发展到一定的高度和水平的基础上,有较丰裕的物质和技术基础可以保障我国人民在更加宽泛的领域享有社会进步的综合福利,也让人民群众在更深层获得自我发展的重要动力,是广义的福利概念。大福利的建设理念和推进措施是我国共建公平共享社会,促进人民群众增强命运共同体意识,提升经济社会包容性发展的重要保证。

基于大福利的理念,本书的前半部分在简单回顾世界先发国家主要福利模式及其特点的基础上,拟从大福利的视角研究我国如何推进人民福利的整体性建设,从福利整体性的基本内涵、福利整体性与美好生活建设的互构性,以及人民福利建设制度的整体性设计如何体现人民主体性,人民福利整体性建设的主要内容及其提供主体的多元性等方面展开论述,强调我国福利建设的人民性特征,以及围绕人民性的彰显如何在基本经济制度、生产力的布局等层面得到落实。本书的后半部分内容更多地体现出福利建设的内生动力,从共建共享的角度强调福利建设的人民性共建特征和共同享有的目的,展现出我们建设富裕的社会主义现代化社会的题中应有之义。当然,所有的福利建设的基础是我国不断强大的经济技术实力、创新能力和物质基础。因此,激励人民进行更多的创造性劳动以生产更多的价值来提升和保障人民福利是必须大力倡导的,因为只有有效激发全社会的劳动创造活力,让劳动和创造成为财富源源不断的动力,不断夯实人民福利建设的庞大物质基础,为能够可持续地享有福利储备可靠的支撑。唯如此,我们国家才有能力、有基础、有后劲不断解决民生难题,特别是全力解决相对贫困人口福利供需的尖锐矛盾,调整社会资源加速福利建设整体性布局,提升发展质量带动人民福利建设和收获,让经济发展更好地服务于人民的美好生活需要,助推新时代人民生活从物质不断丰富向全面美好生活的连续性进步。

由于我国的贫富差距比较大,在解决部分群众的绝对贫困困扰后,分阶段逐步实现共同富裕成为人民的重要呼声。当然,对新时代要实现共同富裕目标的认识,大家还是比较冷静和客观的,一定要避免之前的错误认识和做法,即以群众运动的方式降低贫富差距,忽视了发展生产力的重要性导致后果不尽如人意;而是要通过创建更优的体制机制激发人民的劳动创造活力,在创造更多社会财富的基础上实现更好的人民福利。在新的发展阶段,为了激发更多福利建设的能动性,要在不同的领域精细设计处理公平与效率的关系,改革不合理的体制机制,破解体制弊端,让部分获得优势地位的阶层压制创新发展的状况得到改变。要破解一些垄断行业和资本、平台对新进人员和创新的拖累,给社会提供新的发展机遇,为更多的人提供发展可能性,让创新的力量不断从社会中喷涌而出,创造更多的社会财富,提升社会发展水平,在做大做优蛋糕的基础上更好地分配蛋糕,为人民分阶段因地制宜地走向共同富裕打下更为坚定的物质财富基础。

我国有 14 多亿人口,虽然 2022 年的人均国内生产总值达到 1.27 万美元左右,与世界平均水平线基本持平,但是要非常清醒地牢记我国还是世界上最大的发展中国家,人均财富水平与发达国家有很大的差距。基于这样的基本国情,我国的福利建设应该是一种全新的、积极的发展型福利形态,是对以往各种社会福利建设模式的积极扬弃和超越。概括而言,就是新时代的福利建设不再停留在被动的普遍式的物质给付层面,而是积极的发展式的能动型福利,是一种基于人们自我发展能力和参与社会发展能力的建设。人民福利的整体性构建要立足双循环建设格局下,成为高质量发展的题中之义、应有之责,是发展力量的储备和经济建设的良好支撑,是有利于经济社会持续发展的具有"投资性""生产性""能动性"的福利建设,本质上是一种综合性社会发展能力的全面支持和建设。从理论上论述这种能力建设的基本逻辑,从制度层面设计塑造,从实践层面落实推动,在新时代的中国社会建设中具有重要的理论意义和实践价值,也为人的全面发展和物的全面丰富创造了更好的发展环境和条件，是马克思主义关于人的发展理论在新时代的中国落地生根、创新发展的生动写照。在全面开启共同富裕建设新的发展阶段，这样的福利建设理念不仅是量力而行、尽力而为的实践，更是马克思主义人的发展理论在中国特色社会主义新时代的积极展开，把人民主体性和福利的共建共享性有机联系起来，开启以能动的方式建设人民福利可持续发展的积极探索。

目　录

第一章　社会福利建设与美好生活需要概述 …………………… （1）

第一节　社会福利的产生与福利内涵的扩展 …………………… （1）

一、社会福利产生的主要条件回顾 ……………………… （2）

二、现代社会福利内涵的扩展及启示 …………………… （7）

第二节　美好生活建设与社会福利发展 ……………………… （9）

一、美好生活需要的多层多样性 ……………………… （10）

二、美好生活导向的福利整体性 ……………………… （12）

三、新时代社会福利建设的基本方向 ………………… （15）

第二章　世界社会福利建设的主要模式简析 ………………… （19）

第一节　福利提供的主要模式简述 …………………………… （19）

一、以市场雇佣为主、公共福利补缺模式 …………… （19）

二、以工作缴费为前提的社会保险模式 ……………… （20）

三、以公民社会权利为基础的政府提供模式 ………… （21）

四、兼具不同特征的混合福利供给模式 ……………… （22）

第二节　国家在福利建设中的地位及职责 ………………… （24）

一、福利建设相关理论梳理 …………………………… （24）

二、不同福利模式中的国家角色 ……………………… （30）

三、社会福利建设中国家的一般职责 ……………………（39）

四、社会主义中国建设人民福利的特殊职责 …………（42）

第三节 社会福利供给中国家作用的弹性化趋势 …………（47）

一、社会福利供给中国家的作用 …………………………（48）

二、社会福利供给中国家的角色演变 ……………………（49）

三、社会福利供给中国家角色的动态优化 ………………（52）

第三章 我国社会福利建设面临的主要矛盾与问题 ………（57）

第一节 新时代社会福利体系面临的主要矛盾 …………（58）

一、不同群体间利益固化 …………………………………（58）

二、不同省区间基金收支失衡 ……………………………（59）

三、制度高缴费与低保障不匹配 …………………………（60）

四、制度内代际抚养比畸高 ………………………………（61）

五、新业态劳动者无法舒畅享有社会保障待遇 …………（62）

第二节 社会福利建设的认识误区 …………………………（64）

一、社会福利建设与经济发展相对立 ……………………（64）

二、国家主导推进与多元建设主体相对立 ………………（67）

三、顶层制度设计与运行实施边界模糊 …………………（68）

第三节 社会福利建设面临的主要问题 ……………………（69）

一、福利制度设置缺乏系统集成性 ………………………（70）

二、制度分隔造成福利较大差异性 ………………………（71）

三、福利制度建设缺乏统筹层次性 ………………………（77）

四、福利实施路径处于单向低效性 ………………………（79）

第四节 福利建设滞后的制度分析 …………………………（81）

一、法治建设相对滞后 ……………………………………（81）

二、碎片化阻滞制度优化 …………………………………（83）

三、制度多层互补发展缓慢 ……………………………………（87）

四、制度操作机制有待落实落细 ………………………………（89）

第四章 坚持以人民为中心的福利建设 ……………………………（91）

第一节 福利建设理念的人民主体性 ……………………………（91）

一、坚持以人民为中心的价值内引 ……………………………（91）

二、人民全面发展是福利发展的根本目的 ……………………（92）

三、人民共建共享是福利发展的根本动力 ……………………（94）

四、人民获得感是福利发展的根本标准 ………………………（95）

第二节 福利建设过程的人民主体性 ……………………………（97）

一、坚持社会主义基本制度,保障政治主体性 ………………（97）

二、坚持公有制主体地位,保障经济主体性 …………………（98）

三、坚持生产力布局人民导向,保障发展主体性 ……………（101）

四、坚持党的领导,保障人民主体性的实现 …………………（103）

第三节 福利建设结果的人民主体性 ……………………………（105）

一、惠及全体人民的广泛性 ……………………………………（105）

二、助力全体人民的发展性 ……………………………………（107）

三、谨防服务资本的工具性 ……………………………………（109）

第五章 新时代人民福利的整体性构建 ……………………………（111）

第一节 新时代人民福利整体性建设的必要性 …………………（111）

一、经济全球化对社会福利建设的影响 ………………………（111）

二、我国人民福利建设主要供需条件分析 ……………………（115）

三、新时代人民福利建设目标模式探讨 ………………………（121）

第二节 人民福利建设内容的整体性架构 ………………………（124）

一、人民福利整体性建设的横向一体化 ………………………（124）

二、人民福利整体性建设的纵向多维型 ………………………（129）

三、立足当前的基础普惠性福利供给 …………………（133）

四、眼光长远地发展提升性福利建设 …………………（150）

第三节　人民福利建设主体的整体性定位 ……………（158）

一、福利建设主体的责任分析 …………………………（158）

二、福利制度建设的分层分类与系统集成 ……………（161）

三、福利制度建设多支柱的主要目标 …………………（164）

第四节　人民福利建设环境的整体性优化 ……………（165）

一、高质量发展，夯实福利建设的物质基础 …………（166）

二、肃清腐败，防止鲸吞蚕食人民福利 ………………（167）

三、建设美丽中国，提升生态福利 ……………………（169）

四、落实民生保障，畅通福利进路 ……………………（171）

第六章　新时代人民福利整体性构建的制度效能 ……（174）

第一节　以新发展理念引领人民福利制度建设 ………（174）

一、推进制度创新，激发福利建设 ……………………（175）

二、促进制度协调，提升福利效率 ……………………（176）

三、构建生态制度，建设绿色福利 ……………………（178）

四、扩大制度开放，实现互惠福利 ……………………（179）

五、完善共享制度，保障福利可及性 …………………（180）

第二节　福利制度建设与社会经济协同共进 …………（182）

一、推进经济发展与社会福利建设协调共进 …………（182）

二、构建国家、社会、个人多元参与福利制度模式 ……（184）

三、注重社会福利制度体系的内部协同性 ……………（186）

第三节　中国特色社会福利制度的效能提升 …………（188）

一、发挥国家主导作用，提升福利制度效能 …………（188）

二、推动社会福利制度建设法治效能提升 ……………（191）

三、推进多层次社会福利制度系统集成性 …………………（193）

四、促进社会福利运行机制协同效能提升 …………………（195）

第七章 激励劳动创造 共建人民福利 …………………（198）

第一节 构建劳动创造福利的公平环境 …………………（198）

一、坚持党的领导，保证劳动者当家作主的权利 …………（198）

二、支持实体经济，助力劳动者福利创建 …………………（200）

三、巩固公有制，确保劳动者福利主体性 …………………（202）

四、激励创造性劳动，提升劳动效率 ……………………（203）

第二节 发展教育文化事业 提高共享发展能力 …………（204）

一、发展普惠性教育文化事业，提高劳动者创造福利的能力 …（204）

二、发展文化产业，激发劳动者的创造活力 ……………（206）

三、提升文化自信，增强劳动者的文化认同 ……………（208）

第三节 加强劳动保护 助力福利创造 …………………（209）

一、加强对劳动者的健康保护 ……………………………（209）

二、完善就业服务培训支持 ………………………………（211）

三、完善法治，保障劳动者的合法权益 …………………（212）

第八章 新时代人民福利建设的共享性 …………………（214）

第一节 福利共享反映时代发展要求 ……………………（214）

一、新时代中国共产党人的初心使然 ……………………（214）

二、全面建设社会主义现代化的时代需要 ………………（216）

三、部分后发国家社会分化的镜鉴 ………………………（217）

第二节 全面推进福利建设的共享性 ……………………（219）

一、福利建设主体的全民性 ………………………………（219）

二、福利共享内容的全面性 ………………………………（221）

三、福利共享途径的共建性 ………………………………（223）

四、福利共享历程的渐进性 …………………………………（226）

第三节　完善福利共建共享的制度建设 …………………………（228）

一、社会主义基本制度是保证福利共享的基本前提 ………（228）

二、落实基本方略，推进福利制度的整体性建设 …………（230）

三、深化制度改革，释放福利建设发展动力 ………………（233）

第九章　人民福利共建共享的时代价值 …………………………（236）

第一节　适应数字经济推动生产方式变革的需要 ………………（237）

第二节　保障人民更加公平公正地发展权利 ……………………（239）

第三节　促进新时代中国特色共同富裕社会建设 ………………（242）

尾　论 ………………………………………………………………（246）

参考文献 ……………………………………………………………（251）

一、中文著作 ………………………………………………（251）

二、中文文章 ………………………………………………（253）

三、英文文献 ………………………………………………（256）

后　记 ………………………………………………………………（257）

第一章　社会福利建设与美好生活需要概述

新时代,我国发展进入了新阶段,人们对美好生活的向往对我国的社会福利建设提出了更高的要求。广大群众已经不能仅仅满足于摆脱物质生活贫困的状况,不同生活层次的人从自身生活和发展需要出发,提出对经济安全保障、发展提升型福利等方面更多更高的需要。在追求福利目标的过程中,人们要求社会管理在制度设计、保障水平、发展前景等方面体现得更加公平正义,制度创设的环境更加和谐。人们需要在充实的物质支撑基础上,拥有良好的人文发展环境等,这些都可归属于人们需要的大福利范畴。换言之,新时代人民福利需求具有更加全面的整体性特征,不再仅仅停留在物质层面,也不只是针对需要救助的困难群众,而是涉及全体国民的全面的生存和发展福利,并贯穿了从物质利益到发展条件建设,良好制度环境的创建,保障公民公平地追求自己幸福生活的各方面福利,构成多层次多方面立体性的新时代整体性福利建设内容,成为美好生活建设的重要组成部分和题中应有之义。

第一节　社会福利的产生与福利内涵的扩展

人类社会的福利制度并不是一开始就有的。社会福利制度的产生具有一定的经济、政治、社会条件,归根结底是由不断发展进步的社会生产方式决定的。

在原始社会的早期,人类对自然的认识非常有限,利用和改造自然的能力也是极为贫乏的,只能靠简单的工具,通过集体劳动,才能勉强获得必需的生活资料,没有丰裕的剩余产品,无法供养更多的人在遇到生活不测时享用。因此,在共同劳动付出,共同使用产品,有则同享、无则共苦的环境下,无法生产出承担社会福利的物质基础,也就不具备推进社会福利的基本支撑条件。随着社会生产力的发展,剩余产品的出现刺激了生产方式的变化,家庭劳动代替社群劳动成为社会生产的重要形式,家庭生活成为社会的基本组成细胞,家庭制度成为社会制度的重要组成形式,也成为劳动者最基本的福利提供来源和保障。劳动者的生、老、病、死、伤、残的生活及相关费用,全部由所在家庭负担,没有社会组织和机构可以提供任何的费用给予帮助,纯粹是在自给自足的经济状态下,以血缘关系为基础的家庭保障为人们提供最基本的生存生活福利。这种福利对于老年劳动者尤为关键,因为年老体弱的农民必须在共同生活的家庭中得到照顾,才能获得生存必需的食物和基本的生活物资条件。这也是农业社会"养儿防老"成为普遍风俗的社会经济条件。在后来社会福利逐渐发展起来之后,家庭福利提供也是整个福利体系的重要组成部分。

一、社会福利产生的主要条件回顾

从世界范围内看,社会福利的出现是建立在社会生产力发展的基础之上的,在这一点上所有国家都概莫能外。虽然不同的国家和民族因历史文化传统和发展水平不尽相同,社会福利的组织运行方式也各具特色,但就其对生产力发展水平的依赖性而言,都会受制于生产力的发展水平及其提升的过程。具体而言,社会福利制度的产生和发展必定是社会生产力发展到一定水平的结果。生产力水平的不断提升让社会有了更多的产品剩余,可供社会组织进行大范围再分配的剩余产品,是支撑社会福利制度运行的重要物质基础。学界普遍的共识是,这个丰厚的物质基础是在人类社会进入工业化和市场经济快速发展后才逐渐建立起来的。

(一)工业化的发展为社会福利建设提供物质基础

在人类进入工业社会以前,占主导地位的是以家庭为基本经济单位的农业和手工业,这种自然经济、半自然经济的生产生活方式,活动的时间和范围相对固定且有规律,主要以家庭为中心和纽带开展工作。家庭扮演着多种功能,既是组织生产的基本组织,又是消费的基本单位,还具有哺育孩子、维护健康、颐养老人的多种功能,是家庭成员的主要安全依靠和保障保护的堡垒,据此可以有效地实现对成员基本生存和健康的保护。

工业化的最大成就在于把机器动力引入人类社会的物质生产领域,机器动力代替人力劳动后,产业领域发生巨大的改变,生产能力大幅度提升,产品潮水般地涌现出来,人类社会的生产生活状态发生了翻天覆地的巨大变化,整个社会的物质产品的丰富程度得到前所未有的提高,从总体看,基本具备了关心和照顾部分社会弱势群体的物质基础,为社会福利的推进准备了经济条件。同时,工业化的发展也改变了社会经济结构,在一定程度上强化了人们对社会福利的需求。由于在工业生产的过程中,机器的广泛使用渗透到生产的各个领域,劳动者受伤的频率上升,社会生产过程中发生的职业病、各种事故甚至伤亡等情况在很多行业不同程度地出现,都会对劳动者及其家人产生较大的影响。有些工人和家庭生计因此而陷入了困顿,生活无着落而无力自救,这时只能求助于社会保障提供的福利,才能帮助他们渡过难关。因此,可以说工业化生产了建设社会福利的物质基础,也进一步创造了对社会福利的多层面的社会需求。

随着社会生产被带入工业化的大生产环境,社会化的生产迅速发展,工业化流水线的生产方式生产出大量产品，潮水般地冲垮了以家庭为基础的自然经济和半自然经济,家庭在生产中的地位下降,生产功能大幅度削弱,只剩下纯粹的消费功能。依附于生产功能的社会保障功能也相对大幅度下降,家庭成员的很多风险直接暴露在社会化的经济交往和人员流动中,保障主要来自家庭成员在社会上受雇佣的情况,如依靠工资生活。如果受雇情况中断,受雇者和供养的家庭成员的生活很快便陷入了困顿。他们既无家庭生产可以依靠,也无资产可以依赖,许多劳动者没有多少工资,无法依靠劳动收入通过储蓄来准备可能面临的各种风险。当经济危机造成失业,或者疾病来袭,或者年老体弱时,传统的家庭保障功能已经无法有效应对。与此同时,生产的社会化大发展把劳动力的再生产推到了社会化的层面,生活服务提供、教育事业发展、卫生保健工作,都逐渐发展成社会公共事业,成为政府和社会应该为社会成员提供的一种公共服务内容,与此趋势相对应的是,从社会发展的视角观照,社会成员也有相应的社会权利得到越来越多的重视和经济安全等方面的保障。

(二)市场经济的发展强化了对社会福利的需求

现代工业化的进程是伴随市场经济的发展而不断深化推进的。市场经济的资源配置手段主要依靠市场机制,即基于供求平衡和价格涨落的竞争机制。持续的竞争催生出的优胜劣汰趋势,使得一批批企业发展起来,也有许多企业走向破产倒闭,这种不确定性必然让在部分企业工作的创业者和劳动者面临很大的风险和压力,市场机制总会使得一部分人在某个时间段出现生计问题。与此同时,市场竞争的内部结构分化机制,也有利于产生"马太效应",即"穷的越穷,富的越富",出现两极分化,市场竞争把人与人之间的差距逐渐扩大化,产生越来越明显的社会不公,导致社会矛盾加剧甚至产生社会动荡。显然,单纯依靠市场是不能保证持久的社会公平的,有些人的处境可能因为竞争或者决策失误而陷入困境而无力自救,但社会的发展鼓励竞争且需要部分人去冒险。为了保障这些冒险或竞争失败的人的基本生存尊严，维护社会安定，政府需要采取弥补市场缺陷的各种措施，对在市场竞争中出现的生存难以为继者，或者身体健康出现问题的人们，给予物质上的帮助和精神方面的安全感，满足他们最基本的生存需要，这也成为社会福利产生的一个重要社会经济缘由，也是社会进一步发展的需要。

市场经济发展的周期性规律也要求实行社会保障等福利手段来应对。市场经济是不稳定经济，价格机制、供求机制和竞争机制的共同作用，使经济形态在或繁荣发展，或停滞萧条，或复苏上升，或危机爆发的状态中不断交替运行。当经济处于繁荣时期，社会生产规模持续扩大，各个部门的生产大多采取扩张措施，吸纳的劳动力数量大幅度增加，就业形势相对乐观，工作岗位充分，劳动者收入有保障；而当经济运行到紧缩时期，或者停滞、衰退阶段，甚至遇到经济危机爆发，大量企业出现经营困难或者破产，劳动力供给普遍过剩，工人失业的情况较为常见，许多工人生活因而陷入困境，社会保障和福利的救济显得尤为必要。

（三）社会阶层的分化催生了社会福利制度

社会阶层和阶级条件也是产生以社会保障为主要内容的社会福利制度的社会条件。虽然学术界对社会福利具有社会分层的功能，还是因为社会分化愈加严重才产生了社会福利和福利国家的建设发展有分歧，但是一个不争的事实是，社会阶层的分化的确从政治层面加速了社会福利制度的建设和不断演进。换言之，工业化让社会福利制度的建设具备了基本的条件，但社会福利制度不会自发地产生并建立起来，要真正付诸实施，还需要具备一定的社会政治和意识形态的条件，因为经济利益的分配和社会权利的分配，取决于一定程度的政治斗争，即各阶级、各集团政治力量的对比。工人阶级的坚决斗争是把社会保障和福利制度产生的可能性变为社会现实的决定性因素。正是基于这些客观的社会原因，社会保障和福利制度才逐渐在工业

化、社会化发展比较领先,社会阶层分化比较快的欧洲国家和地区首先发展
起来。

回顾社会福利在西方国家的历史发现,尖锐的阶级矛盾是社会福利产
生的政治原因。从 19 世纪后半叶到二战前,主要资本主义国家的工人阶级
处境极其恶劣,由于经济危机的不断爆发、失业队伍庞大、战争冲突不断、绝
对贫困人口迅速增加,劳动阶级没有出路,只能为了生存与资产阶级进行了
针锋相对的斗争。为了缓解社会矛盾,维护资产阶级的统治,建立一定程度
的社会福利制度,安抚工人的情绪,保障工人的基本生活成为社会福利制度
的基本目标。生产社会化带来的不仅是经济结构、产业结构的变化,而且也
引起了社会阶层和政治文化的调整和变动。生产社会化导致社会结构变迁,
使传统的农业社会逐步过渡到工业社会,家庭结构及其功能发生了根本性
的变化。在资本主义社会发展过程中,产业的分化使得家庭结构发生变化,
家庭的保障功能下降,社会福利显得尤为必须和重要。

市场经济和工业化的发展加速了社会阶层分化的进程,一个重要表现
是通过社会化的大生产推进了生产的专业化发展与分工协作。这种发展对
劳动者的素质和技能提出了更高的要求,也就对部分劳动者过早地退出劳
动力市场埋下了伏笔。工业化加速了社会化大生产发展,社会化大生产的特
点是分工越来越精细,比较强调产业和工作岗位间的协作配合,对劳动者的
技术能力和综合素质的要求比较高。这种情形一方面加速了生产技术的进
步,另一方面也使跟不上技术进步的劳动者退出生产领域的情况不断发生。
与此同时,新的机器不断出现,在许多领域代替了劳动者的体力工作岗位,
劳动力的相对过剩显得愈加突出,结构性失业问题不断凸显,失业的劳动者
及其供养的家庭也因此暂时失去了生活来源,这成为生产结构变化过程中
出现的严重的社会问题,迫切要求对他们的基本生活实行社会保障和社会
福利的支持。另外,工人患病或伤残后没有了依靠,由于各种原因失去劳动

能力的工人更是无法维持生活。可以看出，主要由经济原因决定的社会分层十分明显，社会分化越来越严重，困难阶层的生计问题需要社会福利制度来帮助解决，在人类社会需要稳定发展的过程中，社会达尔文主义是不可取的，无论在哪种历史传统和民族文化的国家，劳动阶级的觉醒和马克思主义的发展更是激发了劳动阶层对自己权利的认知和争取力度。

二、现代社会福利内涵的扩展及启示

虽然学术界对社会福利制度的肇始之期有些不同的看法，但无论是从更早时期的英国的《济贫法》开始，还是从后来的德国俾斯麦时期的社会保障制度建立，社会福利制度的建设发展已经有很长的历史。在这样的实践路径上，随着现代社会的发展以及文明程度的总体提升，社会福利的制度建设也日益完善，社会福利的内涵也在不断丰富发展，社会福利的外延同样在不断地扩展。虽然不同的意识形态会催生出不同形态的社会福利制度，但更多的信息表明，社会福利的建设趋势一个最为明显的变化是，社会福利不再停留在原来的基础上，不再仅仅是被动地救助和给予困难群体，而是发展出更加积极的内涵，把社会福利从被动变为主动，从给物给钱变为发展社会成员的能力，激发他们工作的能力和创造的活力。从这个意义上说，社会福利的现代内涵给我们很多新的启示，相关的福利建设工作也可以在新的领域实现拓展。

社会福利的运作方式和要求发生了新的发展和变化，这种变化对我国而言也是要积极捕捉到并作出及时正向的反应，特别是在新的发展阶段，我国坚持以人民为中心的发展思想，福利建设的人民性特征将会更加突出。新时代我国社会主要矛盾转化的科学判断为我们重新审视我国社会福利体系的现状与功能提供了基本依据。从人民美好生活需要的视角看，当前承担我国主要福利功能的社会保障体系发展不平衡不充分问题表现比较突出，甚至可以说现存社保体系在一定程度上加重了社会经济领域的不平衡性。在社保体系内存在多年的旧矛盾没有得到很好解决的情况下，随着社会经济结构的快速变化，一些新的矛盾又逐渐显现，新旧矛盾的叠加给制度本身提出严峻考验，社会福利体系传统的"安全阀""减震器""保障网"的作用没有很好地发挥，长期存在的社保群体间利益固化、省区间收支失衡、制度高缴费与低保障不匹配、制度内抚养比高等不足没有及时解决，面对数字经济的快速发展，越来越多的自由职业者出现，他们以极强的流动性参与社会经济活动，把他们纳入社会福利体系保护是时代经济发展的需要。随着老龄化的发展，提供更多的老年养护服务也是新的需要。换言之，社会福利建设的内涵随着时代的发展变化而不断演进，要与时俱进地根据人民的发展需要建设符合时代需要的福利建设新项目。未来若干年，期望乘新时代全面深化改革之东风，推动破解社会保障福利体系面临的新旧难题，探索制度优化之路径，增强社会保障福利体系的普惠性，助力人民美好生活建设。

从更加开阔的视角出发，在全面建成小康社会后，我国开启了全面建设社会主义现代化国家的新征程，这是中华民族历史上最鼓舞人心的发展阶段，国家的富强、人民生活的富裕以及安全、公平、正义、环境美丽的社会生活环境，都是现代化建设时期的题中应有之义。中华民族伟大复兴中国梦的实现，在人民生活层面应该是富裕安全幸福的生活。换言之，中国梦的实现包含着民生改善的丰富内涵。习近平总书记多次阐明中国梦的本质就是国家富强、民族振兴和人民幸福。这个梦想，将国家的追求、民族的希望和人民的向往融为一体，体现出了国家、民族发展与人民发展的整体联系，三者在实现中国梦的过程中相互促进。国家的梦、民族的梦，归根到底就是人民的梦，是人民生活幸福和发展机会的梦想。人民是中国梦的主体，中国梦的实现也要实现全体人民的梦。中国梦的提出，将民生和人民的福利问题上升到了国家治理的顶层设计行列，并在民生福利方面有了具体的指向，在"两个一百年"奋斗目标的指引下,从社会主义建设事业的总体出发,把我国建设事业的目标、路径和人民的获得感高度统一起来。其中第一个百年奋斗目标已经实现,全面建成了小康社会,实现经济转向高质量发展、人民生活质量显著提高、生态环境明显改善的综合发展目标。这些成就的取得,是新时代我国大力建设民生、改善人民福利的结果。中国梦的实现以经济社会发展为依托,更以广大人民生活水平的持续改善为归宿。民生福利的综合改善和高水平跃升是对中国梦的最好诠释。

第二节　美好生活建设与社会福利发展

党的十九大报告指出:"中国特色社会主义进入新时代,我国社会主要矛盾已经转化为人民日益增长的美好生活需要和不平衡不充分的发展之间的矛盾。"[①]经过了几十年的快速发展,人民的生活水平有了显著的提高,不再只是简单追求物质文化层面需要的满足,而是转变为对"美好生活需要"的全面追求。随着新时代社会主要矛盾的变化,生活需要的全面美好成为人民生活发展的现实目标追求。新时代人民的美好生活需要就是物质生活水平更高,更有品质的需要,除此以外还表现在对精神层面的需要,安全感、获得感、幸福感的持续性和更有保障。新时代人民美好生活的需要既展现了人民对美好生活不懈追寻的决心与勇气,也蕴含着人民对中国社会未来发展的期许与担当。人民的需要就是党的奋斗目标,要实现人民对美好生活的向往就必须要坚持以人民为中心的发展思想,时刻关注人民群众的正当诉求,积极回应人民群众的期待,促进人的全面发展和物的全面丰富在人的生活层面的反映。坚持把发展经济作为党和国家的中心工作,让人民群众得到实

---

① 习近平:《决胜全面建成小康社会 夺取新时代中国特色社会主义伟大胜利——在中国共产党第十九次全国代表大会上的报告》,《党的十九大报告辅导读本》,人民出版社,2017年,第11页。

际利益的同时,在民主、法治、公平、正义、安全、环境等方面也要满足人民的需求。

本节从宏观视角入手,把国家和社会提供给人民的全面发展的支持和机会视为福利的重要内容,围绕新时代人民美好生活需要的多样性,从多维福利内涵、价值导向、基本依存、保障路径等方面,探讨新时代人民福利建设的主要目标和实现条件,论述中国特色人民福利建设的价值意蕴,为更好地实现新时代人民福利提供些许有价值的思考。

一、美好生活需要的多层多样性

党的十九大报告提出关于新时代中国社会主要矛盾的判断有非常重要的实践价值,它把满足人民美好生活需要作为衡量社会经济发展的基本标尺,旨在矫正以往发展方式简单粗放、发展结果严重失衡的偏差,重新把发展的重心拉回到为人民谋福利的基点上,力图把过去发展相对滞后的民生事业,如医疗、教育、养老、脱贫、环保等直接关系人民生活的各项福利,在较短的时间内弥补短板,加快发展。可以说,社会主要矛盾的变化给新时代人民福利建设指明了发展方向,人民不断增长的美好生活需要给新时代福利建设提出重要课题。

从发展向度看,人民群众的生存和温饱问题得到解决后,开始注重生活质量的提升,包括物质产品质量、精神文化生活、社会安全保障等多方面的需求增加,可以说新时代人民的生活要经历从"物质充裕"到"全面美好"的跃进,[①]总体上实现从物质数量型生活到全面质量型生活的重大升级。这种转变是社会发展到一定阶段的必然产物,也是马克思主义关于人的全面发展的内在要求。反思我国40多年改革开放和经济快速发展的历程,可以发

---

① 参见汪青松等:《美好生活需要的新时代内涵及其体现》,《上海交通大学学报》(哲学社会科学版),2018年第6期。

现经历过短缺经济的人们对物质的数量特别敏感，由于曾经陷于物质生活的匮乏和困顿，不关注产品的质量和效用而是更多地生产并占有物质产品的数量，成为一种普遍行为甚至是首要经济目标。然而经过一定阶段和程度的发展，数量型物质利益最大化的追求并不再具有提升人民生活质量的功能，反而造成了很多困扰。粗糙的数量型产品滞销，潜在的个性化、发展性需求没法从国内生产中得到满足，人们只能从国外代购优质品，国内的产销不匹配程度加重，从根本上阻碍了经济的发展；过度的资源损耗导致环境严重恶化，困扰人民的生活品质，甚至损害到人民的生命健康；部分群体唯利是图的生产经营方式甚至导致社会道德水平一再滑坡，国人之间的共同体认同度不断下降，共同体价值被慢慢消解。这些发展中出现的严重问题对一个国家和社会的伤害是非常深远的，必须在新时代着力进行有效的解决。

社会主义生产的目的是让劳动者有更美好的生活。新时代人民对美好生活的向往不仅要求质量型物质产品的丰富，而且还渴望综合生活水平的全面提升；不仅在政治层面要求更高水平的社会主义民主权益、更加健全的社会主义法治保障，在社会层面对制度公平、正义的渴望更加强烈，还有在生活工作学习的环境方面对安全、生态等的要求更加明确，从各个方面远远超越了改革开放初期停留在物质文化水平层面的生活关切。人民群众期望新时代生活应该有更高的品质，教育水平和质量更高，工作更加稳定，收入稳步提升，社会保障更可靠全面，医疗卫生服务更健全，食品药品更安全，环境品质更优美，精神文化生活更加丰富。在我国第一个百年奋斗目标已经实现之后，大多数中国人可以完成从物质生存型到美好生活型追求的不断超越和进步，从单向型向丰富多样型生活内涵迈进。新时代社会主要矛盾的定位，准确抓住了人民群众对发展方式优化、内容提升的普遍关切，郑重宣示人民需求多样化、多层次、多方面的时代新特征，为以人民为中心开展福利建设提供基本依据，为展开多方面的福利建设指出了明确的努力方向。

二、美好生活导向的福利整体性

(一)围绕美好生活需要构建多维福利

福利建设目标的设定总是和人们生活发展需求的提升相映照。新时代之前的国内福利建设内容相对比较单一。在改革开放之前,我国城镇劳动者基本上是"单位人",人们的各项福利主要通过"单位办社会事业"的方式获得;在农村,村集体经济承担了较低但又很必需的"五保户"等群体的基本生活福利供应,这一时期的福利停留在相对单一的物质救济救助阶段。改革开放早期,我国以社会保障制度为主要内容的社会福利建设开始起步,初期的制度设计是配合社会主义市场经济趋向改革而设立的,是市场经济体制建设的配套制度措施,当时并没有强大的社会经济能力建设独立运行的人民福利体系。随着我国经济实力的增强和社会福利逐渐成为独立的社会建设领域,以人民为中心的福利体系建设的目标逐渐清晰。在我国发展进入新时代以后,人民福利建设的内容从广度和深度上都有新的发展,为适应美好生活建设的需要,从大福利的视野和内涵出发,既要保证人民的物质生活需要及其质量,又要在教育、医疗、机会公平等方面为人民提供更好的保障。通过多个方面的综合福利建设,把美好生活需要、人的全面发展原则和福利供给有机结合起来,实现美好生活建设的多样多层性与福利建设的多维度性有效衔接,让各项福利措施和内容落实到人民生活感受层面,持续提升人民的获得感、幸福感、安全感。这"三感"是人民对美好生活的直接评价,其中,获得感是基础性支撑,在此前提下才能够增进幸福感,进而提升安全感。建立以人民为中心的多维福利体系,是增进人民"三感",提升人民综合生活水平的重要支撑。

美好生活需要的多层多样性内在地要求新时代人民福利多维化、体系化。概括来讲,多维度福利体系包含以下五个方面的主要内容:基础保障性福利构成第一个维度,为人民群众提供必需的基础教育、基本养老、基本医疗等福利,保障最基本的儿童教育、老人生活和医疗服务。这个层面的福利属于与社会经济发展水平相适应的基本生存性福利,主要通过政府资助和社会互帮互济实现保障人民的生存尊严。第二个维度是非普惠的选择提高性福利,通过养老、医疗、教育等各种福利制度的改革,给人们更多的更适合个性化需要的选择。比如在养老方面,部分收入水平比较高的群体在参加了基本养老、医疗保险要求的缴费后,可选择更高水平养老、医疗福利附加缴费参保计划,在满足个人生活需要的同时为国家减轻养老支付压力。第三个维度为制度公平性福利。制度平等、机会公平也是人民福利建设的重要内容。为努力奋斗的人提供发展机会是现代社会非常重要的福利建设内容。[①]这方面常常是被福利建设所忽视但又非常重要的内容,特别是在不太鼓励个人竞争和传统规范比较多的文化里。制度公平福利超越了福利的一般内涵,在机会公平和社会公正方面为人民提供制度保障,回应人民对公平正义的需要,可以有效降低人民的相对被剥夺感,提升幸福感,这也是促进社会和谐稳定,激发更多创新发展动力的重要基础。第四个维度是安全保障性福利。现代社会是风险社会,人员的流动、技术变革、经济结构的调整、观念的冲突等快速变化给人民带来很多风险,个人很难从容应对。建立高效的安全防范体系和现代化的社会治理体系,有助于人民降低来自社会的各类风险冲击,提升人们的整体安全感。第五个维度是全面发展性福利,基于马克思主义人的全面自由发展视角,动员调整国家和社会资源的布局以人民共享为根本目标,为人民提供不断发展和进步的学习教育培训等方面的机会,满足人们各个阶段的发展进步需求。这一维度的福利注重人力资源的储备和投资,帮助个体提高自身知识和综合能力,增强应对经济结构调整和产业变

---

① 参见牛海、刘诗铭:《经济全球化的收敛压力与我国多维社会福利体系的构建》,《改革与战略》,2017 年第 11 期。

革的能力。

(二)多主体协同构建整体性人民福利

虽然过去 40 多年的快速发展大幅度增强了我国的经济实力,也为我国建设社会福利奠定了坚实的基础。但是从国家和社会提供福利的角度看,我国的社会福利目标模式还在探索中,制度也不尽完善,没有形成具有中国特色的适合中国可持续发展的社会福利制度。因此,在看待中国社会福利建设时,首先要跳出福利思想的欧洲中心主义,不能机械地照搬英国、德国或瑞典的模式来套用于中国,社会福利政策研究的品格要"从他性走向自性",注重自主性和制度建设的内生动力,重点研究适合自身的福利制度模式,但不排斥使用通用的范式和一般的方法来分析和启发我国福利模式的构建,探讨我国的社会福利建设发展路径。不能照搬欧洲福利主义并非无所作为,可以通过比较现在各国福利制度运行的特点、经验和教训的基础上,根据我国经济社会建设的基本情况,寻找符合我国特点的福利模式,建设既有利于经济增长,又有利于社会福利提升的有效模式,是我国当前社会福利建设的重要课题。

我们可以借鉴经历过"福利异化"的西方国家的经验,利用福利多元主义、积极福利、资产账户投资福利等主张来加强我国的人民福利制度建设。这些思想强调国家在满足公民福利需求的同时,可撬动市场、社区和民间的力量来共同满足社会需要,这是一种积极的社会福利思想,因为最好的福利是政府帮助公民获得自我发展的能力,能够有效应对各种风险,而不是被动地接受国家、社会和他人的援助。因此,通过教育提升能力建设、维护好的发展建设环境助力就业岗位的增加等,都是政府提供积极福利或者通过撬动市场建设福利的重要路径。在目前我国经济迅速发展变化的情况下,首先要强调政府对公民进行教育和特殊技能的培训,以适应不断变化的社会环境。由于全球化产生的向上或向下的拉力,教育还需要有世界的眼光,要培养具有全球性视野的思维，可以通过高水平的培训标准适应跨国公司和国际经济贸易交往的需要。不仅要预防体力劳动者与脑力劳动者之间、高技术劳动者与低技术劳动者之间的社会分化，还要防止思维局限于地方者与具有全球性视野的人之间的社会分化。政府要尽量利用市场的力量，发动各类企业组织提供更多的工作岗位来实现就业，通过大力支持企业在技术和经营模式等方面的创新开拓出更多的就业岗位。企业是工作福利最直接、最重要的来源，政府既可以帮助他们吸引各类投资，也可以通过鼓励参与福利内涵建设，比如设置比较低的企业所得税率等来支撑其发展，提供更持久的直接福利生产主体；同时，对那些在人员录用和工作稳定方面做出突出贡献的企业提供更多的税收激励。政府还可鼓励人们进行教育储蓄、税延型个人养老储蓄等个人投资，提高个人的福利自助能力，从市场、企业、个人和政府组织等多方面建设协同共进的社会福利体系。

三、新时代社会福利建设的基本方向

美好生活建设具有特定的新时代内涵，集中体现在人民性、全面性和安全性等方面。由于不平衡不充分发展成为影响美好生活建设的主要因素，新时代以人民为中心建设和完善社会保障福利体系，可在一定程度上矫正不平衡不充分发展问题的严重性，缓解不平衡矛盾的尖锐性，满足不同群体相对更有保障、更全面、更安全的美好生活需要。

（一）突出人民主体性

"人民对美好生活的向往，就是我们的奋斗目标。"[1]这是对中国共产党历史使命和时代重任的高度凝练，也是人民历史观的时代新言。新时代，中国特色社会主义经济、政治、文化、社会、生态的五维构建，从依存条件层面

---

① 《习近平谈治国理政》，外文出版社，2014年，第4页。

为人民构建美好生活需要奠定基础,创造更好的宏观环境。"从政治经济学的角度看,供给侧结构性改革的根本,是使我国供给能力更好满足广大人民日益增长、不断升级和个性化的物质文化和生态环境需要,从而实现社会主义生产目的。"[①]在市场经济条件下,为了更好地实现社会主义生产目的,建设惠及全民的社会保障体系十分必要。以人民为中心的发展思想为新时代社会保障工作指出了新方向,从增进人民的福祉、促进人的全面发展、逐渐走向共同富裕的基本立场出发,推进社会保障领域的供给侧结构性改革,摆脱社保制度在以往单纯地充当服务于市场经济体制改革之工具的被动性角色,转变成服务于以人民为主体、满足人民美好生活需要为价值取向的国家发展建设重要目标,让以社会保障为重要内容的社会福利建设体现出更多的价值主体性特征。

(二)稳定社会安全预期

新时代的社会保障福利体系需要加强流动性条件下的安全保护。在快速变化的社会经济条件下,劳动者的单位属性越来越淡化,家庭保障能力减弱,人员流动性增强,就业的个体化、短期化、零工化特征越来越普遍。这种环境下的个体看似自由,实则脆弱,越是自由流动与变换工作,越是需要社会政策提供及时灵活的保护。在技术进步和数字经济加速发展,新就业形态不断出现,经济结构不断调整的形势下,就业岗位的稳定性愈加弱化,相对应的是就业社会保障的民生安全网和社会稳定器的作用愈加突出。它能给人民在经济和精神层面以安全感,为普遍追求个性化发展和自我实现机会的人提供灵活多样的多层次的社会保障。"切实解除人民生活后顾之忧,为全体人民提供稳定的安全预期,最终成为不断促进人的全面发展和实现全

---

① 《习近平谈治国理政》(第二卷),外文出版社,2017年,第252页。

民共享国家发展成果的基本途径与制度保障。"①总之,新时代建设的社会保障福利体系,必须能够适应满足人们流动的便携性,能够稳定人民干事创业的安全预期,提供从满足人民基本生活需要到促进创业发展的安全保护。这就要求从生活保底安全性、创业发展安全性、流动就业安全性的三重维度,来构筑新时代需要的社会保障福利体系。

(三)增强保护的全面性

新时代民生难题主要集中在养老保障、医疗服务、稳定的就业等方面,因此社会保障体系的创新发展应该重在补齐民生短板,在病有所医、老有所养、幼有所育、劳有所获、弱有所扶等方面取得新的进展,不断提升社会保护的全面性和均衡性,切实解除人民生活的后顾之忧,全力建设平等参与、普惠包容、公平正义的社会保障共享制度体系。第一,托底部分要筑得更牢固,网络要织得更密,把流动于城乡之间的各类困难群众全部纳入社保体系,使保障更加全面、更加均衡,避免因社会福利制度建设导致的新的社会分层化、条块化。第二,弥补短板,增强社会保障体系的护理、助残等"服务性等功能"②。第三,重视受保护人群的人力资本投资,提升贫困人口的自我发展能力。正如邓小平所讲的:"过去我们讲先发展起来。现在看,发展起来以后的问题不比不发展时少。"③新时代的社保福利体系要在改善困难群众基本生活的基础上,创造更加充分的条件,提供更加多样化的机会,切实提高保障的全面性、均衡性,助推全面建成小康社会目标的顺利实现,为小康生活提供持续性保底保障。

在经典马克思主义语境里,社会主义社会促进人的全面发展,是"使自

---

① 郑功成:《全面理解党的十九大报告与中国特色社会保障体系建设》,《国家行政学院学报》,2017 年第 6 期。

② 丁建定:《论中国养老保障制度与服务整合》,《西北大学学报》(哲学社会科学版),2019 年第 2 期。

③ 《邓小平年谱(一九七五——一九九七)》(下卷),中央文献出版社,2004 年,第 1364 页。

己的成员能够全面发挥他们的得到全面发展的才能"①。这些目标的实现,不仅取决于人自身能力的发展,而且还需要外部条件发挥作用,即大力发展社会生产力并实现成果的人民共享,这是新时代人民福利建设的题中应有之义。党的十九大报告庄严提出,新时代人民期盼更稳定的工作、更满意的收入、更高质量的教育、更公平的环境等,党的二十大报告设定了提高人民生活品质等更为全面的建设目标,这些目标本质上是我国多维人民福利建设的主要内容,也是实现人民共享发展成果的途径。多维福利体系的逐步建设和不断完善,能够持续地增强人民的安全感,并在此基础上提供更好更公平的机会,挖掘人民创造的潜力,不断催生发展的动力。劳动是社会历史运动的密码,为人民提供多维全面福利是为了人民更好地进行创造性劳动。实际上,在共享发展理念的指引下,我国完成了精准扶贫工作、优先发展教育、提高就业质量、加强社会保障体系建设、实施健康中国战略等,可以理解为新时代多维度福利体系建设的开启,给人民以更好的保障和更多的发展机会,在"授人以鱼"的过程中不断实现"授人以渔"的目标,激发人民的建设积极性,创造个人美好生活,做到提升人民福利和解决社会主要矛盾的有效兼顾。从整体和长远目标看,多维度福利制度承载共建共享发展,致力于满足人民的多层多样需要,促进人的全面发展,成为共同富裕社会建设目标的重要载体。

---

① 《马克思恩格斯文集》(第一卷),人民出版社,2009年,第689页。

第二章　世界社会福利建设的主要模式简析

第一节　福利提供的主要模式简述

社会福利在不同的国家有不尽相同的来源，实施方式也随着不同的社会制度、民族特点、历史传统、经济发展程度、社会结构等而各有特点。研究者们对世界上主要的福利模式及其特点有不同的看法，影响比较大的，首推丹麦学者艾斯平-安德森提出的福利资本主义的三个世界的分野，他把欧美主要国家的社会福利制度大体归入了三类不同的模式。当然部分学者（武川正吾等）并不完全认同这种以欧美高收入经济体为样本做出的分类。例如，东亚发展型社会就被认为是一种相对独特的社会福利模式，其中中国的人民福利体系建设与资本主义国家的福利制度也有着本质的区别。不过不同的模式划分并不是本节讨论的重点，福利的来源和提供主体是这一章关注的核心问题。

一、以市场雇佣为主、公共福利补缺模式

这一模式主要在盎格鲁-撒克逊类国家实施，被认为是"自由主义"的福利体制，代表性国家为美国、加拿大、澳大利亚等国。在这种模式下，自由的

以市场为核心的经济活动被置于优先的位置，推动公平自由地获取市场雇佣福利成为主流意识形态。在此基础上，社会福利中占比较大的内容是社会救助、转移支付或相对有限的社会保险计划。公共福利的责任范围是最贫穷的需要帮助的人，这种帮助是补缺式的，建立在家庭资产和经济情况调查基础上的补救式帮助，在福利提供的数量和持续时间上都比较有限。在该模式的框架范围内，社会福利的设定与改革比较多地受到各种限制，主要是在自由主义传统的影响下，自由地进入或者退出工作领域是一种多年延续的工作伦理规范，规制化的福利制度被认为是对自由的无端限制。因此在这种体制下，国家和社会举办的福利被限制到非常边缘的补充地步，以最大限度避免因为享用福利而代替工作收入的弊端。福利领取资格的规定也是比较严格的，且时常伴随着社会记录的具有烙印效应的后果，这种记录式的效果在一定程度上反映了社会福利给付在时间和数量上的有限性和临时性。国家作用在于通过税收优惠措施等手段，积极地推动补贴私人领域的福利建设方案，注重以市场机制参与福利制度的建设和福利力量的提升。一般认为，在这种福利提供的主导模式下，劳动者主要还是设法依靠市场获得收入，相比其他一些国家的福利运行模式而言，自由主义体制下的福利获得的去商品化程度是最低的，劳动者的社会权利在福利制度层面被明显抑制在一个相对狭小的范围，因而救济和补缺成为这种模式最为鲜明的特点。

二、以工作缴费为前提的社会保险模式

学界把德国、奥地利等欧陆国家的社会保障模式归入保守主义福利模式，这种福利运行具有"法团主义"的特点，主要表现为国家以劳动者在相关领域工作和缴费为基础提供社会保险的福利体制，最早在欧洲大陆特别是德国、法国等国建立和发展起来，这是一种以劳动者工作的行业或团体为依托建立起来的社会保障福利制度。在这种体制下，获得福利的前提是参加就

业和缴费贡献相关联的公共社会保险计划，参与者及其家庭成员的福利获得程度也取决于男性劳动力因参加工作而获得相应的社会权利，表现出强烈的资本制、父权制特征。这种福利提供模式依靠的是社会行业和工会组织等，在国家的引导和规范下建立起来的社会福利运行制度，对劳动者及其家人的保障是有条件的社会权利的保障和延展，具体表现为，公民的社会权的实现以工作付出和年限为计算的基本依据。换言之，享有社会福利的人员必须参与劳动力市场的就业和参加一段时间的缴费积累，这是前提条件，也是待遇享有的精算基础。劳动者参与工作的年限、缴费的年限以及缴费的数额，决定着自己和家庭成员享有社会福利的水平。这种体制的特点是，进入一定行业和领域，成为某个福利体制参与者的"局内人"，以及他们的家庭成员，会享有令"局外人"羡慕的社会福利保障。"局内人"的高工资及其供养的家庭成员都受到福利制度的保护，形成这些国家福利制度的基本刚性。此种模式并不能自动确保实质性的劳动力去商品化，而是取决于具体的资格条件与给付规定的制度设计规则。①为了缓和"局内人"和"局外人"之间的矛盾，国家被迫提供较高的失业保险待遇，让整个劳动力市场处于相对平稳的状态。

三、以公民社会权利为基础的政府提供模式

还有一种社会福利体制是依据普遍的公民社会权利，且与个人的市场贡献和价值无关的"社会民主主义"福利体制。这种福利体制几乎成为二战后主要资本主义国家福利体制的代名词。实施这种体制的意识形态立场认为，一国的公民应该具有普遍的公民权资格。这种资格的确认基本上与具体的个人需要程度或实际的工作表现没有明确的直接的关系，福利的获得主

---

① 参见[丹麦]考斯塔·艾斯平-安德森：《福利资本主义的三个世界》，郑秉文译，法律出版社，2003年，第40页。

要取决于是否具有该国家的公民资格或长期居住资格。在符合相关资格的基础上,福利制度能够不用调查和考虑福利获得人员的工作和收入情况,只是认定其公民资格或长期居住权利,就可以给付基本水平的福利待遇,而且是平等的非歧视性的给付。这种模式主要建立在以挪威、瑞典为代表的斯堪的纳维亚半岛国家,它最显著的特点是去商品化效果最高且非常彻底,能够在很大程度上增强社会的吸引力、向心力和凝聚力。福利制度主要由中央政府和地方政府负责执行和推动运转,福利支付主要依靠税收,政府的责任和角色发挥了主导性作用。

表 2-1　考斯塔·艾斯平–安德森的福利体制三分法

艾斯平 – 安德森三分法	自由主义型	保守主义型	社会民主主义型
地理位置	盎格鲁 – 撒克逊	欧洲大陆	斯堪的纳维亚
思想与历史渊源	贝弗里奇	俾斯麦	贝弗里奇
社会目标	贫困与失业的救助	工人的收入扶持政策	所有人平等与公平的再分派
给付的基本原则	选择性原则	缴费型原则	普享型原则
给付的技术原则	目标定位型原则	社会保险型原则	再分配型原则
给付结构	家计调查型	缴费关联与收入关联	统一费率
可及性的方式	需求与贫困程度	社会地位与工作环境	公民地位与居民资格
融资机制	税收	就业关联型缴费	税收
管理与控制决策	中央政府控制	社会伙伴合作型	国家与地方政府控制

资料来源:[丹麦]考斯塔·艾斯平–安德森:《福利资本主义的三个世界》,郑秉文译,法律出版社,2003 年,第 349 页。

四、兼具不同特征的混合福利供给模式

随着经济全球化的发展,特别是进入 21 世纪以来,世界经济版图发生了很大的变化,新兴经济体的社会结构随着工业化的发展迅速改变,以欧美发达国家为参照的福利体制和运行模式的划分并不完全符合后发国家的特点和需要。譬如东亚国家和地区的混合福利体制就具有自身的特点,最为突出的方面是家庭的福利提供占据比较重要的地位，即使在现在社会化程度比较高的时代，家庭的支持仍然是东亚国家和地区非常重要的一个特点。在强调家庭供养的基础上，随着工业化的发展，公共福利体制逐渐建立，但是社会保险的水平还在比较低的程度，特别是由劳动者本人向家庭供养人员扩展的福利项目比较少。一些国家分别按照教师、公务员、军人等职业群体建立相应的社会福利制度，制度间相互隔断，碎片化比较严重。

总体而言，东亚国家和地区的社会福利发展水平落后于经济建设成就。在人口老龄化、城市人口流动和现代化快速发展的大背景下，东亚社会福利建设的需求已经非常明显，不同国家间的差异也日益显现。东亚国家和地区的福利制度兼具上述三种形式的一些特点，比如政府举办的福利制度更多地是以工作和缴费为导向的福利制度设定，强调社会的互济功能等。但是东亚国家和地区的福利也会以另外一种途径展现出来，比如政府会建立一些相对具有公益性质的社会事业，提供部分工作岗位给劳动者以获得一定的收入，也是社会福利获得的一种办法，因为这些岗位是对竞争能力比较弱的劳动者设立，且不把效率和竞争放在首位。对于无法参与各类以工作或缴费为条件的群体，更多地提供社会救助的方式给予帮助，也注重发挥社会和市场的力量建设多支柱的社会福利制度。总体而言，东亚模式因为社会经济结构和发展历程的特殊性，福利制度也展现出混合型的特点。

东亚国家和地区的福利体制走向了混合型，既不是明确的新自由主义的利用市场提供为主，也不是社会民主主义的高税收支撑的普遍享有的较高水平的福利体制。东亚模式更多地利用了政府、市场、家庭、社会团体的综合力量，建立起了混合型的国家福利制度。

中国的福利制度建设既学习借鉴了国际上的一些有益经验和做法，又根据本国本民族的特点和发展的阶段性特征，在结合本国社会制度特性的基础上，发展创造出符合自身特点的管理体制和做法。随着新时代更加注重民生建设的政策导向，建设更加符合中国人民幸福生活需要的社会福利制度，是中国特色社会主义建设的重要内容，也是国家治理水平提升的重要观测指标。

第二节　国家在福利建设中的地位及职责

一、福利建设相关理论梳理

依据国家在福利建设中的地位与作用不同，福利理论流变形成不同的理论分野。以国家在社会福利建设中的作用为参照，可以把福利理论分为以社会为中心的福利国家理论和以国家为中心的福利国家理论。以社会为中心的福利国家理论强调社会经济结构的变迁和社会力量掌握资源的变化，对福利结构的设定和福利国家的建设与发展具有重要的影响。以国家为中心的福利国家理论突出国家政权对社会经济结构的变迁的影响及其对社会福利走向的路径设定。福利制度的建设是国家治理体系的重要组成部分，福利制度的有效性也是国家治理能力提升的重要体现。国家如何建立社会福利制度，以及国家在社会福利制度建设中的地位与作用如何，会在很大程度上决定着一个国家的福利制度的特点、性格和走向。因此，有必要对国家在社会福利建设中的角色进行理论层面的梳理，以及对不同理论中国家定位进行比对分析。

（一）马克思主义政治经济学对"官办济贫事业"的论述及其现代延展

根据马克思主义对资本主义经济社会的分析，资本主义社会最根本的矛盾是社会化大生产与生产资料私有制之间的矛盾，劳动力得到的补偿低于其创造的价值，剩余劳动被资本家无偿占有。因此，资本积累的速度远远超过劳动者收入提升的速度，这在宏观经济总量方面的结构性反应就是，社

会化大生产的无序性和无限性，以及由于消费能力的有限性与不足导致社
会经济危机的频繁爆发。为了解决这种问题，马克思在对资本主义进行病理
学分析时认为，社会生产的总产品应该留出一部分储备性基金，以便应对各
种自然灾害、社会危机等多种风险给劳动者带来的威胁和危害。譬如，在《哥
达纲领批判》中，马克思对社会养老基金的来源作了详细的分析，提出社会
总产品需要扣除：第一，用来补偿消费掉的生产资料的部分。第二，用来扩大
生产的追加部分。第三，用来应付不幸事故或自然灾害等的后备基金或保险
基金部分。将这些作为消费资料的剩余的总产品。但在进行个人分配之前，
还需扣除：第一，和生产没有关系的一般管理费用。第二，用来满足共同需要
的部分，比如学校、保健设施等。同现代社会比起来，这一部分一开始就会显
著地增加，并随着新社会的增长而显著增长。第三，为丧失劳动能力的人等
设立的基金。总之，就是现在属于官办济贫事业的部分。①上述论述可以理解
为与现在从国家层面推进的社会保障和社会福利工作相类似的制度安排
设想。

随着社会经济水平的不断发展，人们的生活内涵也不断多样多层化，相
对应的社会福利建设例如"保健设施"等的内涵也在扩展。劳动者的工作报
酬至少应该分成两部分，即工资部分和公司及工厂应该为员工缴纳的社会
保险费。这也与马克思主义政治经济学的基本原理相符合。马克思关于劳动
力商品价值决定的理论认为，"劳动力的价值，是由生产、发展、维持和延续
劳动力所必需的生活必需品的价值决定的"②。

从马克思主义政治经济学的视角看待劳动力的价值，结合时代的发展
和劳动者整体生活水平和社会文明水平的提高，可以认为，劳动力的价值应
该包括以下四个方面：第一，用来维持劳动力本人体力恢复、精神放松等再

---

① 参见《马克思恩格斯文集》(第三卷)，人民出版社，2009 年，第 432 页。

② 《马克思恩格斯文集》(第三卷)，人民出版社，2009 年，第 56 页。

生产所需要的生活必需物资；第二，用来维持劳动力家属基本生活的必需品；第三，劳动者提升自身能力所需的培训费和教育支出费用等。此外，由于劳动力的价值还随着社会文明的进步，附着了越来越多的道德和人文关怀的因素，因此从今天看来，劳动力的价值还应包含第四个方面：劳动者退休后安度晚年所需要的必要的生活资料费用。因此，现代社会福利制度的发展是随着社会的进步和人的新需要而不断扩展的，与劳动力价值内涵的扩大相互照应，在社会保护制度建设层面得到应该有的反馈。

(二)福利国家理论及其广泛的影响

福利国家理论的形成和发展经历了较长的历史过程，其实践内容不断地丰富扩展，理论内涵逐渐体系化、结构化，形成西方经济学中的福利经济学流派，实现了社会福利与宏观经济学、微观经济学的有效勾连，为增强实施多项社会福利的理论论证与政策实施提供有力的支撑，理论的发展和实践的探索给福利国家理论赢得了广泛的关注。

虽然现代福利国家建设和发展影响比较广泛的国家是英国，它也是最早宣称建设福利国家的地区。但是在福利国家理论的发展过程中，不能完全漠视德国的理论贡献和实践影响。福利国家理论在 19 世纪末逐渐在德国兴起，一些新历史学派的学者包括施穆勒、布伦坦诺等人提出福利国家理论，他们丰富了国家的功能与定位，认为国家在履行维护国家安全和维护社会基本秩序的基础上，应该具有针对国民的文化和福利目的。国家可以通过举办各种涉及公共利益的活动，推动文化的发展，改善公共卫生条件，实现对老弱幼病贫残等群体的扶持。这些目标的实现要通过法治的方式来推行，因此认为制定工厂法、公共卫生法，推行遗产税等都非常有必要，有助于解决劳动者在工资待遇、劳动保障等方面的系列问题。在早期的福利国家理论中，对国家在社会经济生活中的作用也给出了定位，通过国家组织或支持的福利措施缓和社会阶级矛盾，推进社会层面的改良，在不触动资本家的根本利益的情况下,逐步完善资本主义社会建设,并逐渐过渡到社会主义社会。

　　在福利国家理论界影响比较大的,当属 20 世纪初以英国韦伯夫妇为代表的费边主义,他们提出的福利国家建设的措施较为全面而系统,并向制度化方向演进。他们福利政策的切入点是对社会弱势群体的保护,特别是对老弱病残、儿童和失业者提供社会保障,以比较全面的保护代替"济贫法"。这些思想对后来福利国家概念和政策的发展有比较大的影响。费边主义思想在英国乃至世界上产生的影响逐渐扩展, 在社会和政治领域对政策制定的影响也逐渐显现。譬如,英国工党在自己的施政纲领中提出了建设社会福利的目标。费边主义是社会改良渐进主义的典型代表,他们的基本理念是社会的转变是一个渐进的过程, 从资本主义到社会主义的发展亦是如此。基于此,他们反对开展阶级斗争和激烈的社会革命活动,主张以温和的手段、渐进的方式来解决社会问题,主要是研究社会问题,以国家作为推动改革的工具,主张废除私有制,实现工业国有化,建设各类社会福利,对于社会改革和未来发展走向问题, 根据不同的问题以社会福利制度的建设或者以投票的方式加以解决。

　　福利经济学的国家转移支付理论也为福利国家理论注入了更为充足的理论力量,打下了更为坚实的基础。英国经济学家庇古(Pigou)以其 1920 年创作的《福利经济学》为代表作创立了福利经济学。该学派以边际效用价值论为基础,采用基数效用论研究国民收入的分配问题。庇古认为人的效用就意味着获得满足的程度,一个人的经济福利是由获得的效用组成的。作为经济学领域引人注意的一个分支学派, 福利经济学更多地关注了社会整体和成员个体的利益标准测度。它认为如果把富有人群的一部分收入通过社会福利途径转化给穷困人群的福利,社会福利的整体效应就会增大。比如,通过养老金补贴等方式,就可以增加货币使用的边际效用,进而增加社会的总福利效用。福利经济学关注的重点在于,怎样通过转移支付来提升国民收入总的效用水平,增强整个社会的福利获得。因此,他们主张建立一种能更好地提高人们福利的制度,国家可以通过转移支付和再分配制度的构建,帮助低收入群体进而提升社会整体的效用。以养老金为例,养老金制度可以依赖于精确的结构设计——现收现付制或者基金积累制,实现由青壮年人向老年人、富人向穷人、男性向女性的再分配功能。它也可以在个人的整个生命周期内进行再分配。这些理论为福利国家制度的推进提供了较为充分的论证,推进了一些国家社会福利制度的建设和实施。

(三)凯恩斯主义对社会福利建设的影响

20世纪30年代,欧洲和北美主要资本主义国家陷入巨大的政治经济危机,相比战争国家、权力国家等极端形势的出现,建设福利国家成为应对这种危机的一种选项。凯恩斯的《就业利息和货币通论》(以下简称《通论》)在理论上为危机四伏的西方国家制定相应的社会福利政策和匹配的经济政策提供了比较充分的学理依据。《通论》通过总量分析和有效需求管理的思路,以边际效应递减等方法为主要分析工具,提出一国经济存在有效需要不足的问题,力证了国家干预经济运行解决需求不足的必要性。凯恩斯主义的出现对放任自由主义经济思想起到了适时的矫正作用,明确指出了市场经济的重大缺陷在于:拉大收入差距以及不能实现充分就业的目的。这样的缺陷会造成社会经济发展失衡等重大损失,国家作为公共意志的代表,有必要担负起这个责任,对市场进行有效干预来弥补和克服这样的缺陷。应对市场缺陷的有效办法之一就是建立和完善社会福利和保障制度,通过税收和社会福利制度的调节机制实现国民收入的再分配,把部分收入从高收入群体转移到低收入群体,增加后者的边际消费能力和消费效应,从整体上提升整个经济的消费总需求水平,推动宏观经济的均衡持续发展。

福利制度促进宏观经济平稳均衡发展的作用机制可简单表述如下:当经济处于繁荣发展时期,就业比较充分,失业减少,人们的收入增加,社会福利支出减少,但社会保障缴费随着经济的热潮而增加,这在一定程度上有给经济降温的作用;相反的情况是,当经济进入萧条衰退期时,就业者收入降低,缴纳的社会保险费用减少,但与此同时失业人数增加,社会福利费用上升,转移支付的增加也支撑了消费,又在一定程度上降低了消费下滑对经济的负面影响,使得经济在一个相对收窄了的区间减少波动,有效降低经济危机的剧烈程度和对社会的危害烈度。从这个角度看,凯恩斯主义提倡的国家干预政策,已经超出了为穷困工人着想的范围,演变为保护资本主义制度的基本手段,也关系到资本主义经济体系能否顺利运转的重大问题。可以说,福利国家理论发展到凯恩斯主义阶段,已经在为安抚穷人考虑的同时,更重要的任务是为保护资本主义制度建立一张"安全网"。

在凯恩斯主义的影响下,英国的贝弗里奇在社会政策层面,把不同的社会福利建设愿景整合进一个框架体系内, 推出了战后英国福利体系重建的基本框架,标志着福利国家思想开始由理论转变成现实。在贝弗里奇的福利框架设计中,四条基本原则成为整个制度的主体框架:首先,从覆盖范围看,社会保障的对象是普遍性的,而非选择性的,针对全体社会成员而非选择部分群体。其次,从保障水平考虑,保障的程度是低水平地满足最基本的生存需要,维持基本生活防止贫困。再次,就促进充分就业的效果而言,福利计划要防止失业,引导人们更加充分的就业。最后,就费用承担考虑,社会福利的费用由多方共担,政府财政、劳动者、企业主等都要一定程度地分担社会福利费用的筹集责任。总体而言,贝弗里奇式的社会福利制度建设,主要目的是通过建立国家财政补贴、企业和劳动者共同缴费的多方协力全面参与式社会保障制度,旨在通过政府的多方面调控促进充分就业,达到消灭战后英国社会的普遍贫困问题。这是比较典型的国家参与社会福利建设的一种模式,学界称之为"凯恩斯-贝弗里奇模式"。

综上所述,对福利理论的区分主要基于该理论如何处理国家在福利体系建设中的作用。从自由资本主义的国家置身事外,到逐渐鼓励社会济贫事业,再到国家层面的宏观调控和转移支付,都证明了在现代风险社会,国家更加深入地参与到社会福利体系的建设中是非常必要的,也是客观规律和必然趋势。福利建设的主要功能从最初的聚焦救济失业者让社会更加安稳,稳定人们的生活预期,为职业发展道路提供最基本的生活保底等,再到提升社会作为一个整体的凝聚力和向心力等方面发挥着重大作用。从长周期看,现代国家中随着经济竞争加剧,经济活动的流动性增加,以及越来越多的自由职业者、灵活就业的出现,国家在福利建设中直接和间接提供保障的作用会越来越明显。

二、不同福利模式中的国家角色

社会福利制度作为现代社会建设发展的重要基础性制度,自其诞生以来的发展演变始终与国家制度相紧密联系。一方面,随着工业化发展相继扩散以后,在社会福利的建设主体中,国家的角色越来越重要,尤其是在基础性社会保障制度部分;另一方面,工业化带来的社会阶层分化、矛盾纠纷等现实问题,迫切要求国家采取相应手段,缩小社会贫富差距以稳定社会秩序。因而将社会福利制度建设作为一项国家基础性制度安排进行整体性制度体系构建,无疑是对社会发展要求的回应与应有之举。历经几百年发展演变,当前世界各国社会福利具体模式呈现出各有千秋、百花齐放的发展局面。而在不同模式的构建发展实践中,国家在其中所扮演的角色地位与发挥的功能作用也各不相同。本部分将从国家作用发挥的视角进行分类论析,以期通过探析不同社会福利模式中国家功能作用的优劣得失,为建设我国以人民为中心的整体性福利提供相关经验借鉴。

(一)有限国家保障福利模式

抛开社会福利制度的民间自发救济时期的互助行为来看,德国的社会保险制度无疑是社会保障制度迈入现代化的重要标志。本部分把德国模式作为有限国家保障福利模式的分析对象，从社会保障的体系构建、法律法规、运营管理以及监督监察等方面，来考察国家在社会福利事业中所扮演的角色与发挥的作用。

1.国家主导社会保障体系构建

以李斯特为代表的德国历史学派在德国近代的发展中影响比较大，其中注重发挥国家的保护和干预作用就是其重要的特征。国家的积极介入在德国社会福利制度建设的过程中也得到比较充分的体现。其制度体系的核心是社会保险制度，基本内容还包括社会救济与家庭补贴这两方面。最初是俾斯麦时期的德国政府为了体现国家权威和国家主义以及缓和阶级社会矛盾，进一步维护德国容克贵族的封建统治而采取的国家行为。但今日回溯而望，正是德国社会保险制度登上历史舞台，才拉开了近代国家社会保障制度的构建帷幕。德国社会保障制度体系的构建及其发展过程中国家作用的发挥具有鲜明的自身特色，形成以社会保险制度为核心的社会福利制度体系，国家始终通过立法机关确保社会保险各项制度的有法可依与有矩可循，通过行政机关推动社会保障的财政资金来源和相关保险种类的有效运行，通过司法机关监督监察各项社会保障的最终落实效果。此外，还充分发挥国家再分配作用以积极发展儿童津贴、住房补贴等针对多种人群的补充型社会福利制度。总体而言，国家作用在德国社会福利制度体系的与时俱进变迁中占有显著的地位，其利用各项国家职能的发挥，通过不断地推动制度改革与政策调整，有力保证了社会保障制度整体设计、制度运行、监督管理等紧随社会需要的变迁而变动，从而在漫长的历史演变中形成了符合德国基本国情的，带有显著的德国"国家干预主义特色"的社会福利制度。

2.立法先行的社会福利制度建设

国家作用在德国社会保障制度的体系构建发展中最显著的一点就是国

家立法作用的发挥,无处不在的法律、法规条文确保了德国社会保障历次改革调整都伴随着相关法律条文的修订补充。从俾斯麦时期的社会保险制度三大奠基法的颁布到纳粹时期的《失业保险法》,再到二战后经济发展所谓的"黄金年代"的法律制度调整,无不彰显德国立法先行的国家法制作用。具体来说:第一,先后制定通过了疾病、工伤、老年等社会保障"三大法"、《护理保险法》等一系列法律法规,①从法律层面确保了德国社会福利制度体系的构成。第二,通过制定法律条款明确了国家、社会和个人之间的社会保障责任。一方面,明确规定符合一定条件的公民有责任有义务参加国家法律规定的养老保险、失业保险、医疗保险以及工伤保险,保证了各项失业保险制度的有效覆盖率;另一方面,明确提出国家鼓励企业、雇主等社会力量为国民提供各类法定保险之外的补充社会福利,例如鼓励私人保险公司开展人寿保险业务。此外,国家有必须为公民提供五大基本保险的义务与责任,还必须利用各种职能作用积极推动社会救济事业的发展。第三,通过国家立法明文规定了社会保障制度的覆盖及其受益范围。②以医疗保险为例,88%的德国人口享受法定医疗保险,10%的人口参加了私人医疗保险,其余人口享受免费医疗保险。③第四,划分了国家对社会保障的财政支持负担,五大保险制度的资金来源主要是雇主与雇员的缴费收入,国家一般只提供少量的财政补贴予以支持。

3.社会自治的社会福利运行机制

德国社会保障制度是基于"人人为我,我为人人"的国家干预主义理论基础之上,在具体的管理、运行层面又能够遵循一定程度的社会自治原则。国家在社会保障制度的运行实践中所发挥的作用主要集中在监督和调节方

①② 参见周弘:《30国(地区)社会保障制度报告》,中国劳动社会保障出版社,2011年,第73、76页。

③ 参见吕学静:《社会保障国际比较》,首都经济贸易大学出版社,2007年,第20页。

面，而各类社会保障制度的具体运行管理实际上是由具有独立法人地位的法人团体负责。依据《社会法典》和其他相关法律法规规定，各类保险基金的缴费者，也就是投保人和雇主都享有参与社会保障制度决策的权利。一般来说，除社会失业保险①以外，所有社会保险机构的管理委员会都由雇主和投保人工会通过公开选举产生的各自代表组成；各类社会保险管理委员会在遵循国家法律法规的前提下，自主负责各自保险资金的收支管理、保障认定以及其他各项事物等自我经营管理。国家则主要运用相关职能对其进行运行机制的行政监督、资金收支的审计监督和法律之内的司法监督。此外，国家还肩负调节矛盾纠纷的责任。当被保险人和雇主双方之间出现较为激烈的矛盾纠纷时，国家的行政机关就必须对其进行调节，从而确保各类社会保险的平稳运行及制度功能作用的正常发挥以稳定社会秩序，促进经济发展。

(二)全方位国家监管福利模式

全方位国家监管福利模式实际上就是以国家作用为基准，对"强制储蓄型"模式的新视角考察，主要关注点在于在这一模式中国家角色作用发挥如何。这是一种继德国社会保险制度以后，伴随着经济全球化与区域一体化发展而在一些新型经济体国家中逐渐发展起来的比较有特点的新型社会保险福利制度，其所有的保障资金皆来自社会个体缴纳的社会保险费用，而国家只为此提供全方位的管理监督，这种社会福利体系的典型代表是新加坡的中央公积金制度。这种模式强调国家作用在社会保障领域的全覆盖，最大特点在于将个人所享受的各项社会福利待遇与其在工作期间的缴费积蓄建立某种精算联系，通过国家立法作用机制予以确立，强制性规定所有符合条件的公民必须参与相应的社会保障项目，从而实现公民个人的自我保障目标。

1.行政推动的社会福利体系构建

与德国"国家主导"和英国"先民后官"的体系构建路径相比，新加坡中

---

① 参见曾国安：《德国社会保障制度的内容、特点及评价》，《长江论坛》，1995 年第 2 期。

央公积金制度的构建发展带有自身鲜明的发展特色，即贯穿于社会保障制度构建的国家行政作用。新加坡曾经是英国的殖民地，所以其典型的中央公积金制度受英国殖民政府统治时期的建设经验影响颇深。迫于当时新加坡人民生活艰苦不堪、住房条件极其恶劣、劳动者缺乏应对意外事故和自然灾害的自我保障救济能力等各种现实问题带来的压力，为了缓解阶级和社会矛盾纠纷，维护殖民统治，1953 年，在经过两年多广泛论证的基础上，英国殖民政府制定了《中央公积金法》，推动实行公积金制度，以便为当时工资水平较为低下的新加坡建立一种可以帮助人民解决因年老、退休等因素导致的生存困难问题，由此拉开了新加坡行政推动的"储蓄保险"社会保障模式建设之路。一方面，通过发挥国家行政作用，新加坡在几十年的探索实践中，逐渐完善发展了中央公积金制度，将其从单一的养老保障，逐渐扩展到集养老、医疗、住房和家庭保障以及资产增值五大体系在内的现代社会保障制度，满足了国民的社会保障需求。另一方面，设立中央公积金局对中央公积金进行专门管理，利用国家权威作为担保是这套制度最为有效和富含价值的福利特质，由中央公积金局制订公开透明的基金投资增值计划，供公民自由选择适合自身的投资组合，从而增强了基金发展的可持续性。

2.权责对等的完善社会保障体系

新加坡"储蓄保险"式的中央公积金制度是世界上为数不多的不具有互助共济性能（家庭成员除外）的社会保障制度，中央公积金制度实行完全的个人积累制，参保成员之间没有再分配机制，个人在退休以后所享受的各项社会保障福利待遇都取决于他自身在工作时期积累的财富，但是在面临各种意外风险时，直系亲属之间却又可以互相帮助救济。在这样的制度设计中，国家在社会保障构建中的作用发挥与其他模式相比具有更为突出的特点。第一，保障资金的个人缴费积累制。新加坡中央公积金的一个重要特点就是国家无责的缴费制度，也就是国家既不用像社会保险制度发达的德国社会保障模式一样,提供相应的各项缴费或者财政补贴,也不用像英国政府一样,国家财政高度负责社会救济项目。整个社会保障制度运行的基金完全来源于公民个人的缴费及其增值收益的积累。第二,国家行政的主导性。新加坡公积金制度从最开始的简单又单一的养老保障服务,发展到今天的多项目、高保障水平,离不开国家行政作用的推动。例如,1984 年,公积金局推出了医疗储蓄计划;1987 年,依据经济发展实际制订了最低存款计划①,以保障人民退休后的基本生活;1992 年,设立了自雇人员医疗储蓄计划;1996年,推出了教育计划,等等。在国家的推动下,同一个账户的保障项目不断扩展,保护内容不断增加,保护体系亦愈加完善。

3.企业化管理的社会保障运行机制

新加坡中央公积金制度的管理运行与德国和英国模式相比较,既无德国模式的社会组织自我管理,也无英国政府的高度参与特色,其中央公积金的管理运营实质上是一种企业管理的模式,即实行董事会领导下的总经理负责制。一般由政府牵头,雇主、雇员代表和专家学者等共同组成相应的领导机构开展日常管理,但是董事局主席由政府委任,以确保中央公积金制度始终与国民需求实际和国家发展相一致。与此同时,该模式独特的制度设计使得公积金局对于社会保障的管理具有高度的独立性。公积金的资金来源及增值,既不受国家财政收支波动的影响,也不受政府行政的干预,实行完全的独立核算、自负盈亏的模式,从而使得公积金在拥有较高信誉的同时又能稳定发展。一方面,通过业务分离的"二元自我管理模式",实现了公积金日常事务与基金增值业务的相互分离,由新加坡政府投资公司负责基金的投资运营,公积金管理局则负责日常各项事务管理。从而保障公积金能够以恰当的身份进入市场,开展投资活动进行增值,保证了公积金制度效能的有

---

① 最低存款计划规定:每一位年满 55 岁的退休者在领取公积金时,账户里必须留下最低存款3.5 万新元,以保障他们退休后的基本生活,1997 年调整为 5 万新元,2003 年为 8 万新元。

机发挥,提升社会福利水平。另一方面,公积金制度不受政府支配,政府各部门只能通过政府债券以有偿的形式进行借用并按时支付利息、按期归还本金,这就保证了公积金制度的保障资金的充足、稳定与基本的安全。此外,国家对于公积金具有担保的责任,也就是说新加坡中央公积金制度最大的信誉保证来源于政府自身实际持有的资产储备,政府自身担负有偿还公积金的义务。

(三)国家全面托底福利模式

国家全面托底福利模式的典型代表当属英国,英国社会福利的发展变迁始终与资本主义发展阶段的特征紧密相连。从资本主义萌芽时期的《旧济贫法》到第一次工业革命时期的现代社会福利制度建设,再到当前的社会福利制度变革时期;从社会福利的制度设计到社会福利的基金收支,再到社会福利运营管理,英国社会福利制度建设发展实践中的国家作用呈现出由补缺和临时救济,发展到二战后主导制定福利国家建设的基本规则,再到20世纪70年代后经济步入"滞胀"后的有限国家干预,特别是撒切尔时代进行了具有新自由主义特征的调整和改革,国家作用发挥的强弱变动比较大地影响并导致了英国社会福利制度相应的调整变化。

从民间探索到官方的参与是英国社会福利制度比较鲜明的历史发展轨迹。基于英国自由主义盛行的历史传统,英国社会福利制度在其制度体系的构建方面呈现出与国家主导的德国社会保险模式完全不同的发展变迁。英国社会福利制度首先是由民间自发开展的救济互助机制逐渐发展起来的,国家在早期对于社会福利制度的构建仅仅局限于在法律方面的立法支持,其具体管理运行完全由民间依据相关法案自发进行。1601年,英格兰议会为了解决日益严重的贫民问题制定颁布了《伊丽莎白济贫法》,将原来分散化带有应急性质的济贫事务第一次纳入国家的职能范围内,但是这一法案并没有将济贫事务作为国家责任与义务,只是提供了一份法律指导。此后虽然相继颁布了《吉尔伯特法》,修订了《济贫法》等,但取效甚微。反倒是自发形成的行业互助机制逐渐蓬勃发展起来,例如"友谊社"①等工人阶级的互助组织在职业保障方面发挥了重要作用。直到 20 世纪初,面对在工业化进程的冲击下逐渐瓦解的互助性社会保障机制的失效危机,英国才开启了国家介入社会保障制度体系的构建发展时期,推动了本国社会保障制度的法制化发展进程。具体来说,第一是通过立法统一了原来具有民间互助性质的分散的各项社会保障制度,建立了统一的社会保险。例如,1911 年颁布了涉及建筑、造船等七个行业的第一个全国性、强制性的失业保险法。第二是探索建立了社会福利制度,通过不断地探索和实践,建成了非常具有代表性的现代社会保障制度体系。第三是在以国家为主体的改革实践中细化明确了国家、社会和个人之间的责任、义务关系,在实行"普遍和全面原则"的国家责任下尤其重视"最低原则"的个人责任。

　英国社会福利制度最大的特点在于,国家通过家计调查和发放津贴的方式进行全方位参与。从《旧济贫法》的颁布开始到《贝弗里奇报告》的出台推进的福利国家建设,再到 21 世纪以来不断推进的改革,历经多次改革调整,最终形成了当今英国比较完备的"从摇篮到坟墓"的现代社会福利制度体系。而在这一过程中,国家所扮演的角色和发挥的作用也各有差异:在《旧济贫法》时期,国家扮演的是救济互助规章制度的提供者,只颁发法律规则却不负担救济责任和义务;在《新济贫法》时期,国家开始成为社会救济的主要责任主体,开启了英国国家责任的社会福利建设时期;在《贝弗里奇报告》开启的福利国家时期,国家作用全面扩展、无处不在,国家负担的各类社会保障项目几乎涵盖了一个人从出生到死亡的所有阶段;在 21 世纪的改革调整时期,国家的全方位责任有所削弱,个人责任逐渐得到重视。整体考察来

---

① 友谊社成员每年按照比例交互助金,在生病、年老及死亡时得到补助。参见周弘:《30 国(地区)社会保障制度报告》,中国劳动社会保障出版社,2011 年,第 238 页。

看,在英国社会福利制度体系漫长的构建发展历程中,从福利国家的制度设计到社会保险资金的收支、项目种类的调整,再到社会保险基金的管理运营监督等,国家的身影无处不在,可以说英国福利国家模式完全是建立在国家全方位参与基础上的。

第一,依据英国不同历史时期的基本发展情况,发挥国家立法作用相继出台《国民保险法》(1946年)、《国民医疗保健法》(1946年)和《国民救济法》(1948年)等一系列有关社会福利整体制度设计的法律法案,以立法的形式确定了国家在社会福利制度中的全方位作用。第二,调整改革政府机构,设立专业的国家行政部门对各类社会保障项目进行管理运营。例如,为了提升社会保险的运行效能,1968年将社会保障部和保健部合并,1988年又将两部门进行拆分运行。第三,发挥国家财政作用,由国家财政负担福利国家的各类社会保障开支。例如,四大支柱之一的国民医疗保健制度的所有开支费用主要由财政部统一负责;社会补助和社会救济项目的各类开支则由国家税收负担,符合资格条件的个人不用缴纳任何费用。此外,国家还承担着对社会保险制度中超额开支部分的财政拨款补贴。

国家统一管理的社会福利运行机制。起源于民间自发救助和行业互助机制的英国社会福利制度,在经历漫长发展时期内的多次改革调整之后,目前已经形成了国家统一管理的运行机制。国家不仅是社会福利的提供主体之一,同时也是运营者和监督者,只不过这些职能被不同的国家机关担负。在济贫法时期,在英国社会福利制度的管理实践中,教区和宗教一直处于最核心的地位。1871年以后,为了缓解日益沉重的济贫事务管理压力和更好地管理规模越发庞大的济贫资金,英国在地方政府中首次建立了济贫委员会参与济贫事务管理。由此,英国社会福利制度的管理开始进入国家介入管理时期。但真正意义上的国家管理社会福利则起步于1929年,这一年英国通过立法规定了地方政府对贫民习艺所负有的管理责任,以立法的方式确定了国家的社会福利管理责任。此后,伴随着国际局势变化与国内社会经济的发展,英国通过调整增设国家行政机构进一步增强了国家在社会福利制度方面的责任与义务。1934年,为了更好地提升失业保险、失业救助和再就业培训工作的社会效能,劳工部设立了失业救助委员会和失业救济管理局作为专业管理机构,统一负责与地方政府协同进行失业保险的管理工作。1943年建立了统一管理退休年金和附加年金事务的援助委员会,1944年又在此基础上改设了国民保险部,以加强对于社会保险项目的统一制度设计和制度管理。此后,历经多次改革调整最终形成了目前中央政府层面进行社会福利管理运行的保健部和工作与年金部。其中,保健部负责为全民(北爱尔兰除外①)提供免费医疗保险的"国民健康服务"(NHS)的协调管理;工作与年金部则主管包括国民养老保险、失业保险、工伤保险在内的各类社会保障工作。社会保险资金的征收和发放则由"女王岁入与关税总署"统一负责。此外,各个地区在某些方面还享有一定的自治权利,但是这种自治权利仍旧是行政机关负责本地区的统一管理,也就是说,英国社会福利管理机制实际上是中央政府与地方政府分工合作、协同管理的国家统一管理机制,虽有地区之间的具体管理差异,但总体仍旧是国家行政机关的统一管理制度。

通过以上论述可以发现,经过多年的不同国家的实践发展,国家在各国社会福利建设中的作用发挥越来越得到各国重视,世界各国通过不断探索明确国家的社会福利责任,有力地推动了各自社会福利工作的开展,为国民经济和社会的持续繁荣发展奠定了较好的基础。

三、社会福利建设中国家的一般职责

国家在社会福利建设中的作用,可以分为一般性的共性的部分,不论国

---

① 由于历史原因,北爱尔兰在社会保障方面享有全面自治的地位。北爱尔兰政府的保健部(HSSSPSNI)和社会发展部(DSD)分别负责管理本地区的国民保健制度和社会保险事务。

家的性质和发展阶段特征如何,都具有这些基本的职责和功能;同时每个国家和社会都有各自独特的发展历程,不同的社会制度属性、历史文化传统、社会经济结构等特色也会在福利建设和运行管理中体现出来。

(一)制定完善相关立法,提供法律制度保障

福利建设的先发国家在建立社会福利制度体系时,比较重视法律的重要作用,就其发展经验而言,一般都是先由国家立法机关制定与促进社会福利发展相适应的法律制度规范,以及出台设立各种服务于公民的社会福利项目,再由政府及相关部门来负责具体的执行和实施。这样的一般过程对许多国家而言都是适用的。具体到我国而言,目前已经出台了一系列的相关法律为社会福利发展提供规范,进行保驾护航。但是随着我国发展进入新时代,一些相关法律条文已经有些滞后,与社会福利发展实际需要相脱节,在一定程度上影响了我国社会福利功能的运行和作用的发挥。法律的重要功能在于确立一种秩序,"通过一个行之有效的公法制度,它可以努力限定和约束政府官员的权力,以防止或救济这种权利对应获保障的私人权益领域的不恰当侵损"[1]。因此,我们必须要在充分考量我国现实发展国情的基础之上,发挥国家的立法、司法及执法等方面的作用,即时更新完善与社会福利相关的法律法规,为促进中国特色社会福利发展提供法律制度保障。

(二)发挥国家补贴作用,保障基本福利待遇

根据功能作用的不同,社会福利可以划分为不同层次,其中处于第一层次的是社会救济、特殊人群帮扶和优抚安置等面向于社会整体的弱势群体的与缴费无关联的社会福利项目;而偏向于社会个体的与缴费密切相关的社会保险制度则属于第二层次。我们都知道在现代社会,发展建设覆盖全民的社会福利需要大量的资金支持,而这个重任非国家不能胜任。就社会福利

---

[1] [美]E.博登海默:《法理学——法律哲学与法律方法》,邓正来译,中国政法大学出版社,1999年,第233页。

的第一层次来说，这种面向全民的基本社会保障的发展建设资金理所应当由国家通过税收的方式完全承担，因为这一层次的保障不仅是确保社会成员享受经济发展成果的手段，而且更是马克思主义所说的体现社会主义公平正义的重要载体。就社会保险而言，因为社会成员个体之间的差异已经被第一层次的社会福利所保证，是在满足生存基本需求基础之上的个人互助共济的发展需要，其资金来源应当由国家、企业和个人共同承担。国家财政应当在一定范围内为社会保险事业承担适当比例的补贴，这是国家不可推卸的责任。以2020年抗击新冠肺炎疫情为例，世界各国在社会突发性事件中的社会保障作用都得到有效的体现。因此，合理确定国家在不同层次的社会福利事业中的资金承担比例，制定科学合理的财政预算支付，在保障最基本层面的社会福利提供方面发挥国家的保底作用，非常关键也是十分必要的。

(三)完善监督制度体系,确保运行透明公正

社会福利制度体系建设是关系国计民生的大事，其资金使用是否合乎相关规定、保障对象是否得到了切实保障、各种大大小小的保障工作成效如何等，都关系着社会能否稳定与经济能否发展。因此，作为现代社会最有权威性的国家权力同时也是社会基本保障事业建设主体的国家必须加强对各项社会保障事务的监督，确保社会保障的效力效用得到真正发挥，推进社会保障切实为人民服务。具体来说：一是建立多部门联合的监督管理机制，充分发挥各个国家部门的监管优势，建立从社会福利资金的筹措统合到分配使用的全方位监督机制，确保社会保障基金来历清晰，用途明确。二是建立完善的社会保障工作规章制度。针对不同地区、不同行业、不同种类的社会保障事业，实事求是制定符合各自运行机制的相关制度，加强责任制建设，强化约束和激励机制。三是加强监督管理队伍的培训建设。通过开展业务培训、从业技能大赛等各类活动，不断强化从业人员的理论水平和业务能力，

提升队伍整体素质，保证社会福利事业各项制度都能够在法律法规的基本框架下，公开、透明、舒畅地运行。

四、社会主义中国建设人民福利的特殊职责

一般而言，后发国家的福利政策具有被动应对社会问题的特点，我国改革开放早期的社会保障制度的建立与推进也是如此，是在为社会主义市场经济的改革进行制度配套，以解决国有和集体企业改革后职工福利无所依托的现实问题，以及退休职工生活在曾经供职的企业产生经营困难后没有保障的窘境。在社会主义中国，人民福利的建设和发展是需要国家的大力支持的，中国的福利建设特别需要突出人民性路径，展现国家的人民性特征。因此，需要从国家顶层设计的角度总体考虑，指导推进福利体系的总体性建设和全面性发展，以保证建设的人民性特点。

我国是多种所有制经济共同发展的社会主义市场经济体制，多项发展目标对宏观政策的影响同时并存，政府政策目标的选择和排序直接影响福利政策的选择和人民福利的获得。可以说，宏观调控政策在执行层面决定着生产力的人民属性。人民生活状况能否得到真正有效的改善，能否真正共享经济快速发展的成果，在很大程度上取决于总体的制度设计，以及国家宏观调控的方向和力度。

（一）以扶贫领域的国家工程解决福利供需领域最尖锐的矛盾

我国最贫困的地区往往是社会福利供需矛盾最尖锐且最需要攻坚的地区。我国全面小康社会建设的主要目标是解决绝对贫困的问题，2020 年之前我国还有 1000 多万特困人口，他们主要分布在 14 个集中连片的特困地区。这些地区的自然条件、经济基础等都不利于经济发展，以至于与其他地区各方面的差距被逐渐拉大，是发展不平衡不充分矛盾的最为尖锐部分。单靠这些地区人民的自身努力很难摆脱贫困，解决这部分人民的生存和发展问题，

必须通过国家宏观调控的力量，充分利用公有制经济内含的人民主体性功能，通过转移支付、社会建设等手段开展精准扶贫，从多方面提供福利支持。精准扶贫是新时代福利建设领域的国家战略，"五个一批"政策具体承载了这项任务。在中央政府的统一部署下，全国采取发展生产、易地搬迁、生态补偿、发展教育、社会保障兜底的总体思路，以全方位的福利建设解决我国现存的极端贫困问题。2013—2017 年，中央财政专项扶贫资金累计投入 2822 亿元。"十三五"期间发放易地扶贫搬迁专项贷款超过 3500 亿元。[①]转移支付、金融扶贫等的力度大幅增强。正如习近平总书记指出："要坚持社会主义基本经济制度和分配制度，调整收入分配格局，完善以税收、社会保障、转移支付等为主要手段的再分配调节机制，维护社会公平正义，解决好收入差距问题，使发展成果更多更公平惠及全体人民。"[②]可以说，精准扶贫工作是举全国之力建设人民福利的最伟大工程，在缓解极端贫困方面具有基础性、革命性作用。通过国家一盘棋的有力宏观调控，把人民福利建设与克服新时代主要矛盾最尖锐的部分结合起来统筹推进，二者协同并进、互为推力，满足最困难群众对自身美好生活的需要，是中国乃至世界福利建设史上的伟大创举，足以载入人类社会福利建设的史册。

(二)积极调配社会资源，加速人民福利建设布局更加合理

经济社会发展的过程也是原有利益布局调整的过程，人民福利的获得可以在发展和布局调整中得到更加合理的推进。人均国内生产总值水平是社会福利建设的重要基础，与社会福利水平高度正相关。例如，日本和韩国进入福利社会之时，其人均国内生产总值均已高达 1 万至 1.3 万美元。按照国内学者比较一致的看法，2010 年《中华人民共和国社会保险法》的颁布实

---

① 参见刘永富：《国务院关于脱贫攻坚工作情况的报告》，中国人大网，http://www.npc.gov.cn/npc/cwhhy/12jcwh/2017-08/29/content_2027600.htm，2017 年 8 月 29 日。

② 《习近平谈治国理政》(第二卷)，外文出版社，2017 年，第 214 页。

施成为我国福利建设的标志年份。然而这一年我国人均国内生产总值仅为4500美元左右，与日本和韩国进入福利国家时的人均国内生产总值水平相比有着明显差距。[①]尽管如此，这并没有妨碍我国大规模进行民生福利建设的投入。事实上，2012年以来在全面深化改革的推动下，我国多个层次的福利建设已经初具规模，在教育、医疗、养老等领域的保障水平快速提升，建立了世界上最大规模的社会保障体系，2020年末全国约10亿人参加基本养老保险，约14亿人参加基本医疗保险，[②]在较短的时间内完成了福利保障的全覆盖，跨越了西方国家近百年的社会福利发展历程。这一成就的取得与我国坚持经济建设方向的人民性密切相关。新时代福利建设的重要工作是努力提升基本公共服务水平和增加不同人群、不同地区的公共服务的均等化程度。一方面，我国基本公共服务量大面广，就狭义而言，包括保障基本民生需求的教育、就业、社会保障、医疗卫生、住房保障等领域；就广义而言，还包括环境保护、公共安全、消费安全和国防安全等。另一方面，我国城乡之间、地区之间基本公共服务水平差距较大。在这样一种客观状况下来提升基本公共服务水平和均等化程度，势必要求我们更加充分地发挥集中力量办大事的社会主义调控优势，通过补短板、调结构等举措，推动民生和社会建设量升质优地发展，加速推进人民福利建设。

（三）推进经济转型高质量发展，提升人民福利质量

要化解社会主要矛盾，更好地满足人民美好生活需要，必须破除对高速度发展的迷信，放弃对粗放式发展的依赖，更多地通过经济发展质量的提升，来增进人民的综合福利。在改革开放初期，鉴于经济规模小、基数低，我国主要通过数量增长和规模扩张来发展经济。这种粗放发展模式固然有其一定的历史合理性，但时至今日其弊端日益凸显。这种发展模式不仅就其本

---

① 参见世界银行网站，http://data.worldbank.org/indicator/NY.GDP.PCAP.CD.
② 参见《2020国民经济和社会发展统计公报》。

身而言不具有可持续性,而且使我国福利建设陷入了困境。一方面,从劳动者的角度来看,其工作福利和其他福利无法得到有效提高,长期处于低工资水平。另一方面,从国家的角度来看,由于无法从低附加值产业获取更多税收,国家即便有心,也无力大幅度地提高人民福利。显然,我国福利建设要摆脱困境,就必须转变粗放型经济发展方式,走高质量发展之路。

经验数据表明,只有走高质量发展之路,才能更好地保证人民福利建设,更快地提升人民福利质量。2013—2017 年全国居民人均可支配收入平均增长 7.42%,高于同期国内生产总值 7.12%的增长率,[①]高质量发展的惠民效应非常明显。从微观层面来看,其原因在于高质量发展是利益相关者综合收益较高的一种发展模式,无论劳动者报酬、消费者效用、投资者收益,还是政府税收,都得到了较快的增长。从宏观层面来看,高质量发展使经济结构更趋合理、区域经济布局更加协调,有效地提高了资源配置效率。当前,我国以供给侧结构性改革为切入点,优化存量资源配置,增加优质增量资源供给,引导消费逐渐升级,扩大国内消费需求对经济的贡献率,在进一步推动经济高质量发展的同时,可以更好地实现人民劳动成果人民享有的目标,有效地提升人民的综合福利,特别是工作福利。

新时代美好生活的建设,既是一个不断解决发展中不平衡不充分问题的过程,也是一个以人民为中心福利建设不断提升的过程,这两个过程是辩证互构、互为支撑的。在全面建成小康社会最为关键的冲刺阶段,要尽快解决影响人民福利建设的不平衡不充分问题,必须在党的统一领导指挥下,通过政府部门的统筹协调,全国通盘综合考虑,解决长期以来需要解决而没有得到很好解决的人民福利领域建设难题,实现人民福利体系建设的突破性发展,解决人民最急需、矛盾最突出的福利诉求,从根本上扭转长期以来形

---

① 根据国家统计局网站《2017 年国民经济和社会发展统计公报》数据整理。

成的人民福利建设领域因身份、职业、地区等差异而造成的较大福利鸿沟，尽力消弭在人民福利建设领域存在已久的阶层矛盾、区域矛盾、收支矛盾以及功能单一与需求多样方面的矛盾，通过不断化解人民福利建设领域积累的矛盾，在解决问题中推进美好生活建设。要在党的正确有力的领导下，坚守以人民为中心的价值基石，坚持公有制经济的支撑作用，在发挥市场作用的同时更好地发挥政府宏观调控作用，保障生产力的布局围绕人民需要展开，限制全球化条件下的资本无序扩张和肆意入侵福利建设领域，防止福利建设目标的工具性倾向，在共建共享的原则下建设以人民为中心的多维福利体系，满足人民多层多样多方面的需要，促进社会公平、正义、和谐，增强人民的获得感、幸福感、安全感。

从人的发展和社会经济发展的互动视角看，为人民提供多方面的福利保障，满足人民美好生活需要，可以提升人民的生活质量、学习效率和创造能力，增进人民对国家和社会的认同感，凝聚团结奋斗的合力，提升人民工作的主观能动性，为社会发展做出更大的贡献，实现个人发展和社会发展的良性循环。需要强调的是，新时代我国要逐渐提高人民的福利水平，改善生活品质，但是不能要求过高，要在我国经济特别是公有制经济做优做强做大的基础上逐渐发展人民福利。要按照需要与可能、可能与可及的原则，根据人均收入水平、经济增长可持续性等约束条件综合考虑，尽力而为、量力而行，避免发生因过度承诺和过度福利化所引起的社会问题，防止因此而造成的效率低下、增长停滞、通货膨胀等弊端拖累经济发展，进而伤及人民的根本利益。要全面贯彻人民主体性原则，把国家提供的福利由被动施予变为主动创造，把支付型福利与机会福利有机结合起来，激发人民的创造活力和奋斗精神，培养人民通过享有福利创造更多社会财富的责任感和使命感，推动新时代人民福利事业的良性发展。

综上，需要说明的是，在世界上各种福利体系的建设发展过程中，国家在不同的历史时期、不同的福利模式中,扮演着各不相同的角色,发挥着各有特色的功能作用,因此也产生了各种理论流派,根据相应的界定和分析,本节把国家在福利建设中的作用大致区分为有限国家保障福利模式、全方位国家监管福利模式、国家全面托底福利模式三种类型,这些福利模式的建设理念、运用模式、公平与效率关系的处理效果、发展的可持续性等方面都有各自的优势,也面临着本国特殊语境下的不足和问题。通过分析可以发现,无论是哪个国家的何种模式的社会福利制度,在进入了现代风险社会后,来自社会的系统性风险和社会结构的变化引起的冲击,个人和家庭无法有效应对,由于市场失灵、结构变迁等引发的社会风险诸原因,这种风险也无法通过私人保险提供保护,因此从国家福利角度提供保护成为必然的选择。所以从本节梳理的各国社会福利发展类型看,国家在福利提供中的角色越来越重要,几乎没有哪个经济发展相对较好的市场经济国家,是完全依靠市场提供人民的福利的,而国家的作用和地位都有不同程度的体现,即使同一个国家的福利建设体制,国家与市场、个人之间的关系也都是不断进行调整的,而这种调整都是各个国家在公平、平等、效率与社会福利最大化之间作出的某种选择和妥协。

第三节　社会福利供给中国家作用的弹性化趋势

福利体制不同,国家在社会福利提供中的地位和作用也不尽相同。从历史发展进程看,国家的作用不可替代,但国家之外的主体在社会福利发展中的地位和功能越来越重要,发挥着补充、灵活支付等不同的作用。换言之,从世界范围来看,没有哪国的福利体制纯粹为一种单一的体制或者模式,而是在一种模式的主导下,灵活运用多种模式作为补充,形成与本国经济社会发展相适应的福利框架发展体制。让福利体制更具弹性地适应经济社会发展变革的需要,逐渐成为各国选择改革和调整本国福利体系的一种新的趋势。

一、社会福利供给中国家的作用

由于不同的国家和地区在政治、经济、文化、历史传统等方面存在着巨大的差异性,作为与上述多个方面有密切联系的社会保障与福利制度,在各国的实践中也存在着明显的不同。例如,有些国家侧重于国家力量的深度介入,形成从出生到死亡的一揽子社会福利保障计划,另一些国家则注重于补缺式社会福利制度的建设, 只对遇到困难的群体给予一定条件和时限的福利支撑,帮助他们度过困难。这些制度因国别而不同,因社会结构和组织运行方式的不同而相异, 让社会福利制度的内涵在不同国家或地区有不同的内容和属性。但综合来看,分析总结诸多国家的社会福利制度,我们不难发现它们有着如下五个共同特征:

第一,几乎所有国家的社会福利制度,虽然表现形式各有不同,但无论是制度的顶层设计,还是组织实施,或者资金筹措,抑或是根据经济社会发展的调整,主体责任都是国家和政府层面的,国家的宏观组织和政府特别是中央的统一管理,形成社会福利制度的主要特征。第二,社会福利和保障的主要目的是缓和社会的阶级阶层矛盾, 分担社会经济发展过程中产生的失业、工伤等风险,维护社会的稳定,促进整个社会经济以及民生的协调发展,因而需要依法实施,体现出某种程度的强制实施性。第三,社会福利制度的主体内容表现为资金的获得或者实物的援助, 一些国家的福利保障采用的是货物或实物援助手段,为社会成员的基本生活权利提供安全保障,以确保成员不因特定事件的发生而陷入生存困境,并体现相对的公平性。第四,国家财政为社会福利制度实施的基本经济后盾。虽然社会福利制度的经济来源因体制安排的不同显示出不同的特点,既有政府财政资金的支持,也有参保企业和劳动者个人缴纳的费用,还包括社会成员慈善捐赠的部分。但是国家的财政资金和税收优惠,起到非常重要的源头活水的作用,起到了四两拨千斤的撬动效应,汇集起更多的社会资金,体现出制度的福利性特征。第五,社会福利的实施效果基本都是实现了国民收入的再分配过程,是通过社会福利制度的系统化运作,达到了进行国民收入分配与再分配实现的社会福利目标。

综上几点,社会福利从供给层面的主体来看,就是以国家或政府为主体,通过制定比较完善系统的法律制度,介入国民收入再分配的过程,对公民在暂时或永久失去劳动能力以及由于各种原因生活发生困难时给予物质帮助,保障其基本生活的制度,国家力量在其中扮演者极为重要的角色。

二、社会福利供给中国家的角色演变

(一)福利供给中国家角色的逐渐显现

人们常常把 1948 年 7 月 5 日英国国民可以享用国民保险的这一天作为英国福利国家的诞生日。[①]但是在这之前,英国的多项社会福利计划就已经在不同的社会群体中开始实行,国家的介入也越来越多,参与程度更加广泛。在以社会保险为重要特色的另外一种福利体制国家——德国,一开始就主导制定了社会保障的主要法规。国家主动地参与社会福利建设的大的经济背景是,西欧主要国家进入工业化的快速发展时期。当时主要的西欧、北美国家逐步展开了工业革命的进程,农业和农村地区渐渐衰弱下去,城市化、工业化蓬勃发展兴盛,因经济结构的转变和经济发展周期性调整导致的贫困家庭数量大量增加。对于各国统治阶层而言,在意识到有越来越多的劳动者面临失业威胁时,还会遭受到各种疾病、年龄增大、工作伤残等因素无法再工作,他们将长期面临贫困折磨时,执政者在学者们的建议下开始认真

---

① See Marsh, D.C., *The Welfare State : Concept and Development* , London , Longman , 1980.

地从社会保障中寻找破解之道，寻找在事前规避工业社会生产和竞争中的各类风险,不再把风险拖到事后再补救。德国成功建立社会保险的正向事例启发了欧洲国家,它们主动效仿德国的做法,在二战前后的经济社会危急关头建立了健康、失业、工伤、养老等方面的社会保险计划。美国为了应对经济危机造成的贫困、失业问题,在1935年也推出了以《社会保障法》为代表的国家保险计划。

社会保险在各个工业化国家广泛地出现表明，人们已经认识到在现代市场经济的竞争社会，仅仅依靠私人偶发的慈善救济和家庭成员的亲情支持,包括朋友和教友的接济,都无法完全克服社会变动的风险以确保人们的安全,政府理应承担新的更必要更为稳定且普遍的保护性责任,通过主办特定的社会保障，并以政策指导和资金资助的形式鼓励和支持为特定风险和工人提供保护的各类保险计划。可以看出,由于社会化大生产的广泛推进,人们就业方式更加灵活多样,国家和政府逐渐被推到国家福利的前沿阵地,国家资源更多地需要保障国民的经济和生活安全，私人机构救济和地方社区的帮扶作用逐渐被削弱,部分地被国家和政府替代了。

(二)国家福利供给角色的扩张

二战后,西方国家的社会福利制度得到快速发展,原先设定保护特定人群的保障计划被大幅度放宽，许多国家建立了面向全民的与工作和缴费没有密切联系的福利给付。以前以救助个别群体为目标的最低生存援助标准也放宽到符合主流社会的援助标准。受凯恩斯主义扩展的影响,政府介入经济发展的手段之一,就是建立市场失灵后的社会保障制度,给老年和疾病患者等弱势群体予以保障，而二战后经济的迅速发展也为社会保障制度的发展提供了坚实的后盾。20世纪六七十年代,由于政治选举的普遍化和社会思想领域的自由开放,人们注意到了社会不公平的各个方面,推动着社会保障计划向改善公民权利和就业机会等方面扩展深化。包括对少数民族和残障人士的保护,职业培训、就业补贴等,社会保障制度提供的福利扩张明显。例如,美国虽然表面上不愿采取明确的社会福利理念,事实上,美国的大社会计划(Great Society)包括职业培训、食品安全、医疗保险和医疗救助、精神健康以及社会服务等,对少数民族、被社会排斥人群产生了积极福利给付,国家在福利给付方面的作用明显得到扩张。

(三)国家福利供给角色的困局

20 世纪 70 年代之后,石油危机标志着资本主义"黄金十年"快速又平稳发展阶段的结束, 西方各主要工业国家经济普遍出现了成本推动的通胀和增长停滞,社会成员对福利需求呈现快速增加趋势,国家的福利开支迅速以较大幅度增长,主要表现在以下五个方面:

一是老龄人口的增加让福利支付压力不断加大。人口年龄结构的日益老化对社会福利制度的运转会产生比较大的影响, 一国的人口总量和人口年龄结构会直接影响该国社会保障与福利制度的正常支付。20 世纪 70 年代以来,以法国为代表的欧洲国家先后进入老龄化社会,老年人口在总人口中的绝对数量不断增大,年龄在 60 岁以上的人口的相对比重不断攀升,给西欧国家带来一系列社会抚养方面的经济压力, 这些问题在社会福利制度方面产生的最为直接的影响就是社会福利支付大幅度增加。同时,由于劳动年龄人口的比重和总数都在减少,导致社会的老年抚养比一直走高,国家、企业、劳动人口的养老负担越来越重,国家在财政支出中的社会福利占比一路走高。

二是失业危机对社会福利费用从积累到支付两个方面产生不利影响。20 世纪 80 年代以来,西方主要国家的失业人数一直处于高位,部分国家的失业率(比如西班牙)长期高居两位数的水平,其中年轻人的失业水平更高。这对社会保障制度和福利支付造成很大的压力。从需求端看,失业人数的增多导致享受失业保险的人数越来越多,对福利费用的需求大幅度增加;从供给端看,离开工作岗位的人不再缴费和纳税,社会福利资金供给越来越少,基金积累不足,需要政府财政的支持和转移支付。可以说,失业问题成为西方所谓的"福利国家"最棘手的难题之一。

三是财政危机。福利国家的危机,在财政危机方面的集中表现就是资金源缩减,资金流量逐渐相对变少。由于人口老龄化的发展,退休人员增多,医疗费用不断上涨,失业队伍增大,失业津贴支付增加,社会福利支付需求日趋庞大,这些导致社会保障支付的膨胀。同时,由于福利边界的扩张快于经济增长,日益庞大的社会保障支出造成政府比较沉重的财政负担。

四是管理危机。由于社会保障机构庞大,管理不严谨,造成社会保障费用发挥效应低下问题日益突出。如最早宣布为福利国家的英国,20 世纪 80 年代时全国各地的福利事务机构就有 500 多个,工作人员达到 8 万之多,每年单管理费用一项就高达 16 亿英镑之巨。

五是社会危机。福利国家较宽松的福利领取条件,给一些懒惰的人提供了偷懒的机会,他们不去找工作或者从事低薪工作,形成了一种领取福利照样生活的消极心理,部分社会成员养成坐享国家福利的心态,这突出地表现在"贫困陷阱"和"失业陷阱"的问题上,形成了很多"福利懒汉",以及被"保护的无用之人"。

三、社会福利供给中国家角色的动态优化

社会福利制度的安排不是一开始就有的,也不会一成不变。福利的形式和内容随着国家经济和社会发展形势不断发展和变化。从其变化的脉络中也可以清楚地看到, 社会福利在国家制度结构中起到一种在各个阶层间平滑的作用,福利的提供和帮扶在国家治理、市场竞争和个人生活之间形成了一种动态的平衡,可以有效地防止国家和社会发展向某一方面严重失衡。因此,社会福利制度保障水平的调整也将是动态和常态化的演进过程,国家的作用也会随着经济社会发展的需要, 以及自身可以承担的程度进行弹性化

的调整,这也是防止福利体制僵化的有效办法,可从以下两个方面理解调整的必要性。

(一)国家直接或间接福利供给的边界调整

现代国家既要保证本国公民的基本生活尊严,形成民族自豪感,又要在全球化的竞争中不断获得竞争优势,就必须要对福利体制进行比较弹性化的处理,让支付的基本福利发挥最大的效率,同时可以创造出更大的福利,增进未来社会福利的最大化。这里借助伊瓦思的福利三角研究框架进行分析。伊瓦思认为,福利三角的研究分析框架应该放在国家文化、经济、社会和政治的背景下进行整体看待。他把福利三角中的三方具体化为对应的组织、价值和社会成员关系(见表2-2)。(市场)经济对应的是企业等正式的市场组织主体,体现的价值是在生产和竞争方面的自主选择和竞争;社会成员作为行动者建立的是与(市场)经济的互动关系。国家作为公共组织,体现的是对公共利益的呈现和保护,因此代表着平等和保障的价值立场;社会成员作为行动者建立的是与国家的关系,是一种受到保护的公平对待的关系。家庭是非正式的以血缘为纽带的私人组织,在微观经济层面上体现的是亲人团结和财产共有的价值取向;社会成员作为行动者建立的是与社会的关系,这种关系更多地是社会共同体的相互协作。在福利三角所展示的三方互动关系中,(市场)经济自主性地为行动者提供可选择的就业福利;国家通过正规的社会福利制度将社会资源进行再分配,体现公平和保护的价值;个人努力、家庭保障和居住小区的互助是非正规福利的重要组成部分。从生产福利的三角力量中可以看到,在不同的历史文化、政治经济和社会背景中,国家的福利供给可以有效地与家庭提供的福利分担社会成员在遭遇各种风险时的福利需求。但是一般认为国家的保障是最重要的也是最后的保障者,不宜过多过早地代替社会组织和家庭提供福利的功能。

表 2-2　基于伊瓦思的福利三角分析

福利三角	组织形式	价值支撑	关系规范
(市场)经济	正式的	选择、自主	行动者和(市场)经济的关系
国家保障	公共的	平等、保障	行动者和国家的关系
家庭支持	非正式的/私人的	(微观)团结、共有	行动者和社会的关系

资料来源：Evers A, Shift in the Welfare Mix: Introducing a New Approach for the Study of Transformation in Welfare and Social Policy, 1988.

　　如果对上述福利三角进行分析的话，可以看到社会成员是三种制度互动过程中的行动者，是最积极的链接纽带。行动者和不同的制度以及组织产生不同的交往互动方式，反映出个人与社会关系具体化的方式。福利三角特别注意在三种制度互动过程中分析行动者和制度的关系，这是行动者获得福利的主要缘由。由于个人嵌入的社会制度结构是很复杂的，嵌入方式也是多路径的，因此从社会福利和社会政策的视角分析，个人行动者获得的福利支付首先来自(市场)经济制度下的活动，以及家庭制度安排下的资助。在行动者和制度的关系中，这两种制度安排是由国家介入而产生的社会福利制度安排存在的前提和条件。①

　　社会福利制度安排的边界和领域受到一定的限制，它不可能脱离（市场)经济制度边界和家庭保障的范围而被无限扩大，社会福利水平也不应该没有限度地提升。在福利三角的互动过程中的福利提供的来源是多元的，各个福利主体提供的福利份额是相互影响、相互制约的，它们之间进行此消彼长的互动式补充，国家是最后的也是必须的福利保护提升者。20世纪八九十年代以来，福利国家危机产生的根源之一就是西方国家的社会福利制度发展与安排比较多地代替了市场组织的福利提供，以及家庭的福利关怀功能。二战后形成的"福利共识"，由于后来石油危机引发的福利国家财政危机而被迫重新定位，福利提供的多元化发展在福利三角中的互补中得到印证，充

① 参见彭华民：《福利三角：一个社会政策分析的范式》，《社会学研究》，2007年第7期。

分发挥市场的福利生产和提供作用，以及保护家庭在福利供给方面的功能都是福利可持续发展的基本方向。

(二)在效率与公平之间的协调——兼顾社会福利与经济发展

在市场经济中，从长期来看公平与效率是统一的，没有持续的效率提高就没有公平的物质基础，没有公平的增长也不可能有效率的提高。但是在短期内，由于效率的提高与公平的增长并不能实现完全同步，所以两者经常会产生矛盾，因而社会福利制度安排必须寻求在一定时期内在公平与效率之间达成某种形式的妥协。20世纪80年代前，受到战争时期社会动荡的影响以及战后资本主义相对和平高效的发展进程，社会财富积累速度比较快，西欧资本主义发达国家的执政党在建设社会福利时，有意愿也有能力更多地考虑公平，把效率排在相对靠后的政策位次，这种做法在经济繁荣时期是可以实现的，但一旦国家经济发展受阻、社会创新活力不够、经济增长缓慢，就可能会在某种意义上造成新的不公平，后果并非国民所乐见。过于丰厚的福利待遇导致国家财政负担日益严重，个人就业、企业发展和创新的动力不足，严重制约了经济的发展后劲。面对高福利带来的种种弊端，西方几个福利国家不得不进行社会保障制度的改革与调整。

需要强调的是，任何国家的福利制度都是建立在一定的经济基础之上的，它的发展和完善始终受到本国经济建设状况的直接影响。与此同时，社会福利的建设对国家的经济增长和发展也起到反作用。社会福利与经济发展的这种相互作用、相互联系的紧密关系，要求社会福利的建设和发展必须与经济增长实现有效地协调发展。社会福利制度的正常运行和作用发挥，取决于经济的健康持续发展，经济的稳定增长为解决社会福利制度的需要提供了坚实的物质基础和源源不断的资金支持。20世纪80年代以后，西欧资本主义发达国家面临严峻的社会福利危机的挑战，原因是多方面的，但主要是经济全球化的竞争压力降低了本国企业的竞争力，因为社会福利的过度膨胀超出了当时的经济所能承受的正常范围。这种不协调发展在特定的事件和环境下暴露出来，给这些国家的经济增长和政府的宏观调控能力带来负面影响，也成为后发国家学习借鉴的重要经验教训。因此，先发国家的社会福利改革和调整的过程，是在公平与效率间平衡的过程，这为后发国家寻求适合自己国家的社会经济协调发展的最佳福利运行模式，提供了方法论层面的借鉴价值。

第三章　我国社会福利建设面临的主要矛盾与问题

　　中华人民共和国成立以来，在党的正确领导下，经过新中国成立初期的实践再到改革开放以来的不断发展进步，我国以社会保障为重要组成部分的各项福利事业建设取得了举世瞩目的成就，建成了世界上规模最大的社会保障体系。目前，我国基本医疗保险覆盖城乡居民超过 13 亿人、基本养老保险参保者达 10 亿多人，工伤保险、职业保险呈现有序稳定发展，教育福利与住房保障事业不断完善，慈善公益事业法治化、社会化水平大幅度提升。可以说，经过 70 多年的探索建设实践，我国基本实现了全覆盖、保基本的全民社会保障，普惠性福利的建设目标基本实现，具有中国特色的现代社会福利制度体系逐渐成形。

　　但是在我国社会主要矛盾已经转化为人民日益增长的美好生活需要和不平衡不充分的发展之间的矛盾的新发展阶段，我国现有社会福利制度的构建发展面临着新的时代要求与发展挑战。一方面，当前我国社会保障制度虽然已经实现了全覆盖、保基本的制度建设初期目标，但相对于全面开启社会主义现代化要求的社会福利制度体系目标还有一定距离。譬如，社会保障的制度体系有待优化、运行机制效率有待提升、保障标准有待统一等。另一方面，从全覆盖、保基本的制度定位到"覆盖全民、统筹城乡、公平统一、安全可控、可持续的多层次社会保障体系"的转变,不可避免地会引起整个社会福利制度架构关系的变动。例如,制度建设和参与主体的变动,经济发展与社会福利之间关系的协调等,显示出福利体系的建设缺乏整体性设计,不具备应有的时代特征,自身的发展能力也不足,这些都是新时代推动完善我国社会福利制度体系建设所面临的挑战和亟须解决的问题。

第一节　新时代社会福利体系面临的主要矛盾

从宏观视角看,我国现有的社会福利体系在运行的过程中存在的问题,集中表现在社会保障体系面临的不平衡不充分发展问题,主要表现为以下五个方面:

一、不同群体间利益固化

我国现存的社会保障体系存在着阶层差异。不同的社会群体,由于工作单位性质不同、城市农村户口等方面的差异,被区分为不同的阶层和群体,分别进入了参与条件不同、待遇计发方式各异的社会保障制度。毋庸置疑,这造成了群体间的社会保障制度的分割和利益分配的固化,引发了一系列矛盾和问题。无论是发达地区还是落后省份,各省区市的企业职工社会保险与事业单位人员和公务员社会保险都不在同一个制度体系中,而是分别建制和独自运行的。在机关事业单位社会保险制度实施改革之后,所属人员都开始承担社会保险的缴费义务,确实在一定程度上消解了对无须缴费却享有较好待遇保障的批评和质疑,避免了阶层矛盾的进一步尖锐化。但是靠财政拨款支撑的机关事业单位养老保险制度建立起来后并没有与企业职工基本养老保险并轨,仍然是分账运行,而且制度内赡养率偏高,需要持续地注入财政补贴,以至于造成了阶层利益保护的社会不良影响。同时,全国有 1 亿多农民工由于潮汐流动式的岗位变化等原因，没有固定加入某一地区的企业职工基本养老保险；在参加城乡居民养老保险的人中，年缴费在最低档100元的人数占很高的比例，根本无法保障晚年的基本生活。①可见，不同的制度围墙分割了社会群体，固化了不同阶层的利益，进一步拉大了收入差距。

二、不同省区间基金收支失衡

我国现行的社保制度全国不统一，也没有形成全国统筹机制。在劳动者流动相对自由的社会经济条件下，社保体系的区域失衡矛盾逐渐凸显。由于我国幅员辽阔，各区域间经济发展活力有差距，对劳动者的吸引效应也各不相同。劳动者流入就业岗位多的地区，社保缴费充足，基金积累量大；劳动者流出地区则就业岗位不足，社保缴费减少，基金入不敷出。显然，经济发展的不平衡性加剧了社保缴费的失衡性，导致区域间的收支状况差异巨大。以养老保险为例，黑龙江与广东相比堪称天地之别。表 3-1 显示，黑龙江省的企业职工基本养老保险基金在 2013 年已经入不敷出，并且收支差额呈逐年扩大趋势，到 2016 年基金已经耗尽，近年来一直需要中央政府的支援。广东省的收支结余则逐年增加，累计结余不断扩大，以至于所面临的压力是如何更好地实现保值增值问题。黑龙江省的情况并不是个例，事实上，辽宁、吉林、重庆等人口流出省区的境况与黑龙江省大体相似。总之，养老基金积累和发放领域的全国失衡性矛盾越来越突出，是我国社会保障体系必须要面对和解决的重大课题。

---

① 参见郑功成：《全面理解党的十九大报告与中国特色社会保障体系建设》，《国家行政学院学报》，2017 年第 6 期。

表 3-1 典型省份 2012 年以来企业职工基本养老保险基金
收支结余情况比较

单位:万元

年份	黑龙江		广东	
	收支差额	累计结余	收支差额	累计结余
2012	29317	4699238	7800636	31081507
2013	−404342	4249895	7925210	38796116
2014	−1061489	3233405	7702249	46731270
2015	−1924274	1309130	10881449	54441665
2016	−3269990	−1960859	11400467	65327542
2017	−2936462	−4862122	15589976	76525595
2018	−1628925	−5572048	21207073	111288058
2019	−3093497	−4336545	18317648	123435701
2020	−6107910	−3688784	5444974	123383257

数据来源:http://data.stats.gov.cn/easyquery.htm?cn=E0103,根据国家统计局分省年度数据整理。

三、制度高缴费与低保障不匹配

我国社会保障制度存在着缴费率高、保障水平低的不匹配矛盾。与其他国家相比,我国社会保障的综合缴费率一直处于比较高的水平。在不考虑住房公积金的情况下,五类社会保险的单位和个人总缴费率曾经长期占缴费工资的 36%,直到 2019 年 5 月 1 日起下调了养老保险的企业缴费部分,几项之和依然占缴费工资的 32%,[1]总体缴费水平在世界范围内仍然与法国、德国等高福利国家同处一档,远高于美国 17.35% 的缴费率。[2]高缴费率给企业招聘新员工造成较大的压力,也让劳动者当期的可支配收入减少。在全球化竞争条件下,随着我国劳动者工资水平的不断提高,劳动力成本优势将逐

---

① 自 2019 年 5 月 1 日起,养老保险企业缴费率由 20% 下调至 16%,社保总缴费率也随之下降。

② 《我国社保缴费率并非全球最高》,《人民日报》,2012 年 9 月 11 日。

渐消失。更为关键的问题是,我国高缴费社保并没有支撑较高水平的退休收入。笔者根据国家统计局、人力资源和社会保障部公布的数据,匡算出 2010 年以来企业职工退休金社会平均替代率均在 50% 以下。这意味着我国社会保障体系是一个制度内高缴费、保障水平一般的效率比较低的福利体系。在职人员抱怨缴费比例太高,退休人员则埋怨退休金水平太低,这种代际矛盾迄今一直存在且没有被认真对待和很好解决。整体而言,由于历史欠账造成的养老金隐形债务、制度运行效率低等原因,通过挪用个人账户资金支付养老金的现象很普遍,全国大部分省份的个人养老金账户并没有做实,空账是常态化的,高缴费率与低保障水平不匹配的矛盾比较突出。

四、制度内代际抚养比畸高

近年来,我国计划生育政策的后果开始全面显现,出生人口规模迅速下降。长期推行的独生子女政策导致家庭人口规模缩减过快,少子化的中国已经是当今世界人口老龄化速度最快、老年人口规模最大的国家。除了部分吸引劳动力比较强的经济发达的东部沿海省份以外,全国大部分省区都出现了老年抚养比迅速上升的趋势,部分经济发展相对落后的地区甚至出现退休职工数量迅速上升而在职职工人数锐减的倒挂现象。更为严峻的是,由于我国的企业职工基本养老保险是以传统产业部门为主建立发展起来的,劳动者近年来进入集中退休期。同时,受传统产业调整转型的影响,部分接近退休年龄的群体也以不同的理由逐渐退出了劳动力市场,导致企业职工养老保险制度内的老年抚养比远高于全国老年人口抚养比。2017 年,我国企业职工基本养老保险制度内抚养比已经高达 37.67%。这意味着平均 2.6 名工作缴费人员抚养 1 位退休者,比国家统计局公布的全国老年人口抚养比高出近 20 个百分点,制度运行面临的人口老化压力巨大。在这样的人口比例条件下,为保持养老基金的收支相对平衡,只能通过维持高缴费率来勉强维系现有制度体系的运转。由于涉及财富在代际间再分配的不断博弈,随着老年抚养比的不断攀升,退休老人与在职人员代际间的供养矛盾势必越来越尖锐,制度的运行遇到的挑战越来越严峻。

我国企业职工基本养老保险制度内抚养比
与社会老年抚养比变化对比

资料来源:根据国家统计局《年度人力资源和社会保障事业发展统计公报》计算得来。

图 3-1 两种抚养比的比较

五、新业态劳动者无法舒畅享有社会保障待遇

人社部等多部委把"依托互联网平台就业的网约配送员、网约车驾驶员、货车司机、互联网营销师等从业者归为新就业形态劳动者"(人社部发〔2021〕56号)。新就业形态社会保障问题已经成为该领域重点关注的问题。数字技术的发展将业务工作标准化和原子化,可以让从业者独自完成,在一定程度和范围内解构了传统的劳动组织关系,使得以单位和雇主为依托的传统社会保障关系受到挑战,在信息平台获得工作任务匹配的人员社保关系虚化。

传统型以固定工作场所为基础的社会保障是建立在订立劳动合同基础上的雇主关联型,城乡居民社会保障也是以户籍为依据的。新就业形态劳动者既不存在稳定的单位和雇主,也大多不在户籍地就业,很多人租一间房子就可以做直播。他们无法在现有的制度框架下顺畅地加入社会保障体系,他们的困境如图3-2所示。从这一视角可以把社会保障制度的户籍分层、城乡二元、地域分割、缴费过高、效率较低等所有问题几乎全部暴露出来。鉴于问题的复杂性,目前国家和各地区都在重点研究新就业形态人员参与就业地社保的制度障碍,探索以劳动合作关系参加工作地社会保障的新模式,从"打包式"参保到"拆包式"参保,先易后难,逐步推进。同时,在没有签订劳动合同的情形下,资本平台究竟应该为平台管理的网约劳动者承担怎样的社会保障责任,这些人群和新就业形态的社会保障工作非常有必要,相信通过重点突破的办法能够解决相应的问题。

	参加就业地企业职工基本保险	参加户籍地企业职工基本保险	参加就业地居民基本保险	参加户籍地居民基本保险	
以劳动合作关系参保(无劳动合同)	否	否	否	否	资本平台缴费
以就业地点参保(无当地户籍)	否	否	否	可以,但转移接续复杂且有损失,否	资本平台缴费

图3-2　新就业形态劳动者参与社会保障的现实困境

在数字经济时代,如何顺畅地将新就业形态群体纳入社会保障体系,实现法定人群全覆盖? 如何在尽力而为、应保尽保的理念下推进社会保障制度的系统整合和有效协同,共同推进共同富裕的目标实现? 这是理论研究者和政策制定者需要正视和研究的重要论题,也是当前国家社保体系建设中的重要任务。需要从理论上明确阐释员工参加社会保障的权利来自参与了社会生产,传统雇佣关系的消失不能消解这一权利。社会保障体系是嵌入在经济发展体系中的从属系统,生产方式的改变不能否定生产者的社会保障权利,只是改变了其运作方式和实现形式。这样的基本福利需要在新时代建设起来,以适应新业态的不断推陈出新。

第二节 社会福利建设的认识误区

从世界各国典型社会福利模式的发展演变来看，社会福利制度在长期的发展变迁中，从来就不是超然于或者独立于其他社会领域孤立发展的。在不同历史时期，社会福利制度体系的构建发展始终与国家、社会的变迁紧密相连，经济社会良好发展是社会福利制度有序运行的基本经济基础。事实上，任何社会制度体系的调整，归根到底还是各种社会关系之间的调整。新时代，推动我国社会福利制度体系的构建完善，自然也需妥善处理好与社会福利制度相互关联的各类体制机制和制约因素。

一、社会福利建设与经济发展相对立

社会福利制度作为一项维持社会公平、缓解社会矛盾的现代社会制度性安排，由于经济发展水平的现实差异，不同国家在制度建设和福利提供方面呈现出水平高低各不相同的情形。经济发展的主要目的是实现经济在量的方面的增长，在质的方面的提升；而社会福利的重要目的之一是通过再分配的手段来缩小社会鸿沟，降低不平等程度，抵御各种风险，两者之间相互影响，也相互制约。对于两者之间的关系认知，目前没有统一适用于所有国家和同一国家不同经济社会发展阶段的标准做法。

从经济发展和福利建设的历史过程看，有时福利制度被认为是经济社会发展的稳定器、助推剂，比较典型的例子当属20世纪30年代美国"罗斯福新政"时期的经济发展与社会保障的良性互动。有时过高的社会福利却成为经济缓慢增长和社会危机的"替罪羊"。2008年次贷危机爆发后，欧洲一些国家特别是南欧国家的情境就是典型的症候。因此，社会福利制度与经济发展之间存在着一种复杂的彼此影响关系，每一项社会福利制度的建立，都会

面临在一定范围内针对不同群体的经济效应问题。如果从一个单项的角度考虑,社会福利建设可能也是社会性的成本提升。但从总体发展趋势看,社会福利体系的建设和发展是不可或缺的,不能笼统地把二者的发展对立起来,否则会影响经济的稳定提升和社会福利体系的健康发展。

从经济发展的视角看,世界各国的经济发展史和工业化演变的进程已经证明,不同经济发展阶段对社会福利建设的具体要求皆不相同。农业社会的社会保障是以个人捐赠为主的慈善事业,工业社会的保障则主要是缴费参保的社会保险制度。在经济发展水平低下时,满足生存基本需求被放在首位;经济发展进入中高水平阶段时,缩小收入差距、降低社会性相对剥夺感又变成了重要问题。不同经济发展模式下社会福利的地位、作用也各有差异。在以出口导向为主要发展动力的经济发展阶段,为了维持比较低的劳动力成本优势,社会福利的建设水平需要服从和服务于现有经济发展目标,社保给付水平被限制在较低程度。产品生产和竞争注重以数量为优势时,社会福利的设定优先考虑的是维持人力资源比较优势;企业生产以质量为优势时,社会福利建设又得到重视。以消费为主导的经济社会模式为例,收入水平和边际消费倾向的差异会导致社会福利基金收支方式和再分配制度呈现出不同的特点,过多的被动支付会形成路径依赖,降低社会的创造活力,发展后劲不足,拖累经济的发展。

从社会福利的视角来分析,包含社会救助、社会保险等在内的综合社会福利制度,对国家经济社会发展的作用各有侧重。社会救助制度是面向贫困人群,维持部分社会成员基本生存权的基本制度,因而其经济效应主要体现在提高贫困群体的收入水平和边际消费倾向。①社会保险制度作为工业化时代劳资双方共同出资应对未来风险的制度设计,其经济效应主要有三个方

---

① 参见鲁全:《论经济发展与社会保障》,《中国高校社会科学》,2021 年第 2 期。

面:一是通过制度内部参数的设计影响居民收入分配,促进部分人群特别是低收入人群可支配收入的提高,平均一生的收入和支出水平,促进他们边际消费的支出增加;二是通过发挥制度互助共济的功能提供未来的安全预期,促进非基本消费的增加,提高低收入者的边际消费倾向;三是针对部分特色产业的反向拉动经济的作用,比如养老保险通过保证退休老人有稳定的收入,提升了老年人购买力,拉动了"夕阳产业"的发展。就社会福利制度的经济效应来看,除了上述作用之外,其还具有通过促进就业来推动经济发展的效应。

如何处理本国经济建设与社会福利制度建设之间的关系,是世界各国必须面对的一道必答题。一方面,过度强调社会福利制度的公平性和福利可及性,会导致流向创造社会财富的社会资源减少,有可能造成经济发展迟缓、社会福利可持续性下降,导致恶性循环的危险;另一方面,忽视社会福利的制度建设,保障水平长期低于必要的水平,又可能会导致社会福利制度的效率性下降和缓解社会矛盾功能的弱化,进而引发社会矛盾加剧,造成社会发展迟缓甚至出现各种社会危机。可以说,这是一道没有标准答案的探究题,各国都要在自己的资源禀赋和社会经济发展需求的基本约束条件下,建设二者动态平衡的关系。当前我国经济社会发展已经进入新时代的高质量发展新阶段,坚持"以人民为中心"的发展思想,既要求我们通过走高质量可持续发展道路,不断做大、做强、做实社会主义社会大家庭的蛋糕,又要求我们不断完善中国特色社会福利制度以实现经济发展成果的合理分配、共建共享。因此,如何正确处理社会建设与经济发展之间的动态关系,就是我们在新时代推动完善社会福利制度所必须要回答的时代之问、人民之问,必须给予科学的论证和经得起检验的应对。

二、国家主导推进与多元建设主体相对立

现代社会福利体系的建设发展离不开国家力量的推动，无论是英国的福利国家模式，还是以德国为代表的社会保险模式，国家在社会福利制度体系构建实践中始终扮演着重要的主导和推动角色。而在我国社会福利制度体系的构建发展中，国家的作用无疑更为重要。从新中国成立初期国家全包式的"国家–单位"模式，到市场经济发展时期的"国家–社会–个人"模式，国家角色虽然经历了一定的调整和转型，但这无疑也证明了我国社会主义国家制度优势在社会福利制度体系构建中仍然具有不可替代的重要作用。

然而只有"国家身影"是根本不可能实现社会福利制度体系的构建发展的。一方面，过度强调国家的全能性，完全依靠"国家全责"来建设社会福利制度，必然会导致低效的运行效率与普遍较低程度的保障水平；另一方面，市场具有盲动性和滞后性，过度夸大社会与个人在社会福利制度中作用，会导致社会福利事业过度强调资本增值，丧失其社会再分配和维护社会公平的功能，这同样不利于社会福利制度的良性发展和长效运行。历史实践经验表明，国家与社会以及个人在社会福利制度体系的构建发展中，分别承担着不同的责任与义务，只有科学、合理地厘清社会福利多元建设主体之间的关系界限，推动国家、社会、个人分别承担起自身应有之责、应尽义务，社会福利制度才能最优地发挥其应有的功能作用，进而推动社会经济的平稳发展和实现其维护社会公平的基本目的。

新时代，面对社会主要矛盾的转化、经济发展形势的转变，以及建设社会主义现代化国家的新要求、新挑战，如何厘清政府与其他建设主体在社会福利制度建设中的角色界限，充分发挥政府的主导作用、市场和个人的有机参与作用，推动建立现代化社会福利体系，扩大福利建设成效，既是新时代推动中国特色社会福利体系完善发展的必然要求，也是实现中国特色社

主义共同富裕的本质要求。

三、顶层制度设计与运行实施边界模糊

放眼世界各国,先发国家已经实验了的社会福利建设实践经验表明,将社会福利的"决策、监管与实施三大环节的执行主体相互分离,是确保社会福利在各阶段有效运行的前提条件"①,其中任意两个不同环节执行主体的重叠都会导致制度运行效率的下降与混乱。事实上,三大环节的相互分离也是实现社会福利制度运行相互制衡的前提条件,因为只有将社会福利制度的决策、监管和实施这三大环节实施相对独立运行,社会福利制度才能保持自身原有的相对独立性,进而发挥其应有的各项功能。

改革开放 40 多年来,我国在经济体制改革方面取得了巨大的成就,与之相比较而言,我国在行政制度和社会体制改革方面则显得较为滞后,与当前我国经济社会发展水平的现实需求之间存在着较大距离,这在一定程度上也影响了我国社会福利制度的发展完善。新中国社会福利制度体系的构建发展带有鲜明的中国特色,一方面,从历史经验来看,基于人民民主专政的社会主义国家政治制度优势,使得在制度体系的构建实践中国家行政机关占有显著的主导地位,国家行政机关在一定程度上代替了相关司法机关的职能作用,这就导致在我国社会保障与福利制度的运行实践中,立法与法律实施功能作用显得长期不足。另一方面,"以苏为鉴"的国家全能时期和市场化取向的改革开放早期出现的问题,不可避免地使我国社会福利制度的发展带有浓重的国家主导烙印。社会保障行政管理部门内部的职责划分存在很大的模糊性,管理职能分散、职权越位与失位现象并存、协同机制名义化与低效化,导致社会保障制度的福利功能、效能发挥受到比较大的限制。

---

① 郑功成:《中国社会保障改革与发展战略——理念、目标与行动方案》,人民出版社,2008 年,第 69 页。

步入新时代,在党中央的正确领导下,我国社会保障管理体制机制虽已进行了多次深化改革调整,但随着我国社会主要矛盾的转变和第二个百年奋斗目标征程——全面建设社会主义现代化强国的开启,全民参保深入推进、科技新业态迅速发展、人员流动常态化以及利益诉求多元化等时代新特点,为我国社会保障制度福利功能作用的发挥带来了新的挑战。因此,"推进社会保障制度改革系统集成、协同高效"[①],理顺社会保障制度的决策、监管和实施三大环节之间的关系,推动构建与之相适应的现代化社会保障制度体系,进一步提升社会保障制度治理效能,以更好地满足人民日益增长的美好生活需要,构成我们在新时期的重点任务。这既是"十四五"时期,推动我国社会福利体系完善发展的基本目标,也是展望未来,我国实现共同富裕、建设社会主义现代化强国的应有之举。

第三节　社会福利建设面临的主要问题

社会保障制度作为社会主义社会彰显公平正义的重要制度安排,其发展演变关系到国家的长治久安。从新中国成立之初到全面建成小康社会的70多年来,我国社会保障制度建设发生了翻天覆地的变化。随着我国实现全面建成小康社会的第一个百年奋斗目标的完成,我国社会保障制度面临的主要矛盾已经转变为"人民美好生活需要与社会保障体系发展不平衡不充分之间的矛盾"[②]。这一矛盾的转变,既是我国社会保障和福利制度几十年来平稳有序发展的见证,同时也意味着新时代、新发展阶段我国在广义的社会福利领域仍然存在着许多不足与改进之处。

---

① 张轶妹、周明:《中国共产党百年社会保障管理体制探索、演进与创新》,《西北大学学报》(哲学社会科学版),2021 年第 4 期。

② 牛海、孟捷:《新时代我国社会保障体系的主要矛盾及其优化路径研究》,《西北大学学报》(哲学社会科学版),2019 年第 4 期。

一、福利制度设置缺乏系统集成性

从党在新民主主义革命时期的探索实践开始，到今日新时代的协同推进，中国社会保障法律制度建设取得了长足的进步发展。一方面，通过不断颁布法律、行政法规、地方性法规以及司法解释等法律规章制度，初步建成了中国社会保障法律制度体系；另一方面，通过不断出台行政法规加快基础性社会保障运行制度建设，目前已经在基本养老保险、基本医疗保险等领域初步实现了规范、合理的执行机制、监督机制，基本建成了统一的基础性社会保障制度机制。但是站在新时期、新发展阶段来看，我国当前的社会保障制度法律体系仍然存在很大的改进与完善空间。

首先，社会保障领域的法律制定现状与社会保障发展需求不匹配。长期以来，我国社会保障领域的法治依据多是国务院及其他行政部门颁布的行政法规，直到 2010 年《中华人民共和国社会保险法》的出台，才第一次从国家层面确立了社会保障领域的基本法律规范，有了民生领域的根本大法，提升了社会保障相关法律的法阶层次和相应的地位。其后又分别制定颁布了《中华人民共和国慈善法》《中华人民共和国社会救助暂行办法》等法律法规，但与新时代建设中国特色社会主义法治体系的要求和现代社会保障制度体系的需求相比，依然存在一定的差距。社会保障和福利建设的法律规范的内在统一性和系统性还未完全理顺，同时社会保障和福利领域在规范和执行层面的法律保障明显偏弱。

其次，现有社会保障法律制度体系的适用性不足。目前，我国社会保障相关法律制度规范中的授权性条款规定较多，而刚性权利义务较少，这容易造成社会保障制度实施的偶然性或随意性，不利于社会保障基本功能作用的发挥；落实尚未统一的权利义务标准既不利于我国各地社会保障制度的统一，也不利于激发各地发展社会保障的主动性，特别是各地方之间的利益关系的协调无法在现有的法律体系框架内得到很好的落实，容易导致各部门、各地区社会保障实施运营的利益纠纷和冲突矛盾。

最后，社会保障的执行、监督机制的相关规定缺乏统一性。当前我国系统性关于社会保障制度的执行、监督机制的法律规定，除了《中华人民共和国社会保险法》《中华人民共和国慈善法》等涉及主要领域的规定外，其他领域的执行、监督规定呈现出百花齐放的面貌。既有各省（直辖市、自治区）制定的地方性法规，也有中央不同部门的行政法规，导致社会保障制度的执行、监督事务重叠交叉，监督管理成效不高，甚至互相矛盾，严重影响了社会保障制度的执行、监督实施成效。

二、制度分隔造成福利较大差异性

经过 70 多年的接续发展，中国社会福利的建设发展取得了辉煌的成就：基本医疗保险受益超 13 亿人、基本养老保险实现城乡全覆盖、建成世界最大规模社会保障体系，社会主义制度优势极大彰显，基本实现了全覆盖、保基本的社会保障建设初期目标。但是也应该看到，目前我国社会保障仍旧处于低水平保障的不足现状，现行社会保障与新发展阶段人民群众的需求之间仍然存在着一定差距：一方面，许多项目保障标准仅是满足人民基本需求，人民多层次保障需求有待进一步优化；另一方面，社会保障制度实施的公平性差距依然较大，有违社会主义社会福利保障制度的本质。

首先，社会保障福利的整体性待遇水平较低且增速较缓慢。长期以来，我国社会保障制度优先考虑的是如何解决"有没有"的问题，而不是"好不好"的问题。但是当中国特色社会主义进入新时代，现行社会保障标准不可避免地与现实需求产生了脱节，出现了"鞋不合脚"的困境。

表 3-2 2011—2020 年国内生产总值、国家财政支出及社保支出数据对比表

年份	国内生产总值(亿元)	国家财政社会保障和就业支出(亿元)	社会保险基金支出(亿元)	国家财政总支出(亿元)	社会保障财政支出占比(%)	社会保障财政支出占国内生产总值百分比(%)	社会保险支出占国内生产总值百分比(%)
2011	487940	11109	18653	109248	10%	2%	4%
2012	538580	12586	23331	125953	10%	2%	4%
2013	592963	14491	27916	140212	10%	2%	5%
2014	643563	15969	33003	151786	11%	2%	5%
2015	688858	19019	38988	175878	11%	3%	6%
2016	746395	21592	46888	187755	11%	3%	6%
2017	832036	24612	57146	203085	12%	3%	7%
2018	919281	27012	67793	220904	12%	3%	7%
2019	986515	29379	75347	238858	12%	3%	8%
2020	1015986	32581	78612	245588	13%	3%	8%

数据来源:国家统计局、人力资源和社会保障部、国家医疗保障局,百分比为估算数,只保留整数。

一方面,我国社会保障发展的整体资金投入有待继续优化。近 10 年来,我国国家财政社会保障事业支出费用占国内生产总值的比重值稳中有涨,但是与世界高收入国家相比,依然处于较低的水平。我们选择了几个比较典型的国家的福利建设概括,可以发现无论它们是自由主义福利体系、法团主义福利体系,还是社会民主主义取向的福利体系,都对社会福利进行了较大的支持和投入。从 1998 年到 2017 年的 20 年间,德国社会保障的国家财政开支费用[①]占国内生产总值的平均比重为 25.30%、英国为 19.57%、希腊为21.83%;[②]而我国社会保障事业国家财政支出占国内生产总值的比重,虽然

---

① 欧洲各国一般将"国家财政社会保障事业支出费用"划归为政府公共支出进行统一测算,不同国家对于社会保障的计算口径存在差异,英国、德国和希腊只计算政府在社会保障领域的公共开支。

② 参见黄秀海、姚朋丽:《国内外社会保障水平的对比分析》,《统计与咨询》,2020 年第 4 期。

近 10 年从 2011 年的 2% 上升到 2020 年的 3%，但距离英国、德国和希腊等先进国家的水平仍有较大的差距。其中涉及国民健康水平的医疗支出水平，我国与福利先发国家的差距更加明显，在经历了新冠肺炎疫情的侵袭后，更要重视这方面的社会建设。德国、英国、法国、瑞典等欧洲国家的医疗卫生支出占国内生产总值的比重，在 2008 年时就分别高达 10.39%、8.85%、10.57%、9.23%，远远高于我国，虽然笔者并不认为我国现有的发展水平就应该达到这样的程度，但提高对人民生命健康的保护，是我国发展的方向，因此包括公共卫生福利建设在内的我国医疗卫生事业发展任重道远。虽然就我国目前的发展水平与发达国家相比并不一定科学，但这应该是我们社会福利保障计划努力提高的方向。

另一方面，当前我国人均社会保障的给付待遇仍然较低，社会保障水平增速也较为缓慢，与我国社会主义社会保障制度体系的目标要求之间存在较大距离，与人民群众的需求不相匹配。我国 2019 年人均医疗支出费用为 4703 元，而德国、法国等欧洲国家的人均医疗支出在 2008 年就分别高达 4743 美元（约 32954 元）、4828 美元（约 33545 元）。由此可见，我国社会保障与世界发达国家的差距之大。此外，2017 年我国城镇居民医疗保险人均支出为 567 元，比 2016 年增长了 14 元，年度增速为 2.58%；而同年我国城镇居民医疗保健平均消费水平为 1777 元，年度增长额为 157 元，年度增速高达 10.82%。居民医疗保险的增长额及增速远不及城镇居民医疗保健需求的增长额及增速。2019 年，虽然人均城乡居民医疗保险的增速超过了全国居民人均医疗保健消费 12.88% 的增速，达到了 15.44%，但是前者的年度增额依然小于后者（见表 3-3）。

表 3-3 2015—2019 年中国城镇居民人均医疗保健消费支出与基本医疗保险对比表

指标	城镇居民医疗保险				城镇居民		
	基金支出（亿元）	人均基金支出（元）	人均基金支出增长额（元）	人均基金支出增速（%）	人均医疗保健消费支出（元）	人均医疗保健消费支出增长额（元）	人均医疗保健消费支出增速（%）
2015 年	1781	472	16	3.40%	1443	137	10.49%
2016 年	2480	553	80	17.03%	1631	188	13.03%
2017 年	4955	567	14	2.58%	1777	146	8.95%
平均值			37	7.67%		157	10.82%
	城乡居民医疗保险				全国居民		
2018 年	7116	692	125	22.07%	1685	232	15.99%
2019 年	8191	799	107	15.44%	1902	217	12.88%
平均值			116	18.76%		225	14.43%

注：1.数据来源于国家统计局数据库。

2.2017 年，全国居民人均医疗保健消费支出 1451 元。

3.自 2018 年起，城镇居民医疗保险与新型农村合作医疗保险归口统一纳入城乡居民医疗保险计算，不便与 2017 年数据进行对比。

其次，社会保障待遇给付水平的地区差距较大。我国人口众多、地域广阔，从而造成我国社会保障发展的地域特色与现实差距显著。一方面，当前我国社会综合保障水平虽然在有序稳步提高，但不同地域之间的差距仍然较大。"十三五"期间，无论是在社会保障费用的支出，还是年均增额等方面，我国东部沿海地区的社会保障给付水平的表现都优异于西部地区。以城乡居民人均社会养老保险为例，通过对 2013—2019 年，我国江、浙、沪、陕、甘、宁六省（直辖市、自治区）的人均社会养老保险支出相关情况进行数据测算对比发现：上海、江苏、浙江等长江三角洲经济发达地区相比于陕西、甘肃、宁夏等内陆省份，前者的人均社会养老保险保障待遇水平远超后者。如表 3-4 所示，从 2013 年到 2019 年，上海市城乡居民人均社会养老保险年均增长额度为 1203 元，年均增速为 12.68%；而同期甘肃省城乡居民人均社会养老保险虽然年均增速高达 16.70%,但其年均增长额度仅为 139 元,大约为上海市年均增长额度的 1/9 左右。虽然各地的经济社会发展水平差距巨大造成人均养老社会保险金额的差额较大，但是未来要整合成为一个系统性的全国统一制度,任重而道远。

表 3-4 2013—2019 年江、浙、沪、陕、甘、宁、六省(直辖市、自治区)
城乡居民人均社会养老保险支出情况对比表

		2013 年	2014 年	2015 年	2016 年	2017 年	2018 年	2019 年	平均值
人均保险基金支出(元)	上海	7364	8549	9941	10988	12565	13801	14896	
	浙江	1825	2182	2602	2673	2954	3212	3365	
	江苏	1576	1779	2087	2150	2356	2530	2782	
	陕西	998	1131	1479	1415	1459	1722	1706	
	甘肃	758	837	1223	1202	1212	1456	1535	
	宁夏	1157	1322	1840	1875	2096	2494	2592	
人均支出年度增长额(元)	上海	889	1184	1392	1047	1577	1236	1095	1203
	浙江	422	358	419	72	281	258	152	280
	江苏	349	202	308	63	206	175	252	222
	陕西	140	133	349	−64	44	263	−16	121
	甘肃	200	79	386	−21	10	244	79	139
	宁夏	261	165	518	35	221	398	98	242
人均支出增长速度(%)	上海	13.72%	16.08%	16.29%	10.53%	14.35%	9.84%	7.93%	12.68%
	浙江	30.11%	19.61%	19.21%	2.76%	10.51%	8.73%	4.75%	13.67%
	江苏	28.40%	12.84%	17.33%	3.00%	9.58%	7.41%	9.95%	12.64%
	陕西	16.33%	13.28%	30.86%	−4.36%	3.09%	18.05%	−0.92%	10.91%
	甘肃	35.72%	10.37%	46.14%	−1.71%	0.80%	20.14%	5.44%	16.70%
	宁夏	29.08%	14.29%	39.15%	1.90%	11.78%	18.99%	3.92%	17.02%

数据来源:国家统计局、人力资源和社会保障部网站。

另一方面,同一地域内的不同省份之间的社会保障水平差距同样显著。例如,江浙沪、陕甘宁虽然年度增长额均保持着年均 10% 以上的增速,但每个省份的人均支出以及年增长额度却差异巨大。如表 3-4 所示,2013—2019

年,浙江省虽然人均支出增速高达13.67%,高于上海市12.68%的年均增速,但其人均增长额却仅为280元,不到上海市的1/4,远低于上海市的1203元的水平。2019年,在西北三省(自治区)城乡居民人均社会养老保险支出情况对比中,甘肃省虽然占据5.44%的最高人均支出增速,但其保险基金人均支出却处于最低的1535元,远不如陕西省的1706元、宁夏回族自治区的2592元。

最后,目前城乡之间社会保障水平的差距仍然较大。当前我国社会保障制度已经迈入新发展阶段,全覆盖、保基本的初级阶段目标已经实现,高质量可持续的社会保障体系构建稳步推进。但是我国城乡之间社会保障制度体系的建设发展仍然具有较大的差距。随着乡村振兴战略的推进实施,我国农村经济社会的发展加速推进,近年来我国农村社会保障在待遇给付等方面的年均增速高于城市,但其各项社会保障费用的年度绝对增长额却依旧远远低于城市,现行的社会保障给付标准也普遍低于城市。虽然有城乡生活水平差距的现实因素所在,但这也从侧面表明了现阶段我国城乡社会保障之间的现实差距,随着国家工业化、程式化建设的发展,要加快解决这一问题。对我国城乡社会救助相关数据的分析对比情况,如实反映了这一点。

表3-5 2020年中国城乡社会救助分类统计表

最低生活保障				
	低保户数 (万户)	低保人数 (万人)	低保支出资金 (亿元)	人均保障标准 (元/人·月)	保障标准年 度增速(%)
农村	1985	3620.8	1426.3	496.9	11.70%
城市	488.9	805.1	537.3	677.6	8.60%

特困人员救助供养				
	特困人员 (万人)	支出资金 (亿元)	人均救助标准 (元/人·月)	救助标准年度 增速(%)
农村	446.3	424	791.7	20.58%
城市	31.2	44.6	1191.2	13.97%

数据来源:国家统计局、人力资源和社会保障部网站。

如表 3-5 所示，2020 年在最低生活保障方面，虽然农村地区的支出资金为 1426.3 亿元高于城市地区的 537.3 亿元；保障标准的年均增速为 11.70%，同样高于城市地区的 8.60%，但是农村地区领取"低保"的人数高达 3620.8 万人，大约是城市地区 805.1 万人的 4.5 倍；农村地区的人均"低保"标准仅为每月 496.9 元，同样低于城市地区的 677.6 元。此外，城市和乡村在特困人员救助供养方面的差距情况也与此相似。2020 年我国农村在特困救助供养方面的资金支出为 424 亿元，救助标准的年度增速高达 20.58%，远远高于城市 44.6 亿元的支出资金和 13.97% 的救助标准年度增速。但是农村地区的特困人员数为 446.3 万人，大约是城市的 14 倍之多；而其人均救助标准却只有每月 791.7 元，仅为城市 1191.2 元的 66.46% 左右。

三、福利制度建设缺乏统筹层次性

党的十九届五中全会站在我国社会发展的新起点上，高度回顾和赞扬了"十三五"期间我国社会保障事业取得的发展成就，社会保险制度建设更加完善、社会救助效果成绩斐然、社会福利水平循序渐进、社会优抚更加科学规范。[①]但是站在"十四五"和第二个百年奋斗目标建设中国式现代化的更高起点上，我们更应该看到目前我国社会保障制度体系存在的不足与亟须改进之处。

第一，基础性社会保障制度建设亟须"提质增效"。"十三五"以来，在党的正确领导下，"兜底线、织密网、建机制"的基础性社会保障建设稳步推进，基本养老、基本医疗保险初步实现全覆盖，工伤保险、失业保险等各类险种的构建发展稳步前行，社会保障事业建设水平不断提高。但目前基础性社会保障的建设水平与新时代人民群众的多层次需求之间的差距依然较大。一

---

① 参见宋凤轩、康世宇：《"十三五"时期社会保障建设的成就、问题与展望》，《河北大学学报》（哲学社会科学版），2021 年第 4 期。

方面,"全民参保"进入攻坚克难发展新阶段,2020年全民基本养老保险参保率为91%,与世界其他国家相比仍有一些差距,法定人群全覆盖目标尚未实现,基本养老保险全民参保计划有待进一步推进深化,特别是流动人口的基本养老覆盖问题成为制度建设的最大难点。另一方面,各项社会保障制度"全国一盘棋"的格局有待提速构建,社会保险全国统筹现状与人民生活的实际需求之间有差距;基本养老保险全国统筹覆盖种类较少,基础养老金全国统筹进展比较慢,统筹调剂金的比例偏低,其他基本保险基金中央调剂力度不足,省级统筹制度规范化、制度化建设水平较低等,在一定程度上阻碍了基础性社会保障制度的整体性效能发挥。

第二,补充性的第二支柱社会保障发展缓慢。一个国家社会保障制度的高效运行,必定是在多层次社会保障制度的协调配合中实现发展的。当前我国补充性社会保障建设发展与社会经济的发展速度不匹配,一方面,补充性社会保障制度的种类设置不够丰富,现有补充性养老保险、补充医疗保险、养老服务等保障项目的参保人群及保障对象覆盖群体比较窄,补充性社会保障基金资金来源单一、基金增值渠道不畅通等,限制了补充性社会保障的发展壮大。另一方面,国家对于补充性社会保障的扶持力度有待提升和强化,目前补充性社会保障制度设计"轻农村、重城市"的思路需要调整,相关扶持政策及资源倾斜需要有序稳步推进,补充性社会保障执行监督存在缺位等,都不同程度地阻碍了当前补充性社会保障制度的高效可持续发展。

第三,社会保障制度第三支柱处于起步后的缓慢发展阶段。我国虽然在借鉴典型先发社会保障制度模式的基础上,开启了以个人税收递延型养老保险为代表的社会保障第三支柱的建设步伐,但其面临的问题亦然较多。一方面,目前我国社会保障第三支柱的制度设计起步近20年后,于2022年出台了《国务院办公厅关于推动个人养老金发展的意见》(国办发〔2022〕7号),给予了每年1.2万元个人养老金缴存额度税前扣除避开较高税率、退休时领取适用较低税率并获得投资增值的优惠，引起了部分中高收入者的参保兴趣，这部分养老基金的投资运营和保质增值，需要社会化机构在安全、规范的基础上实现增值，它的发展前景需要成熟的社会资本市场的支撑，因此下一步能否在全社会铺开并取得预期效果，还有待观察；另一方面，我国目前正处"以国内大循环为主体，国内国际双循环相互促进的新发展格局"构建期，社会保障储备与刺激消费之间的关系需要权衡处理。经济内生的增长需要进一步扩大消费，而我国居民自我养老保障能力的增强却需要增加更多的养老储蓄，这就导致养老保险与激励消费之间存在着一定的替代关系，在一定程度上影响了第三支柱的建设发展。需要较强统筹协调，综合施策，提高治理效能，把第三支柱形成的社会资本进行有效投资，形成新的经济增长点，增加就业和劳动者的收入，形成良性循环，探索个人养老金等第三支柱发展的可行之路。

四、福利实施路径处于单向低效性

一国的社会保障制度能否发挥其设置之初的功能作用，社会保障的受益对象能否得到与之需求相符合的保障待遇，关键在于社会保障制度的实施落实成效如何。只有建立程序合理、监督有力、运行稳定的社会保障实施机制，国家的各项社会保障制度才能实现预期的目标设置，满足人民群众的多元化保障需求。随着新时代、新发展阶段的开启，我国社会保障制度的实施落实机制逐渐凸显出建设不足与技术局限的问题，影响了我国社会保障制度实施成效在新时代的提升。

首先，现行社会保障制度的实施效率较低。我国社会保障制度虽然已经基本实现了各领域、全方位的保障覆盖，满足了人民群众的基本生存需求以及相对多层次的发展需求，但是由于我国在现代社会保障制度构建方面，起步晚、发展慢、地区差距大等历史社会原因所限，我国社会保障制度的实施效率却一直比较低。一方面,各类社会保障制度体系的经办机构尚未实现系统化、体系化,多部门负责、令出各方以及地域特征明显的运行现状导致了社会保障的运营水平较低。例如涉及最低生活保障、医疗救助以及教育救助等方面的社会救助体系,虽然由民政部门的统一主管,但具体经办机构的资金来源、认定工作、救助措施却各不相同,程序复杂,办理效率不高。另一方面,社会保障制度各类项目的费用征收部门规定不一、门类划分不清,造成社会保障基金的条块割据,影响了社会保障制度运营效率的提升。以社会保险为例,依据现行《社会保险费征缴暂行条例》的规定,地方政府可以依据本地区实际情况,自主选择社会保险费的征收机构、规定养老保险与失业保险范围,[①]这种情况在实施过程中加剧了社会保险基金的统计工作量,降低了社会保障的监督工作效率。

其次,社会保障的信息化、现代化水平较低。当今世界正处于百年未有之大变局,经历了新冠肺炎疫情与世界局势冲突与动荡的(乌克兰危机)轮番冲击,世界范围内的科技竞争与争夺战愈加激烈,科技与信息技术的使用和渗透水平决定着一国经济的科技发展水平和竞争能力。我国经济社会的科技化、信息化、现代化水平越来越高,人民群众日常生活已经逐步进入智能"网络时代",而我国社会保障制度的信息化、便捷化建设步伐却进展缓慢,信息化、电子化建设水平依然不足以与经济社会发展及人民需求相匹配。直到 2019 年,我国才建成统一的国家社会保险公共服务平台,但其主要服务对象为社会保险的各项事务,涉及领域仍旧较为单一,人民期待的移动终端缴费、快速查询等服务并没有全面落实。这种现象的存在严重地制约了

---

① 依据 2019 年 3 月 24 日修订颁布的《社会保险费征缴暂行条例》规定,各省、直辖市、自治区的社会保险费征收机构选择,实际上是税务部门与依规设立的社会保险经办机构之间的二选其一;养老保险与失业保险范围自定则指:省、自治区、直辖市人民政府根据当地的实际情况,可以规定将城镇个体工商户纳入基本养老保险、基本医疗保险的范围,并可以规定将社会团体及其专职人员、民办非企业单位及其职工,以及有雇工的城镇个体工商户及其雇工纳入失业保险的范围。

我国社会保障信息化实施落地的高效完成。

最后,社会保障监督管理制度的落实亟待加强。我国虽然已经在几十年社会保障制度的构建发展中,建立起了符合国情发展需要的社会保障监督管理机制体制,但随着社会保障领域主要矛盾的转变,我国社会保障监督管理机制体制的实施落实成效与新时代社会保障的要求之间的不协调性逐渐显现。一方面,社会保障监督管理存在表面化、形式化等现象,监督管理工作的法治化、系统化水平总体看仍然较低,制约了社会保障监督成效的进一步提高。另一方面,社会保障的监督管理执行环节需要进行优化。例如,多责任主体行政监督导致的权责不清、个别地区社会监督"虚有其表"等现象阻碍了社会保障监督管理工作的高效开展。此外,一些老旧观念思维的存在,限制了监督执行方式的与时俱进,导致监督管理执行手段既不符合实情又不合理,进一步阻碍了监督管理工作的落地实施。

第四节 福利建设滞后的制度分析

一、法治建设相对滞后

回溯我国社会保障与福利制度的构建发展变迁,法律法规的建设一直都与之相伴而行,从 1949 年的《中国人民政治协商会议共同纲领》、1954 年颁布的《中华人民共和国宪法》,到 21 世纪以来的《中华人民共和国社会保险法》《中华人民共和国慈善法》《中华人民共和国退役军人保障法》等,我国陆续制定颁布了一系列社会保障制度领域的法律法规。但是与我国社会保障发展的现实需求和世界典型先发社会福利模式的法律体系相比,我国社会保障领域的法制建设明显较为滞后,法治系统化及其治理水平的提升有待进一步落实,这在一定程度上限制了我国现代化社会保障制度体系的自身发展和功能作用的发挥。

第一，相关立法层次不高、法律效力较弱。通过国家法律法规数据库查询可以很明显地发现，当前我国在社会保障领域的立法层次明显不足。一方面，除了《中华人民共和国社会保险法》等法律以外，其他涉及社会保障各领域的法律法规多为国务院及其办公厅、中央各部门依据本部门工作需要、地方政府立足本地区实际情况、"两高"针对典型案例事件陆续出台颁布的行政法规、地方性法规以及司法解释。另一方面，由于颁布主体不同，各类行政法规与地方性法规在社保缴费、资金审计、支付标准等社会保障具体领域的条文规定存在差异，形成了社会保障具体实践中的各方特色，但也出现了各自为政和相互掣肘的情况，极大地削弱了法律法规的运行效力。

第二，社会保障立法质量不足，不利于社会保障制度的有序发展。目前，我国社会保障领域的立法，往往是先由地方试点探索，而后再依据其实践经验通过调整内容，逐渐过渡到中央立法。在这一由地方到中央的立法过程中，容易出现法律条文适用范围的覆盖困境与效力的弱化，进而造成法律条文的异地不适应。另外，立法过程的民意征集力度不足，许多关乎人民群众利益心声的法律制度，在其以法律身份正式颁布以前，人民群众参与意见征询草案的讨论十分不充分，导致相关法律在执行过程中的效力弱化。此外，长期以来立法进程的迟缓步伐，使得一部法律在正式颁布之初，很可能就已经与日益飞速发展的经济社会之间拉开了距离，导致法律条文的潜在过时。例如，2010 年颁布的《中华人民共和国社会保险法》在其颁布不到 5 年之后，就已经与社会保障发展现实需求之间出现了不协调性，进而导致了社会保障功能效用的发挥受限，而这又反过来加剧了社会保障法律法规体系效用性的下降，以及运行机制的统一性发展障碍。

第三，统一性法律法规的暂缺，导致社会保障的执行及监督机制不能统一。没有规矩不成方圆，但规矩过多亦非好事。当前我国在除社会保险和社会慈善以外的其他社会保障领域尚未制定出台统一的法律条文，①全国人大层面的医疗保险法、社会福利法等均缺失，而与此同时在这些领域又存在着大量的行政法规、地方性法规以及司法解释。正是这种"上位法缺失"与"下位法过多"并存的法律制度体系现状，导致了我国当前社会保障制度的执行、监督呈现出规章迥异、机制错乱以及效率低下的地域性、类别性差异特征，进而导致各地方、各基层组织在开展社会保障工作时依法办事困难重重，只能依据实际情况酌情办理，导致社会保障制度执行存在随意性和自由裁量过多的情况。以社会救助为例，除了国务院制定颁布的《社会救助暂行办法》，还有个别省份依据地域实际情况制定出台的本地区社会救助条例。由于法规制定的出发点不同，在某些问题上，中央和地方的相关法规条款明显存在着不协调之处，甚至存在着实际的矛盾冲突，这就导致社会救助制度的实施未能发挥其应有的作用。

二、碎片化阻滞制度优化

当前我国社会保障水平低且区域、城乡差异较大的原因是复杂而又多样的，既有客观历史原因，也有经济发展现实。我国社会保障制度建设起步晚、发展慢、时间短的客观原因不容忽视。在进入新时代以前，我国社会保障事业的建设发展主要分为改革开放前的制度探索建立时期、改革开放后的制度重构时期。前者旨在解决"有没有"的问题，后者则侧重于实现"全覆盖"的基本目标。目前我国保障制度的转型调整对社会保障水平的影响不可忽略。当前，我国社会保障制度正处于由"国家引领"向"协同推进"的攻坚克难时期，构建全国统一型社会保障制度体系的进程虽然已经开启，但由于尚处

---

① 作为"十三五"时期五年立法规划第一类项目的《中华人民共和国社会救助法（草案征求意见稿）》，已于 2020 年 9 月 8 日在民政部官方网站上发布，预计将于"十四五"期间通过审议正式颁布，择期施行。

于转型初级阶段,制度体系的效果成效有待进一步发挥,主要表现在以下三个方面:

第一,我国社会保障事业的发展现状与高质量可持续现代化社会保障体系的需求之间还有差距。随着我国社会经济的不断发展,"十四五"期间我国社会保障面临的挑战风险趋向复杂化、多元化。一是加速推进的城镇化发展,推动了区域、城乡之间人口的大规模流动,但与此同时,全国统筹的基本养老保险等全国性社会制度体系尚在建设之中,社会保障异地限制虽已破冰,但进展步伐稍显缓慢,无法满足人们快速流动和发展的需要,在一定程度上阻碍了城市新进人群相关社会保障待遇的保障。例如,在我国 2.9 亿农民工中,进城务工人数高达 1.7 亿人,但是他们却并没有被纳入城市社会保障体系之中。①二是人口老龄化社会的到来,降低了社会抚养比,②同时也加大了社会保障各项福利待遇的支出,增加了社会负担,进而引发了社会保障收支额度之间差额的剪刀差,使得社会保障陷入资金投入与待遇开支同增长,而人均保障水平却止步不前的窘境之中。三是新型就业形态和灵活就业人员数量迅速增加,可以说是异军突起,进一步冲击了原有基于劳动关系的社会保障制度体系,新就业形态的从业人员的保障制度有待进一步完善。由于户籍限制等原因,目前我国有相当一部分新型就业形态人员游离在社会保障体系之外,例如,网约车司机、网络写手等人员的工作工具具有"雇主化、平台化、点对点"特征,无法认定为传统雇佣关系,其社会保障需求未能得到满足。

同时,我国当前社会保障发展的国家财政投入与国内生产总值增长不协调,相对性增长较快,而绝对性增长较慢。如表 3-6 所示,2011 年到 2020

---

① 参见《党的十九届五中全会(建议)学习辅导百问》,学习出版社、党建读物出版社,2020 年,第 188 页。

② 按照国家统计局预测,如果不实施延迟法定退休年龄政策,我国养老社会保险的抚养比将从 2019 年的 2.65:1 下降到 2050 年的 1.03:1。

年，我国社会保障财政支出占国家财政支出的比重从 10.00% 增长到
13.00%，大约增长了 2 个百分点，年均增速为 2.74%；同期，我国社会保障财
政支出占国内生产总值的比重的年均增速为 5.00%，到 2020 年社会保障占
国内生产总值的比重仅为 3.00%，增长了 1 个百分点。而同期我国国内生产
总值的年均增速为 6.80%，远远高于前二者，这也充分反映了我国社会保障
财政支出相对性增长较快，而绝对性增长较慢的现实。

表 3-6　2011—2020 年中国社会保障财政支出比重及国内生产总值年均增速对比表

年份	社会保障财政支出占财政支出比重	社会保障财政支出占财政支出比重年均增速	社会保障财政支出占国内生产总值比重	社会保障财政支出占国内生产总值比重年均增速	国内生产总值年均增速
2011 年	0.10	0.00%	0.02	0.00%	9.00%
2012 年	0.10	0.00%	0.02	0.00%	8.60%
2013 年	0.10	0.00%	0.02	0.00%	7.10%
2014 年	0.11	10.00%	0.02	0.00%	8.40%
2015 年	0.11	0.00%	0.03	50.00%	6.40%
2016 年	0.11	0.00%	0.03	0.00%	6.80%
2017 年	0.12	9.09%	0.03	0.00%	7.30%
2018 年	0.12	0.00%	0.03	0.00%	6.40%
2019 年	0.12	0.00%	0.03	0.00%	6.10%
2020 年	0.13	8.33%	0.03	0.00%	1.90%
平均值	11.20%	2.74%	2.60%	5.00%	6.80%

　　第二，社会经济发展水平的差异拉大了区域之间社会保障水平的差距。
新中国成立初期的社会保障制度建设经验和一些先发国家的社会保障模式
的经验表明，一个国家总体的综合的经济发展水平直接决定着这个国家社
会保障的水平。我国社会保障水平区域之间差异较大的主要原因就是各地
经济发展水平差异的直接反应。受长期以来地域化、碎片化发展所限，我国
社会保障在 2008 年推动实施城乡居民基本养老保险一体化之前，各省级行

政区社会保障的待遇标准高低并没有形成统一的制度标准，这就导致东部经济发达地区各省份的社会保障待遇水平标准远超西部经济落后地区的省份。以城乡居民养老保险支出为例，2019年上海市和甘肃省常住人口分别为2482万人、2509万人，年度国内生产总值却分别为37987.6亿元、8718.3亿元，①前者大约为后者的4.4倍。而在城乡居民养老保险人均支出方面的差异却远非如此，如表3-4所示，2019年上海市城乡居民养老保险人均支出为14896元，而甘肃省却仅有1535元，前者却近乎后者的10倍。

第三，城乡分离的二元结构阻碍了城乡社会保障的一体化发展。我国社会保障自新中国成立初期开始就一直存在"重城市、轻农村"的发展倾向。一方面，新中国成立初期受"以苏为鉴"和"农业支援工业，农村支援城市"的工业化策略影响，我国社会保障制度的建设重点集中在有助于促进工业化发展的各部门行业职工的待遇保障方面，而对于农村的社会保障事业，实行了依托集体和家庭的传统社会保障模式，除了自然灾害救援等，国家层面对于农村社会保障事业的各项支持相对较少。这种二元分离的发展倾向使得中国社会保障在城市和农村居民的保障待遇方面长期存在巨大的差异，严重阻碍了城乡社会保障水平的一体化发展。另一方面，改革开放以来，我国在推进社会主义市场经济体系的建设实践中，为了"配套"国企改制解决大量下岗再就业工人的生计问题，在城市探索建立了企业职工基本养老保险制度、国有企业职工待业保险制度，调整了医疗保险制度的相应制度设计，进一步提升了城市居民社会保障的各项保障待遇。反观农村社会保障建设，除重新恢复"五保"制度外，国家作用仅仅停留在政策指导上面。受改革开放浪潮的巨大冲击，作为农村社会保障制度运行主要资金来源的乡镇集体经济却日渐衰落，农村"五保"保障及医疗保障等方面受到严重削弱。城乡社会保

---

① 相关数据来源于国家统计局数据库，最新查阅时间为2021年9月15日。

障制度建设的此消彼长,进一步拉大了城乡社会保障待遇水平差距。目前,虽然城乡社会保障一体化的建设已经开启并取得一定的成效,但日积弊病,岂能一日尽除。

三、制度多层互补发展缓慢

回溯我国社会保障制度的发展演变,以改革开放为界限,可以划分为特征鲜明的两个发展阶段:强调国家责任的计划经济时期和依靠社会共济互助的市场化改革时期。但是无论在哪一个阶段,我国社会保障制度的发展都处于筑牢底部的单一体制发展阶段,导致社会保障制度体系的层次性发展不够鲜明。

第一,基础性社会保障的质性建设不足。我国在社会保障制度体系构建初级阶段,为了抓住21世纪之初的历史机遇期,实现社会经济的飞速发展,对社会保障的发展支持不够重视,投入严重不足,甚至一度将社会保障制度作为市场经济解决企业改制问题的附属品和补充制度,基础性社会保障制度很长时间处于缺位状态,没有很好地落实到位。2010年《中华人民共和国社会保险法》颁布以后,中国的福利建设元年开启,我国才开始了大规模地以扩大覆盖面为主要内容的制度建设。新时代以来,我国加快了社会建设的步伐。目前,我国社会保障制度正处于由“增量”转向“提质”的关键时期,基础性养老金全国统筹、医疗保险全国结转、工伤保险、失业保险省级统筹等,各行业、职业人群分类化社会保障制度的弊病改革逐渐推进等,各项社会福利制度的革新优化正在进行时,但由于制度体系尚未定型、制度成效亦未可知,导致社会保障的福利“质性”特别是在基础保障层面的福利性特征没有得到很好的体现。

第二,建设起步晚、推进慢的客观现实,限制了补充性社会保障发展。时间拉长到“十三五”之前的时期,社会保障制度的建设重点集中在基础性社会保障领域,国家主要着力于解决人民群众的基本需求,因而导致补充性养老保险、医疗保险、工伤保险、失业保险等"提质增效"制度的建设水平有限,进展不快。同时,我国长期以来的行政主导制和"绩效锦标赛"倾向,导致地方政府在各个方面"重城市、轻农村",在城市搞相应建设的绩效和影响力远远超过农村地区。虽然近年来随着全面脱贫攻坚目标的实现以及乡村振兴战略的推进,农村社会经济发展现状大为改善,但与城市相比,其差距仍然较为突出。此外,相关补充性社会保障制度的探索改革尚处于起步阶段,决策、实施、监督等环节的各项机制建设性还不成熟,有的处于试验和积累经验阶段,阻碍了补充性社会保障制度的快速推进。

第三,相关领域的认知不统一拖累了制度建设进程。社会保障第三支柱建设缓慢的原因,既有历史性因素,也有现实性制约。一方面,在我国社会保障制度的发展建设中,政府管理层面、学界讨论领域对于社会保障第三支柱的认知存在差异,主要分歧为有的将第二、第三支柱混为一谈,也有将个人账户分类划归到二、三支柱之间的观点,混淆不清的认知差异阻碍了社会保障第三支柱的建设发展进程。另一方面,社会保障第三支柱建设的试点工作虽然已经展开,但其试点成效尚未可知,当第三支柱建设步伐稍显缓慢,除了个人税收递延型商业养老保险、国民养老保险①以外,社会保障其他领域的第三支柱比如医疗领域等建设严重滞后,极大限制了我国多层次社会保障制度体系的构建发展。与此同时,相关配套政策的不完善,以及灵活就业人员的社会保障服务建设不足、参保率低等,也进一步限制了第三支柱的发展前景。

---

① 2021年9月8日,中国银保监会发布公告批复了《关于筹建设立国民养老保险股份有限公司的请示》,同意工商理财有限责任公司等17家公司共同发起筹建国民养老保险股份有限公司。

四、制度操作机制有待落实落细

任何一个国家社会保障制度的实施落实，都离不开社会保障制度的运营、监督等机制体制的构建与执行实践。造成目前我国社会保障制度实施成效不高的原因主要有以下三个方面。

第一，社会保障的统一化实施制度落实有待加强。社会保障制度的实施机制是社会保障制度各大环节中与人民群众面对面的最基本环节，也是事关人民群众保障利益的关键所在，是要直接面对百姓对账、交答卷的最后见证。当前，造成我国社会保障实施效率低下的最主要原因就是全国统一的实施机制尚未完全形成，以及实施机制的落实落地存在较大的区域性差异：一方面，我国社会保障制度具体实施落地的相关规定千差万别，导致了全国各地社会保障在资格审查、待遇认定等管理运行的实践方面"一方水土只养一方人"的局面。例如，在基本养老保险的保障发放方面，东部发达地区的省份在法规的制定及执行、保障资格及标准、待遇发放等方面，较之西部边远地区的省份都普遍更为制度规范化、经办高效化。另一方面，在社会保障制度的基金收缴方面，各地区在实际执行环节方面各不相同。既有相应规章条例的差距，亦有征收经办环节的特色，更有项目类别设置的出入。最鲜明的例子就是社会保险基金：目前，广东、上海等发达省市已经建立起税务部门、社会保险经办机构等各司其职的社会保险基金的征缴发放、管理运营的机制体制，而西部个别省份在这一方面的建设发展则相对较为滞后，依然处在"各扫门前雪"的初步建设阶段，离集约化、一体化发展还有一段距离。

第二，社会保障的网络化、信息化建设步伐相对缓慢。一方面，受我国网络基础设施建设起步晚、发展慢、工程量大的影响，我国在社会保障领域的建设存在不足：社会保障领域的软件系统开发、公共服务平台建设还未实现与人民群众需求之间相匹配，导致社会保障相关服务的便捷性不足、信息化水平较低。另一方面,我国社会保障领域的具体数据统计标准尚未统一,制约了社会保障相关数据统计的信息化处理。比如,各省市对于社会保险的类别划分、涵盖种类各有特色,导致社会保障相关数据归口统一的难度加大,进而拉低了社会保障建设的标准信息化水平。此外,我国部分地区受现实条件的限制,在社会保障领域对网络功能作用的利用度不高,仅仅停留在简单的数据记录上,在一定程度上影响了我国社会保障现代化水平的提升与功能作用的高效发挥。

第三,社会保障监督管理机制建设性不足。当前我国社会保障监督管理落实不到位的原因主要有三个方面:其一,社会保障监督执行的具体规章制度尚不完善,现有法律法规对监督管理工作具体环节的规定解释不够详细、明确,在监督主体权责划分存在交叉重叠,导致监督管理在实施过程中无章可依,制约了社会保障监督系统化、法治化发展。其二,社会保障监督管理的执行环节存在漏洞。个别地区社会保障的监督管理队伍建设水平低,监督管理执行人员与实际工作之间存在缺口,工作量大而队伍人员又较少,无形中降低了监管效率,导致监督管理工作落实不够。其三,个别执法人员对于监督管理工作的认知水平较低,开展监督管理执法工作的程序、方式与法律规定的要求之间有差异,导致存在不同程度的渎职、不作为现象。

总之,我国以社会保障为主体内容的社会福利制度建设还处于探索发展期,与人民的期望之间有较大差距,也不完全适应新时代新征程上社会经济发展的需要,从法律制度层面解决我国人民福利建设存在的主要矛盾与突出问题,将是今后福利体系建设的重要任务。

第四章　坚持以人民为中心的福利建设

第一节　福利建设理念的人民主体性

一、坚持以人民为中心的价值内引

新时代,我国社会福利建设需要回答一个根本性问题,即为什么人谋福利、怎样为他们提供福利的问题? 坚持以人民为中心要求必须增进人民的多方面福利,促进人的全面发展,这就明示了我国福利建设的价值取向。为人民谋福利的理念源于中国共产党的性质和根本宗旨。《共产党宣言》指出:"共产党人不是同其他工人政党相对立的特殊政党。他们没有任何同整个无产阶级的利益不同的利益。"①作为无产阶级的政党,中国共产党没有也不应该有特殊的私利,党始终牢记和践行全心全意为人民服务的宗旨。党的十九大报告继续强调必须坚持以人民为中心的发展思想, 不断促进人的全面发展、人民生活走向共同富裕。党的十九大报告的十四条基本方略中有三条突出人民的主体性地位,彰显了新时代、新的历史方位下党治国理政的政治立

---

① 《马克思恩格斯文集》(第二卷),人民出版社,2009 年,第 44 页。

场、依靠力量和发展目的,[1]指引着许多国家级重大建设项目紧密围绕人民的迫切需要展开。"以人民为中心的发展观是精准扶贫精准脱贫思想确立的理论之魂。"[2]以人民为中心思想内含丰富的价值论意蕴,是体现时代精神和人民心声的价值诉求,反映了中国共产党执政的人民至上性,彰显了党性和人民性的高度统一,是党的力量之源、价值之源,以及人民利益的保证。以人民为中心的根本立场是我国福利建设的本质规定性。必须始终坚持以人民为中心构建多维福利体系,坚守福利体系的人民主体性,才能为广大劳动人民谋福利,进而在解决新时代社会主要矛盾的过程中,逐渐满足人民美好生活需要。

习近平新时代中国特色主义经济思想继承了马克思主义的人民观,同时具有浓厚的时代特点,坚定了经济发展的价值取向,它从本质上回答了经济发展为了谁、依靠谁、经济发展成果由哪些人共享、经济发展成果评判这四个重要问题,充分体现了经济发展的根本目的、根本动力、根本价值、价值评价等方面的人民性。[3]

二、人民全面发展是福利发展的根本目的

经济为谁发展,这是一个发展的根本立场问题。经济发展的目的决定了经济政策的导向。我国经济发展的根本目的是为了人民,这是马克思主义政治经济学的根本立场。马克思和恩格斯曾在《共产党宣言》中指出:"过去的一切运动都是少数人的,或者为少数人谋利益的运动。无产阶级的运动是绝

---

① 参见施芝鸿:《坚持和发展新时代中国特色社会主义的基本方略》,载《党的十九大报告辅导读本》,人民出版社,2017年,第164页。

② 王朝明、张海浪:《精准扶贫与精准脱贫战略思想的理论价值》,《理论与改革》,2019年第1期。

③ 参见牛海、孟捷:《新时代人民福利建设目标及路径的政治经济学分析》,《理论与改革》,2019年第2期。

大多数人的,为绝大多数人谋利益的独立的运动。"①这就充分表明了无产阶级政党所做的一切都不是为了个人的私利,而是为广大人民群众奋斗的。中国共产党从成立以来,都始终坚持人民的根本立场,把人民的利益摆在首位。我国作为一个社会主义国家,经济的发展不是像资本主义社会那样仅仅为了资本的增值,更多地是为了提高人民的生活水平。因此,坚持以人民为中心的经济发展思想是我国福利建设思想的根本出发点,反映了社会主义经济建设中要以保障绝大多数人民群众的生存和发展为目的。

经济发展为了人民,就是要坚持人民至上,围绕人民对美好生活的期待,关注人民群众最关心的"急难愁盼"的现实难题,把人民最急迫、最优先的问题放在首位,着力解决人民的现实生活等难题。新时代,我国通过不断深化改革促发展,调整结构着力改善民生,让人民的很多期待通过改革发展转变为现实。经济发展水平的进步和发展能力的提高,能够推动国家和社会不断实现人民的根本利益,让人民有更多的可持续的获得感。社会福利的建设工作只有能够实现人民群众的利益,才能得到人民的广泛支持和参与。经济建设和福利推进的出发点和落脚点都要为了人民,为了保障和实现人民的利益,通过一些制度改革创新,不断解放和发展生产力,把保障和维护人民的权利和根本利益落到实处,以真实的福利支撑尊重和保障每个人的发展利益得到保障,使每个人都能获得持续性的、不断提升的全面发展的权利和自由。

保证我国经济发展路径的人民性,就是要以实现人民的全面发展为长远目标。要求在社会物质生产与精神文化的发展过程中,大力提升物质产品的可及性程度,丰富人民的精神文化生活,全面提高人民群众的综合素养。在推进我国经济高质量发展的背景下,推进福利建设,就是从供给层面进行

---

① 《马克思恩格斯文集》(第二卷),人民出版社,2009 年,第 42 页。

调整,让我国的强大生产能力能够更好地满足人民在经济、文化、安全、环境等日益增长的需要,逐步去除人民全面发展的各类障碍,以社会福利建设来提升人民的幸福感、获得感、安全感,进而向更自由和全面的方向发展持续迈进。

三、人民共建共享是福利发展的根本动力

经济发展的目的是为了人民,经济的发展也必须要依靠人民去推动。在唯物史观中,生产力因素对社会的发展起着决定作用,而在生产力发展的各因素中,劳动人民是最活跃最积极的,也起着关键性作用。因此,人民群众对社会的发展起着决定性作用,人民是社会历史的主人,让人民成为经济建设的动力也是马克思主义唯物史观的核心之义。经济发展依靠人民,一切工作都应该以人民的发展为根本立足点和出发点,尊重人民的主体地位。

经济要持续健康地发展需要依靠人民,在推进社会主义经济建设的过程中,首先要把人民群众作为社会主义经济发展的主体力量,尊重人民的主体性。改革开放以来,我国的经济取得了很大的成就,最重要的原因就是中国共产党始终依靠人民,充分发挥人民的主体性,充分相信和依靠人民群众的创造力。全国各族人民都是社会主义经济建设的主体和有力的推动者。如果忽略了人民的主体性地位,那么在经济社会建设过程中的一些方针政策都得不到广大人民群众的认同,最终发展的目标将难以实现。只有让人民真正参与到社会建设发展过程中,遵循基本的共同建设、共同享有的原则,人民才会成为社会发展的积极拥护者、践行者、受益者,相应地,社会生产也会注入源源不断的动力。党的十八大以来,我国经济进入新常态的发展阶段,在这种背景下,只有坚定地依靠人民的力量,依靠人民的创造活力推进我国经济的发展,才能找到不断推动经济高质量增长的源源不断的内在动力。

坚持经济发展依靠人民的基本思想,要最大限度地提高人民的创造性,

充分尊重人民的首创精神,让人民积极地参与经济建设,真正挖掘出人民的发展潜能,使他们成为社会生产的主力军、创造创新的发动者。习近平同志在福建工作期间,对扶贫工作提出了"滴水穿石""弱鸟先飞"等理念,这些都是为了发挥人民的首创精神,依靠人民的双手来逐渐摆脱贫困获得发展机会的重要思想。在生产力各要素中,人民始终是最活跃的力量。人民的作用对于推进各项经济改革的进行起着关键的作用。

当前,我国全面深化改革进入了攻坚期,面临着很多矛盾和问题。只有紧紧依靠人民,充分尊重人民的意见,关切人民的利益,充分地调动人民的积极性,才能顺利地推进改革进一步深化。同时,大力推进全面深化改革,破除了各种不合时宜的体制机制,在社会中营造出勇于创新、敢于创造的良好氛围,从而更好地激发人民在各个领域的创造力,进而在带动生产力发展的同时,也促进人的进一步发展。在推进我国经济高质量发展的实践中,要充分发挥广大人民的首创精神,充分地尊重人民合法的发家致富的想法和意愿。党的十八大以来,习近平总书记更是深入了解民情,虚心向人民请教,认真听取群众的意见和建议,坚持密切联系群众,从群众中来、到群众中去的群众路线,虚心向群众学习,及时发现和总结人民群众创造的新鲜经验,积极地调动人民群众的主体性和创造性,从而带领全国各族人民,为实现中国特色社会主义建设事业的努力奋斗,取得了新时代十年的历史性成就。

四、人民获得感是福利发展的根本标准

经济发展为了人民、依靠人民、发展成果由人民共享,就意味着经济发展成效的衡量要由人民来评判,以人民的获得感、人民的满意度为依据。换言之,要以人民的根本利益为依据,这也是党的十八大以来党一直坚持的一条原则。习近平总书记指出:"我们党的执政水平和执政成效都不是由自己

说了算,必须而且只能由人民来评判。"①只有依靠人民,让人民来评价,经济发展的目的和过程才不能偏离人民,才能真正地落实各个环节,造福人民群众。

经济发展成果要以人民的获得感为依据。随着我国进入新时代,人民对获得感有着更加强烈的诉求。人民的获得感不是单一的,而是具有层次性,它是指在物质、精神、社会、安全等方面都有比较具体的、实在的收获。2015年在中央全面深化改革领导小组第十次会议上,习近平总书记明确提出:"要把改革方案的含金量充分展示出来,让人民群众有更多获得感。"②也就是说,在全面深化改革的实践过程中,党和国家要始终关心人民群众的需求、人民群众的期盼,这样才能掌握改革的重点和推进实施的方向,由此人民才能在改革中享有更多的发展成果和获得感。所以说,"获得感"既是对以人民为中心的经济发展实践成果的一个评判标准,也是我国经济发展所要实现的根本目标。习近平总书记曾指出:"检验我们所做工作的效果,归根到底都要看亿万人民群众是否得到了真正的实惠,广大人民群众的生活水平是否得到了真正提升,广大人民群众的权益是否得到了真正的保障。"③所以要让人民有切切实实的获得感,就必须要在社会发展过程中关注人民个体的全面发展,使人民的物质生活更富裕,使人民享有更高层次公共服务,精神生活更充实,更加倡导人民平等的发展权利,增加人民的获得感、幸福感。

经济发展成果要由人民的满意度来判断,金杯银杯不如老百姓的口碑。我们的经济发展的好不好、人民满意不满意不是我们说了算,而是老百姓说了算。所以人民作为国家的主人,经济发展成果如何分享,是否惠及全体人民,要由人民来对账、说了算。进入新时代以来,我国的经济发展以人民为中

---

① 《习近平谈治国理政》,外文出版社,2014年,第28页。

② 习近平:《科学统筹突出重点对准焦距 让人民对改革有更多获得感》,《人民日报》,2015年2月28日。

③ 《十八大以来重要文献选编》(上),中央文献出版社,2014年,第698页。

心,通过社会改革和发展把一些实实在在的权利和利益给到人民群众,从多个层面提升人民的获得感。经济发展的成效只有最终落实到广大人民群众的满意度上,用人民获得的可感知、能支配的物质成果衡量福利的获得,才能真正把握我们党执政的绩效和经济社会发展的真实状况, 也才能真正体现出以人民为中心的发展追求。

第二节　福利建设过程的人民主体性

经济发展根本原则的人民性体现在, 社会主义经济运行的过程能够使以人民为中心得到保障。为此,经济发展过程中始终要坚持社会主义基本制度,坚持公有制的主体地位,坚持党性与人民性相统一,坚持以经济建设为中心的路径实现以人民为中心的目标。

一、坚持社会主义基本制度,保障政治主体性

我国是人民民主专政的社会主义国家,人民是国家的主人,在政治上处于主体性地位,坚持社会主义制度是保证人民政治主体性的基本前提。换言之,在我国经济发展过程中要落实以人民为中心的思想,就必须坚持我国的社会主义基本制度, 因为只有在社会主义基本制度条件下才能保证社会发展是为了人民这个基本目的。资本主义社会是大资本家控制的社会制度,生产资料归少数人所有,在资本逐利获取剩余价值逻辑的支配下,大资本的掌握者一定最有发言权, 资本家通过剥削雇佣工人的剩余劳动来获取更多的剩余价值,进而实现资本无休止的增值和扩张,资本的过度扩张和逐利会引发经济危机、导致贫富差距扩大等社会问题。在资本主义制度下为了资本增值的目的,社会主导力量在不断寻求增值的商品大潮中运转,导致人的发展片面化,甚至异化是一种常态。为了实现对这种情况的扬弃,社会主义建立

以劳动者为主体的国家制度，通过人民代表大会制度和民主集中制等管理国家，保证人民权利得到真正的实现。

社会主义的优越性在于更加注重人的发展，坚持社会主义基本制度就决定了人民是国家的主人，人民在社会的发展过程处于中心地位。只有在社会主义基本制度条件下发展市场经济，才能保障人民的主体性。通过市场经济的发展促进生产力的发展，通过利用市场竞争机制的效率和灵活性，发挥资本增值能力强的内在属性，利用资本的积极作用并限制资本的野蛮性，结合我国资源丰富、人力资源充沛的优势，快速发展我国经济。发展市场经济要在科学社会主义基本原则的基础上，重视人民的利益，促进人的全面发展。如果像资本主义社会那样重视资本的自由而忽视劳动者的发展，市场经济的发展只是为了资本的积累、为了利润而去生产，而不考虑人民的实际需求，那么也会导致有效需求不足、产能过剩等现象，社会分层严重、劳动阶层发展被忽略的情况比比皆是。因此，只有坚持社会主义基本制度，才能保证人民在我国社会主义生产和发展的主体地位，在社会主义生产中才能满足人民的需求。相应地，通过调整生产关系逐步与生产力相适应，进一步促进生产力的发展，人民的各项福利能够得到重视，人民的利益才能得到根本保障。

二、坚持公有制主体地位，保障经济主体性

以人民为中心必须坚持公有制主体地位。以人民为中心与坚持公有制在本质上是统一的，只有坚持了主体经济的公有制，才能保障以人民为中心思想的落实。我国以公有制为核心的基本经济制度保障人民根本利益的实现，强调全体人民共有共建共享。邓小平指出："一个公有制占主体，一个共同富裕，这是我们所必须坚持的社会主义的根本原则。"[①]公有制是社会主义

---

① 《邓小平文选》(第三卷)，人民出版社，1993年，第111页。

发展的手段,不是目的,它是与社会化大生产相适应的生产方式,是促进生产力发展的手段。资本主义私有制与社会化大生产之间的矛盾导致周期性、结构性的经济危机。生产资料公有制具有共享劳动剩余的独特优势,可以更好释放劳动者的主人翁精神,克服生产的过度盲目性,适应更高水平的生产力发展需要。因此,从经济伦理和发展趋势看,公有制代替私有制是解放生产力的根本手段,也是坚持以人民为中心的根本性制度基础。

如果不问所有制的属性而仅仅依靠生产力的发展,不能保证福利建设的人民主体性地位。一些资本主义国家总体的生产力水平并不低,但由于服务于私人资本的利润要求,奉行生产要素贡献分配原则,导致社会阶层的两极分化比较严重,广泛分布的贫民区和富庶高档的小区非常鲜明地展示了社会的分化,它们的发展本质上是资本生产力的发达,缺失生产力发展的人民属性。相较而言,公有制是保证人民福利、实现共同富裕的经济前提和制度基础。只有在坚持公有制的条件下,人民劳动成为占主导地位的分配依据,劳动剩余归生产资料所有者共同占有和支配,才能逐渐消除生产资料占有上的不公平所导致的收入分配不公平,最终实现共同富裕。因此,只有坚持公有制,才能够全面坚持以人民劳动分配为主体共享剩余劳动成果,实现劳动者综合福利提升的根本目的。在实践中,我国国有企业和资本所持有的股份划转给社保基金,为全国人民福利建设进行资源调配就是非常典型的例证。过去一段时间,有部分人仅仅从微观经济学的视角出发,从会计核算得出公有制国有企业效率低下,导致国家经济发展的效率损失,不利于人民福利提升,这是非常狭隘的。[1]公有制经济为我国提供了经济发展的压舱石,是国家掌握经济命脉和安全的保障,是抵御国外资本侵蚀、稳定经济发展的核心力量,是我国经济发展顶天立地的支柱力量。这些基础性作用是不能简

---

① 参见汪立鑫:《中国国有经济制度安排的政治经济学》,《探索与争鸣》,2018 年第 6 期。

单用会计核算反映出来的，必须从宏观战略稳定与安全角度来理解公有制经济为全体国人综合福利所提供的基础性保障作用。

经济发展根本原则的人民性还表现在始终坚持公有制的主体地位。所有制决定了社会的性质和社会的发展方向。在我国社会主义初级阶段，要实现全体人民共享发展，就必须坚持公有制的主体地位不动摇，换言之，以人民为中心与坚持公有制的主体地位是相统一的。习近平总书记指出："公有制的主体地位不能动摇，国有经济的主导作用不能动摇，这是保证我国各族人民共享发展成果的制度性保证。"[1]只有社会主义公有制才能保障人民实现共同富裕。公有制的主体地位决定了我国的社会性质。在马克思看来，生产资料私有制只是为少数人谋取利益，这就决定了社会上一大部分的劳动者不占有生产资料，占有生产资料的是少数的资本家，资本家通过剥削劳动者取得利润，私有制只是为了保障资产阶级的利益，而无产阶级的利益则被不断侵蚀，从而劳动人民逐渐贫穷，导致社会贫富差距更加严重，蕴含着新的危机。因此，只有公有制才能让全体人民享有生产资料，只有让公有制取代了私有制才能更快地解放和发展社会生产力。从本质上来讲，公有制是为了实现全体人民的利益，更好地消除了人民收入和分配的不平等问题，保障了人民的权利，让人民能够当家作主，它是实现人的自由全面发展的物质保障。

只有坚持公有制的主体地位，才能保证我国的社会主义性质，才能保证我国社会主义经济发展的前进方向。实践证明，坚持我国的公有制经济在改善人民生活、促进国家现代化建设等方面做出了很多贡献。例如，国有企业作为国民经济的支柱，为了提升国有资本的运作效率，积极地推进国有企业的改革，提高国有经济的活力和竞争力，高质量地将社会生产与人民需求相结合，充分体现国有资本的社会主义性质，使国有企业成为保障人民利益的

---

[1] 习近平:《在中央政治局第二十八次集体学习时的讲话》,《人民日报》,2015 年 11 月 25 日。

重要基础。此外,我国现在还处于社会主义初级阶段,生产力水平虽然显著提高,但经济发展的质量和效益仍需不断提升。因此,坚持两个"毫不动摇"具有当下的历史必要性,在坚持公有制的主体地位下,还要鼓励支持非公有制经济的发展,增强我国经济的活力,促进我国社会生产力的发展,提升人民参与经济生活的积极性。由此不仅保证了人民在社会主义市场经济发展过程中的主人地位,还进一步提升了人民的物质生活水平,逐步实现人民共同富裕的幸福追求。

三、坚持生产力布局人民导向,保障发展主体性

"坚持以人民为中心的发展思想,这是马克思主义政治经济学的根本立场。"①解决我国当前发展不平衡不充分的问题,关键在于让生产力发展更好地回归人民性,生产力布局更好地围绕人民的需要展开。为了更好推进生产力的均衡发展以满足人民生活的需求,党的十九大提出了十四条基本方略。其中,坚持以人民为中心、坚持全面深化改革、坚持新发展理念、坚持人民当家作主、坚持在发展中保障和改善民生、坚持人与自然和谐共生等方面,紧紧围绕人民的当前需要和长远发展, 围绕生活质量的全面提升来安排新时代的生产力布局,重点解决发展不平衡不充分的弊端,鲜明地突出了经济社会发展的人民性向度。"以人民为中心的发展思想,不是一个抽象、玄奥的概念,不能只停留在口头上、止步于思想环节,而要体现在经济社会发展各个环节。"②让生产力布局回归人民性,发展重点围绕人民展开,发展方式回归人民性,从而为新时代人民福利建设奠定更加厚实的物质基础。生产力围绕人民需要布局,可以更好地贯彻新发展理念,落实共建共享发展理念,激发人民群众的生产创造潜力,释放出源源不断的自我发展能力,逐渐扩大共建共

① 习近平:《在中央政治局第二十八次集体学习时的讲话》,《人民日报》,2015 年 11 月 25 日。
② 《习近平谈治国理政》(第二卷),外文出版社,2017 年,第 213~214 页。

享的物质基础,真正体现出人民生产力为人民的马克思主义政治经济学意蕴。

经济发展根本原则的人民性还体现在坚持以经济建设为中心与以人民为中心相统一上。习近平新时代中国特色社会主义经济思想强调以人民为中心,并非要降低经济发展的重要性,而是要实现二者的良性互动和协调发展,克服过于追求短期经济利益的失衡和异化行为。以经济建设为中心是为了更好地实现以人民为中心,二者辩证统一,具有高度的内在统一性。

发展始终是中国这个后发的人口大国的第一要务。一方面,以经济建设为中心为以人民为中心的发展提供必要的物质基础。虽然我国社会主要矛盾发生了变化,但是并没有改变我国仍处于社会主义初级阶段这一基本国情,所以我国现阶段的主要任务仍然是要大力发展社会生产力,发展依然是解决我国一切问题的关键一招。因此,在我国目前经济发展阶段的条件下,必须坚持以经济建设为中心,只有生产力得到了快速的发展,才能更好地满足人民不断增长的物质文化需要和精神文化需要,才能为人民的共享发展提供更加坚实的物质保障。如果刻意地空洞地强调以人民为中心,进而忽视经济的发展和物质财富的积累,那么生产力落后会导致物质资源匮乏,人民的全面发展无异于空谈。因此,坚持以经济建设为中心,转变经济发展方式,贯彻新发展理念,推动我国经济步入高质量发展,提高发展的普惠性和整体性,才能更好地保障和改善民生,增进人民福祉。改革开放40多年来,我国取得的成就是我国始终坚持以经济建设为中心,不断解放和发展社会生产力的结果。实践证明,只有牢牢扭住经济建设这个中心不放松,才能为坚持和发展中国特色社会主义、实现中华民族伟大复兴奠定雄厚的物质基础。

另一方面,以人民为中心的发展是以经济建设为中心的价值归宿。经济发展的最终目的是为了人民的全面发展,当前我国生产力水平大幅提升,科技水平进步迅速,物质生产能力的增长已经到了较高的程度,社会的发展更多转向关注人民的需求。坚持以人民为中心的发展思想既是在新时代对唯物史观的丰富和发展，又是对我国社会主义建设规律的科学把握。面对新时代我国社会主要矛盾的转变，迫切需要坚持以人民为中心的发展，始终要把增进人民福祉、促进人的全面发展作为经济发展的出发点和落脚点，让我国的经济发展始终紧紧围绕人民的需要为中心，不断为人民创造更多的利益，通过以人民为中心的发展实现中国共产党坚持的价值追求，也实现以经济建设为中心的价值归宿。新时代以来，我国在制定国民经济发展战略和政策的时候，始终坚持贯彻这一根本立场，着力推动多项制度改革，缩小不同阶层人民的收入差距，缩小城乡之间、区域之间发展的差距，推进精准扶贫等措施，最大限度地保障了人民的根本利益，让在市场经济发展过程中竞争力比较弱的部分人民和地区分享到经济社会发展的成果。

以经济建设为中心的生产活动最终仍然要回归到以人民为中心这一层面的公平公正的价值立场，以更好满足人民日益增长的美好生活需要。坚持以经济建设为中心和以人民为中心要动态平衡于社会发展的总过程，国家要实现繁荣富强的目标，必须坚持在以人民为中心的总目标的指引下狠抓经济建设这一中心工作，为人民的全面发展提供物质条件，让经济工作围绕着人民的幸福展开，保证先进的生产力为人民所用，保证经济发展的进程不脱轨、不变质。

四、坚持党的领导，保障人民主体性的实现

新时代以来，我国发展根本原则的人民性还体现在经济发展过程中要坚持党的领导，实现党性和人民性的相统一。习近平新时代中国特色社会主义经济思想的首要原则是坚持党对经济工作的坚强领导，强调坚持以人民为中心，把党的领导作为保证人民性利益的根本前提。习近平总书记指出："党性和人民性从来都是一致的、统一的。"[1]党性是政党的本质属性，中国共

---

[1] 《习近平谈治国理政》，外文出版社，2014年，第154页。

产党从成立那天起就把实现国家富强、民族振兴、人民幸福和福祉当作自己的重要使命。中国共产党始终代表中国最广大人民的根本利益,党自身没有任何特殊的私利,人民的利益就是党的根本利益,人民的需求就是党的工作目标。中国共产党制定的经济社会方针政策就是为了充分地满足人民的发展愿望,实现人民的福利需求。人民性就是在经济发展过程中坚持以人民为中心,坚持为了人民、依靠人民、人民共享。所以党性和人民性在本质上是统一的,坚持人民性就是坚持党性,坚持党性能很好地体现人民性。习近平新时代中国特色主义经济思想坚持党的领导,坚持以人民为中心,充分体现党全心全意为人民服务的宗旨,高度体现了党性和人民性内在统一,人民主体性得到了很好的彰显。

习近平总书记强调,办好中国的事情,关键在党。可以说经济工作是党工作的中心,必须要坚持正确的政治方向。坚持党性,就是在经济建设过程中始终坚持中国共产党的领导。只有坚持党的领导,才能确保经济建设和市场化改革开放的发展是围绕人民需要展开的,才能确保经济发展方向的正确性,使我国经济工作的开展更好地服务于人民。在中国共产党的领导下,才能更好更快地实现人民伟大的事业、伟大的梦想。坚持党的领导保障人民主体性,就是党的经济发展和社会建设的政策措施,要把实现好人民的利益当作经济发展的出发点和落脚点,更好地实现以人民为中心的发展,保证人民主体性的落实。只有坚持人民主体性,把人民当作经济发展的主体,动员广大人民群众投身到社会主义事业当中,激发社会经济发展的强劲动力,确保如期实现共富共享的中国梦。因此,习近平新时代中国特色社会主义经济思想作为党对我国经济发展的指导思想,既强调党对经济工作的集中统一领导,体现了过硬的党性原则,又强调要把以人民为中心的发展思想贯彻到我国的"五位一体"总体布局和"四个全面"战略布局之中,体现了党性和人民性的高度统一,保证人民主体性在经济社会发展中不断得到落实。

第三节 福利建设结果的人民主体性

"两个一百年"奋斗目标是我国对现代化国家发展目标的高度概括,目标确定的建设实绩都要落实到人民层面,由人民来验收、对账。第一个百年奋斗目标——全面建成小康社会已经实现,其人民性深刻地体现在它是惠及了十几亿人口的更高水平的小康社会,是全体人民共享的全面的综合水平较高的小康。第二个百年奋斗目标是要在全面建成小康社会目标的基础上,把我国建成富强民主文明和谐美丽的社会主义现代化强国。在习近平新时代中国特色社会主义思想的指导下,以人民为中心的发展思想在我国的各方面得到比较充分的体现,通过更高质量的社会发展、更有效率的经济增长、更加公平的社会财富分配、更可持续的发展方式,为满足人民更高质量的美好生活需要提供丰厚的福利保障。

一、惠及全体人民的广泛性

建设全民小康社会就是福利建设惠及人民广泛性的具体体现。小康社会历来都是党和人民追求和建设的重要阶段性目标。"小康社会"作为一个经济社会发展的具有标志性的概念是邓小平在 1984 年首次提出的。他指出,20 世纪末在中国建立一个小康社会就是要首先实现人均国内生产总值达到 800 美元。①在随后的改革开放和社会主义现代化建设实践中,小康的内涵不断丰富和扩展。2002 年党的十六大报告提出要全面建设小康社会,即在重视人民的收入水平的提升外,还要关注人民的精神生活、社会权利、绿色生态环境等方面的需求。经过 20 多年的探索推进,全面建设小康社会也

---

① 参见《邓小平文选》(第三卷),人民出版社,1993 年,第 54 页。

取得了很大的进步与发展。在这个基础上，根据我国现阶段发展的形势，党的十八大首次提出到 2020 年全面建成小康社会，这是我国经济社会发展战略阶段性目标的重要实现节点。全面建成小康社会在新时代语境下具有新的时代内涵，它的内涵更加丰富而深刻，凸显了以人民为中心的价值取向，它是以人民的各方面利益为着眼点的，使全体人民共享社会的改革发展成果，是要惠及全体人民的综合性高水平的小康。

习近平总书记强调，全面建成小康社会不只是单个领域、少数人的小康，而是"覆盖的领域要全面、覆盖的人口要全面、覆盖的区域要全面"[①]。首先，全面建成小康社会指的是涉及人民民生各个方面"五位一体"的小康，它是系统的整体的小康。换言之，在经济上要保持经济持续高质量发展，2020 年的国内生产总值和城乡居民人均收入实现了比 2010 年翻一番的目标，保障人民生活水平全面的提升；在政治上要实现人民民主不断扩大化，更好地保障人民权益；在文化上要使人民享有更加丰富的精神生活，我国的文化软实力不断提升；在社会生活上要使民生得到具体保障，社会保障实现全面覆盖；在生态上要为人民建设一个环境友好型的小康社会。其次，全面建成小康指的是惠及全体人民的小康。小康覆盖的人群是全面的，不论是哪个地域哪个民族的人民都应该全部涉及，一个人都不能落下，一个民族、一个地区都不能少。这就意味着我国 14 亿多人口的生活质量要全面提升。最后，全面建成小康社会指的是城乡共同发展的小康。在我国，全面建设小康社会的短板历来都是农村，特别是贫困地区的农村。习近平总书记多次强调"小康不小康，关键看老乡"。没有农村的小康，没有贫困地区人民的小康，就不能算全面建成小康社会。

全面建成小康社会更加强调的是人民发展的整体性、平衡性、普惠性，

---

① 《十八大以来重要文献选编》(中)，中央文献出版社，2016 年，第 831 页。

我国全面小康社会建设的重点任务就是克服发展的不平衡、不全面性和不充分性,对于贫困人口生活这一全面建成小康社会最大的短板问题,习近平总书记考察各地贫困地区,提出并全力推进精准扶贫、精准脱贫的政策措施,推动脱贫攻坚任务历史性的按期保质保量顺利完成。农村贫困人口全部实现脱贫,成就了全面小康社会的建设。在中国共产党建党百年的历史性节点,我国开启了向全面建设社会主义现代化阶段迈进的新征程。可以说,全面小康社会建设目标的实现,是我国福利建设惠及全民性特征最为充分的注解。

二、助力全体人民的发展性

全面建成社会主义现代化强国是第二个百年奋斗目标。在全体人民更好地享有福利的基础上,建设现代化的社会主义强国是全体中国人的奋斗目标。我们知道全面建成社会主义现代化强国,意味着近代以来久经磨难的中华民族迎来了从站起来、富起来到强起来的伟大飞跃,迎来了实现中华民族伟大复兴的光明前景,也意味着我们的国家更加强大,我们的民族更加强盛,我们的人民更加幸福。

全面建成社会主义现代化强国目标的设定,要求我国建设的美好生活不但能够增强人民的幸福感,同时要发挥福利建设的能动性,为人民储备更多的智力、能力、活力和创造性,要求我们必须坚持以经济建设为中心,坚定不移地把发展作为党执政兴国的第一要务。一方面,推动经济持续健康发展,为建设社会主义现代化强国奠定更加坚实的物质基础;另一方面,要从根本上满足人民日益增长的美好生活需要的发展性要求出发,不断提高人民的生活水平和质量,为实现人民的全面发展提供有利的经济社会环境。可以说,全面建成社会主义现代化强国,是党和国家面向未来最重要的奋斗目标,也充分证明了以习近平同志为核心的党中央始终坚持以人民为中心的发展思想,取得的成就能够更进一步地推动全体人民的共同发展。

建成社会主义现代化强国,必须坚定不移把发展作为党执政兴国的第一要务,坚持把解放和发展生产力作为根本任务,坚持社会主义市场经济的改革方向,建设现代化经济体系,推动经济持续健康发展,加快从经济大国走向经济强国的进程。从经济大国走向经济强国,是实现全面建成社会主义现代化强国的战略要求。建设经济强国是全面建成社会主义现代化强国在经济建设领域的重要环节和重点任务,充分体现了党带领人民不断进行经济建设的探索,逐步推动人民走向共同富裕,实现人民美好生活愿望的坚定意志和决心。

国强则民强,国富则民富。只有国家强大,才能不断实现人民对美好生活的向往,实现人的全面发展、全体人民共同富裕。从本质上而言,建成社会主义现代化强国与实现人民生活的现代化是有机统一的。只有实现了人民生活的现代化,才能说全面建成了社会主义现代化强国。人民生活的现代化就是指不断提高人民的物质生活水平,提升人民的教育水平和整体思想素质,不断丰富人民的社会福利水平,提升人民的创造能力,促进人民的全面发展。一些西方发达国家虽然实现了现代化,但是由于资本主义社会的局限性,不会主动去推进实现每个人的全面的现代化,更不必说实现人的全面发展。而我国所建设的社会主义现代化强国是区别于发达国家的现代化,也不同于以往我国侧重于物质层面发展的现代化,它是建立在符合我国国情下的中国特色社会主义经济、政治、文化、社会、生态等全面发展的现代化,也是符合人民群众的根本利益、致力于实现人民全面发展的现代化,是中国式的现代化。

我国的社会主义现代化是以人民为中心的社会主义全面现代化。我国的社会主义现代化国家是富强、民主、文明、和谐、美丽的,它是我国 14 亿多人民的全面发展的现代化。它不只是实现经济的现代化,而是实现社会全面进步、能动发展的,是通过经济建设实现人民共同富裕,也是通过政治建设保证人民当家作主,更是通过生态文明建设实现人与自然和谐共生的全面发展。伴随着中国现代化的进程,要实现更高质量的发展,实现更加全面的发展,从而把我国从经济大国转变为现代化的经济强国,增强人民的全面发展性,推进全体人民共享福祉的现代化。

三、谨防服务资本的工具性

以人民为中心的福利建设是对以资本为中心的福利建设的超越。艾斯平–安德森把福利资本主义分为三大类,即自由主义福利体制、保守主义福利体制和社会民主主义福利体制。[①]这三种福利资本主义尽管在劳资关系和去商品化程度上有所差异,但它们都是建立在私有制的基础之上,服务于资本逻辑展开。这就决定了只有在符合私有制资本逻辑的前提条件下,福利建设才会成为资本掌握的有话语权阶层的选项。其中,自由主义福利观走得更远,推崇主要依靠市场的力量来提供公民福利,把公民看作市场的存在物,养老、医疗等的获得主要依靠市场买保险来保障,他们把福利建设更多地看作一种缓和阶级矛盾的权宜之计。早在20世纪70年代中后期,自由主义者认定"西方经济之所以陷入'滞涨'状态且久久不见复苏,原因就在于福利国家制度对市场机制的破坏太严重"[②],因此主张通过大幅度削减固定福利和工作附加福利的改革,减少劳动力市场的"僵直性",以增强劳动力市场的弹性,提高就业的灵活性和流动性,增强资本雇佣的积极性和便利性。其具体做法是推行灵活就业,以便资本可以得到更多灵活的劳动安排,获取更多的劳动剩余。这种趋势进一步恶化了劳动力商品化的后果,减少了劳动力获得

---

① 参见[丹麦]艾斯平 – 安德森:《福利资本主义的三个世界》,苗正民等译,商务印书馆,2010年,第37~39页。

② 刘玉安:《告别福利国家?——西欧社会政策改革的大趋势》,《当代世界社会主义问题》,2014年第3期。

更多社会福利的机会。新自由主义福利缩减模式的推行表明，劳动者福利不过是以资本为中心社会的权宜安排，在资本收益受损的情况下，劳动者福利安排必须服从资本的利益最大化目标进行调整和改革。

资本主义福利安排的以资本为中心在美式全球化主导模式下凸显无遗。由于各国的劳动力丰富程度不一且无法自由流动，"资本就可在各国间进行选择，通过劳动工资的差异实现套利"①，同时也可以提出投资转移的威胁提高与政府的要价，实现打压本国劳动者福利诉求的目的。这是美国式新自由主义资本全球化的最大动力，他们以利润最大化为目标不断清除社会福利机构及其安排，力图利用全球化机会消解掉经济发展和社会福利的关联性，使劳动者的福利获得逐渐退缩到私人领域。可以看出，不管雇佣劳动者的福利如何增减，都不会改变资本主义社会的本质，即资本利益至高无上、人从属于资本。

我国的市场经济之前冠以中国特色社会主义，明示了国家价值理念，人民是国家的主体，国家应该自觉为人民福利承担责任。人民福利是国家服务的对象，是"五位一体"总体布局中社会建设的重要组成部分，不能降低到工具层面。就此而言，我国以人民为中心的福利建设实现了对以资本为中心的福利建设的价值超越。

① [美]J.B.福斯特等：《全球劳动后备军与新帝国主义》，张慧鹏译，《国外理论动态》，2012年第6期。

第五章　新时代人民福利的整体性构建

正如前所述,随着社会的发展进步,特别是中国经济社会的快速发展,人们对美好生活的追求从多个层面立体化地展现出来, 社会福利的建设和发展也要从多个层面推进,才能从整体上契合人民美好生活的需要。从这个视角出发,新时代人民福利的制度建设要注重整体性,以国家的顶层设计为指引,进行全面系统的设计,做到既立足福利供给的公平合理,又能够为福利供给创造公平合理的制度环境,实现社会福利作用的良好发挥,以及福利建设的可持续发展。

第一节　新时代人民福利整体性建设的必要性

一、经济全球化对社会福利建设的影响

虽然当前的国际局势出现了一些逆全球化的趋势,部分国家出现了反全球化的声音和势力,但是从长远和整体发展大势看,全球化的发展方向是不可逆转的。全球化仍然是当今世界最突出的国际政治交往和世界经济联络的主要现象,它塑造着世界历史的发展进程,也深刻地影响到了各国社会领域建设的政策选择。各国社会福利建设的价值理念和目标模式,已不再完

全局限于国内社会政策的范畴，必须在考量全球化的影响下作出权衡和选择。全球化可以分为不同的层次，包括资本移动的全球化、劳动移动的全球化和全要素移动的全球化。从目前世界经济一体化的条件看，资本的全球化程度是最高的，自由移动的能力也最强，活动范围也更大，而劳动的跨国移动很难。当资本对一国市场不满意时，可以进入世界市场的其他部分，寻机获取更高利润。资本的这种自由流动，对一国内的社会福利政策产生压力，过高的社会福利标准会增加企业的负担，促使资本流到海外的动机增强。各国在制定社会政策时，必须对此作出反应，最简单的办法是降低福利要求，降低劳动成本和劳动保护条件，导致世界各国的福利"朝底边的赛跑"①。这是在资本全球移动的强势面前，由劳动的地位相对弱化所导致的。资本可以脱离纸币、金条等物的存在，借助于信息技术，以数字化的方式在全球迅速转移，资本移动的高自由性巩固了原本处于强势的资本政治权力。相较而言，劳动不可能达到如此程度的全球化，二者在全球化移动方面是不均等的，资本寻求低工资的移动比劳动寻找高工资的移动容易且快速。资本的移动削弱了劳动者在国内市场上的谈判力和决策影响力，劳动者的地位下降，无法实现充分就业，动摇了社会福利建设的根基。对于经济不发达国家建设福利制度而言，这是非常重大的影响。

经济不发达国家的竞争力主要来源于低成本的劳动力优势，为了赢得资本的青睐，这些国家设法把社会福利的缴费水平保持在同类国家、同类产业竞争中的国际普遍水平，或者更低，强资本、弱劳动的格局在经济全球化的过程中得到进一步发展。作为资方的企业有着更强的讨价还价的能力，把社会保险缴费转嫁给员工，特别是低收入、低技能员工的可能性也就越大。著名经济学家弗里德曼曾经说过，"没有所谓的企业缴费，实际上都是员工

① ［日］武川正吾：《福利国家的社会学——全球化、个体化与社会政策》，李莲花译，商务印书馆，2010年，第96页。

自己缴费",这是针对劳动力市场供给通常缺乏弹性作出的表述,用来描述全球资本追逐低成本劳动力的情形十分恰当。许多国家设立了最低工资制度,力图通过支付水平和福利规制设定,克服经济全球化条件下劳动力过度商品化的倾向,但是由于资本的过度流动性,这些制度不但没有提高劳动生产率和收入,还导致就业岗位的流失。因此,外向型经济增长国家为了留住资本,扩大出口,通常选择较低水平的社会福利政策,这种反应被总结为全球化对福利水平产生影响的"效率假说"。[1]许多研究证实,全球化的竞争导致福利国家的弱化,即"趋于向下的竞争"(Race to Bottom)[2]。虽然各国政府以政治力量介入的方式,要求提高产品品质,遵守环保规则,力图通过倾销社会政策,把竞争条件推向均等化。但是从目前的发展趋势来看,在全球化其他方面发展滞后,全球社会福利政策不同步的情形下,全球化的压力促使各国的福利模式向同质性方向发展,收敛趋势明显,虽然具体的收敛模式无法断定,但福利模式的劳动力去商品化程度在减弱是不争的事实。总之,经济全球化使得各国对社会福利政策的掌控余地越来越小,虽然目前并没有产生单一、均质的市场,但是各国社会福利建设向下趋同的压力普遍增加。

2001年我国加入世界贸易组织后,以史无前例的深度和广度参与全球经济。根据国家统计局网站的数据,我国对外贸易的依存度在2013年达到43.4%的高点,成为主要大国中对外依存度最高的国家。快速发展的外向型经济,推动了经济增长,也为我国几亿农民工提供了工作岗位和工作福利。起初,面对几乎无弹性的劳动力供给市场,资方强势支配地位和政府追求经济增长的效率优先目标,让资本拿到了高额利润,政府实现了经济增长和税

① 参见封进:《可持续的养老保险水平——全球化、城市化、老龄化的视角》,中信出版社,2016年,第7页。

② Mishra, Ramesh, *Globalization and the welfare State*, Northampton, MA:Edward Elger, 1999, pp.55–65;Huber, Evelyne, *Development and Crisis of the Welfare State*, Chicago, IL:University of Chicago press, 2001, pp.202–219.

收增加的目的。随着我国老龄化程度加剧,劳动力供给总量下降,面对恶劣的劳动环境和相对较低的工资水平时,劳动者的讨价还价能力增强,提高工资的要求强烈,政府也调整了过分追求效率的政策取向,加强了社会福利建设,提升社会保护水平。2004年3月1日,劳动和社会保障部颁布并实施了《最低工资规定》,并根据经济社会发展的情况进行调整。这是我国规制型社会福利建设的重要标志。从此,我国各地的最低工资标准持续上调,劳动者工资也进入了快速增长的阶段。中国蓝领工人薪酬在过去12年中增加了8倍。①这一增幅在改善工作福利的同时,也削弱了中国的低成本竞争优势。外资开始在劳动力成本更低、社会福利水平要求更低的国家和地区寻求机会,以维持其高收益,资本流出中国的趋势更加明显,这样的国际环境延缓了我国社会福利建设的步伐,也对我国现有的福利制度提出了挑战。我国想通过企业增加缴费的方式,提高社会福利水平的途径很难走通。

另外一层压力则来自资本向发达国家的回流。发达国家的劳动阶层在经济全球化的过程中获利不多,工作和社会福利受到损害,他们通过投票和其他方式进行政治意愿表达,获得部分政治精英的支持,促使本国资本回流到投资母国,以提升工资水平,保证他们的社会福利。我们看到的"特朗普现象"就是非常典型的代表,其他一些国家也在考虑如何让制造业回流到本国,以提高自身的制造业水平和相关岗位的工作福利。

中国的蓝领工人虽然是上一轮全球化的受益者,但在发达国家劳工阶层去全球化压力下,国际投资离开中国的情况常态化,中国工人可能面临着工作福利和社会福利双重下降的压力。因此,未来一段时间,无论是全球化快速发展,还是逆全球化的保护主义兴起,都对我国社会福利建设提出考验。在外部环境十分复杂的情况下,我国既要加强社会福利建设,又要保持对外

---

① 数据来自国家统计局网站。

资投资的一定吸引力,需要国家的决心和社会的智慧共同破解这一难题。

二、我国人民福利建设主要供需条件分析

社会福利建设需要良好的经济基础,从供给条件看,经济发达、人均国内生产总值高的国家,社会福利水平普遍较好。国家财政力量雄厚,有更多的资金投入到民生和社会建设时,社会福利建设才会取得大的进展。从需求方面看,我国经济当前发展的最大特点是进入了新的发展阶段,构建以国内大循环为主体、国内国际双循环相互促进的新发展格局成为主要发展目标,推进高质量发展成为首要目标。相比以前的发展方式,经济增长速度明显放慢,对经济发展的质量要求明显提高,大力推动经济结构的转型升级,创新成为经济发展的主要驱动力。换言之,我国经济进行投资建设大型工厂的时代结束,同时大规模经济组织如大企业提供福利的情况也在减少,存量的就业压力持续存在,就业的灵活性、弹性化增强,而老龄化的压力也快速上升,这些是我国社会福利建设必须面对的现实条件, 也是刚性需求。本节采用"艾斯平-安德森"实证计量方法,从供需两个方面分析福利社会建设的几个主要衡量指标,比较我国社会福利建设的发展阶段和发展方向。

(一)从人均国内生产总值水平看,我国进入社会福利建设的重要阶段

人均国内生产总值水平是社会福利建设的重要基础, 与社会福利水平高度正相关。高福利国家的人均国内生产总值普遍达到比较高的水平。从目前我国的实际国内生产总值水平来看, 距离建设较高水平的福利国家还有一定的差距。日本是在 1973 年进入福利社会的"福利元年",[1]韩国在 1998年实施克服金融危机的改革后也逐渐进入了以工作福利为主要特征的福利建设。按前瞻数据库 1982—1984 年美元价格为 100 计算,日本、韩国进入福

---

① 参见[日本]武川正吾:《福利国家的社会学——全球化、个体化与社会政策》,李莲花译,商务印书馆,2011 年,第 96 页。

利社会时人均国内生产总值在 1 万至 1.3 万美元之间。人均国内生产总值是反映一国财富生产能力的重要指标,我国 2021 年的人均国内生产总值为 1.25 万美元左右,与日本和韩国进入福利国家时的人均国内生产总值水平基本相当,社会福利建设的经济基础也比较坚实,我国经济正在转向高质量发展阶段,经济结构会持续优化,提高经济发展质量,进一步提高人均国内生产总值的水平,增加含金量,为社会福利建设提供更坚实的物质基础。

表 5-1　中、日、韩三国人均国内生产总值的数据

单位:美元

年次	中国	日本	韩国
1970	113.2	2003.6	291.9
1975	178.3	4581.6	646.2
1980	194.8	9307.8	1778.5
1985	294.5	11465.7	2542.0
1990	317.9	25123.6	6642.5
1995	609.7	43440.4	12403.9
2000	959.7	38532.0	11947.6
2005	1753.4	37217.6	18657.5
2010	4560.5	44507.7	22151.2
2015	8027.7	34523.7	27221.5
…	…	…	…
2020	12557	40704	35196

资料来源:世界银行网站,http://data.worldbank.org/indicator/NY.GDP.PCAP.CD。

（二）我国社保支出占财政支出的比例快速增长

社会保障支出占一国财政支出比例,能够显示该国建设社会福利的政府能力和决心。根据国际通用的指标,社会保障支出占一国财政支出的 20%,就被认为是该国跨入了福利社会。从这个指标看,我国还有较大的差距。不过在 2000 年后,随着老龄化的发展,我国社会保障支出占国家财政的支出比例不断攀升,快速向福利国家支出水平靠近。2008 年经济危机后,我

国经济发展的外部环境恶化,随着我国人口数量红利的逐渐消失,劳动密集型产业的竞争优势减弱。根据人力资源和社会保障部官网的数据,从 2013 年到 2016 年,领取失业保险金的人数从 197 万人,增加到 230 万人,平均每年以 4.2%的速度递增。后工业化的共同难题是就业问题。[①]在大规模工业化时代,可以通过投资拉动经济增长来实现充分就业;而在后工业化时代,出现了没有就业的增长。我国经济发展的程度还没有达到后工业化的时代,但是就业的压力一直存在。就目前我国的经济发展程度、国家的财政支出能力,想通过大规模提高国家福利待遇的方式,来适应经济全球化、经济行为个体化的趋势,是不太现实的。

通过图 5-1 的比较我们可以看出,随着社会福利制度的建立,中、日、韩三国的社会保障支出占财政支出的比例不断攀升。一个明显的趋势是一国经济结构的变化,特别是大规模工业化、城市化后,对社会保障提出了刚性的支付要求,这意味着未来一段时间,中国社会保障的支出增长率会不断攀升。由于中国的人均收入水平远远低于日本、韩国,中国也不可能大规模提高社会保障的支付水平。同时我们发现,日本和韩国在收入相近的年份,社会保障支出在财政支出中的结构有很大的差异,这是因为两国的福利体制差异使然。韩国推行的是工作性福利制度,把鼓励工作作为福利获得的重要途径,从而减轻了国家层面的负担。这给我国提供了重要的借鉴,需要创新我们国家的福利制度,主动适应社会分工的发展和大众创业的需要,寻找积极的社会福利建设道路,构建一种适合中国国情的具备公平性、流动性和可持续性的社会福利制度,适应国家的现代化和国民福利的普遍化、多元化要求。

---

① See Esping-Anderson,G.,*Social Foundations of Postindustrial Economics*,Oxford:Oxford University Press,1990.

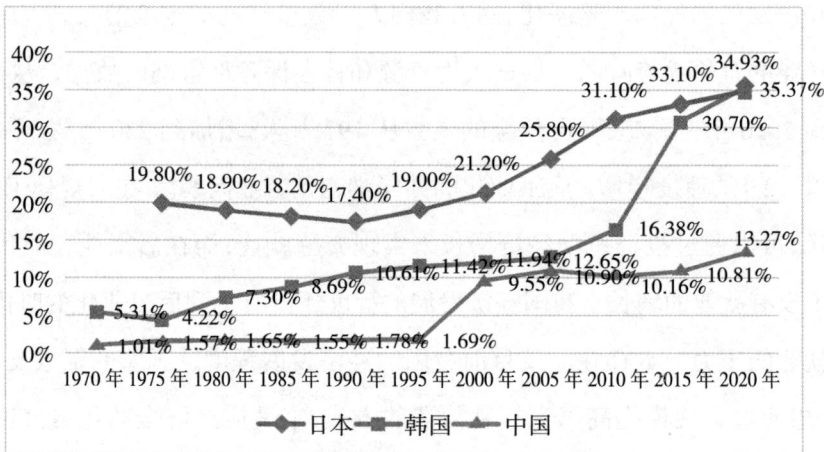

图 5-1　中日韩三国社保支出占财政支出比重

资料来源：根据中国国家统计局《中国统计年鉴》；日本财务省；OECD网站，http://www.mof.go.jp/english/index.htm（日本1970年的数据缺失），https://data.oecd.org/gga/general-government-spending.htm#indicator-chart。

（三）人口老龄化对社会福利建设提出迫切需求

人口老化以后，社会保障的福利支出不断增加，影响社会福利建设的进度。我国人口老龄化的发展速度快、规模大，对社会福利的需求巨大。如果采用65岁及以上人口占比超过7%为老龄化的衡量指标，日本的老龄化水平比中国早了30多年，日本也恰好是在20世纪70年代进入老龄社会和福利社会。中国在2000年进入了老龄社会，但是并没有进入国际意义上的福利社会。韩国的发展相对于日本比较滞后，我国的人口老龄化速度与韩国几乎同步，但是人均国内生产总值达到10000美元的时间相差了大约20年。人口的年龄结构对社会福利建设的影响很大，随着老龄人口比例的增加，社会福利开支势必增加。但是人口老化又会影响经济增长，我国的社会福利建设到了应对人口老化需要的阶段，而人均收入相对较低也制约着福利建设的选择。这种特殊的人口经济环境也是我国福利建设必须面对的艰巨任务，要求我国采取更实际的方式发展我国的老年福利事业。

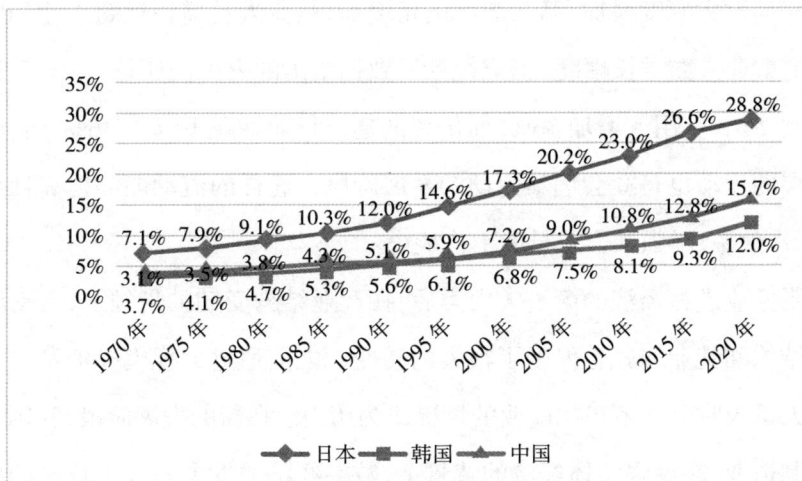

图 5-2　中、日、韩三国老龄化数据比较(65 岁以上)

资料来源：根据 OECD 网站 , https://data.oecd.org/pop/elderly-population.htm#indica-tor-chart；日本统计局；韩国统计局。

(四)产业轻型化、就业弹性化需要灵活的社会福利制度

我国积极参与从 20 世纪 90 年代开始的一轮全球化,2001 年后深度加入了这轮全球化的分工发展过程,充分利用劳动力低成本优势,承接发达国家的劳动密集型制造业,有效破解了我国二元经济的分割困局,同时大幅度提高了经济增长和劳动者的收入水平,实现了第一次大规模的产业人口工业化转移。1978—2014 年,农业劳动力比重从 70.5%大幅下降到 19.1%。[①]目前,我国正在进行产业结构的又一轮调整中,第三产业处于快速发展时期。从 2015 年开始,我国第三产业劳动力占比达到 42.4%,上升为我国的第一大就业门类。2016 年,我国服务业产值已经占到国内生产总值的 51.6%。与此相对应的是,随着我国经济社会结构的快速变化,人们从就业、居住到价值理念、行为方式等方面都呈现出非农化、城镇化、轻型化的发展趋势,工作岗

[①]　See Cai Fang , Guo Zhengwei and Wang Meiyan, New Urbanisation as a Driver of China`s Growth , in Song Li Gang, Ross Garnaut, Cai Fang and Lauren Johnston , eds., *China`s New Sources of Economic Growth* , Vol.1 : Reform, Resources, and Climate Change , Canberra and Beijing : Australian National University Press and Social Sciences Academic Press(China), 2016 , p.33.

位的流动性大幅度增加,第三产业迅猛增长,从业人员增幅远超工业和农业领域的就业人数增长幅度。国家统计局数据给出的突出例证是,2016 年快递行业比 2015 年用人增加 36%,而传统的建筑行业就业下降了 36%。新的工作阶层的流动也是社会创新驱动的发展阶段,这样的流动能够提高社会产出、工作效率,增强社会成员的工作能力。

服务业成为经济的第一大门类后,在产业结构变动的带领下,劳动者的就业结构和就业方式也发生了很大的转变,之前通过大规模投资第二产业进而大量吸收劳动者集中就业的情况成为历史。在新的发展阶段,我国大力发展制造业,在做强实体经济的背景下,数字经济的发展和人工智能的应用减少了制造业的工作岗位,服务业的发展成为经济发展的主要动能,也是吸纳就业的主要方向。政府大力推动的创新和创业也主要集中在服务业部门,力图通过要素使用效率的提升和人力资本的投资,实现经济存量和就业人数的双增长。随着经济活动形式的轻型化,灵活就业成为就业形式的一大趋势。在以服务业为主要就业领域的现代社会,由于产业结构的调整,经济组织的快速变化,人们工作岗位的调整幅度和变动频率也在大幅度的增加,公民个体化的发展方向特别鲜明,个体与集体、组织、家庭的经济关系和经济联系,不像以前那样紧密和固定不变,个体所在的经济组织在不断变化,很难固定在哪个经济组织中。家庭结构的变化也使得成员之间的经济支持逐渐弱化,个体在社会角色和经济角色方面的独立性越来越强,这种方式有利于灵活就业、灵活雇佣,提高了资本条件下的劳动力再商品化的可能性和程度。但是在个体化发展的情况下,在劳动力市场上越独立、越灵活,对劳动力市场的弹性贡献越大,个体就越脆弱,越是摆脱各种单位、组织去创造的个人,越需要得到社会的保护,越离不开集体和国家的基本安全性的福利制度,不管是侧重于机会公平的规制型福利,还是侧重于经济救济的支付型福利。比较图 5-2 和图 5-3 可以看出,服务业从业人员超过 40% 以后,国家社会保险福利支出的费用快速增加。

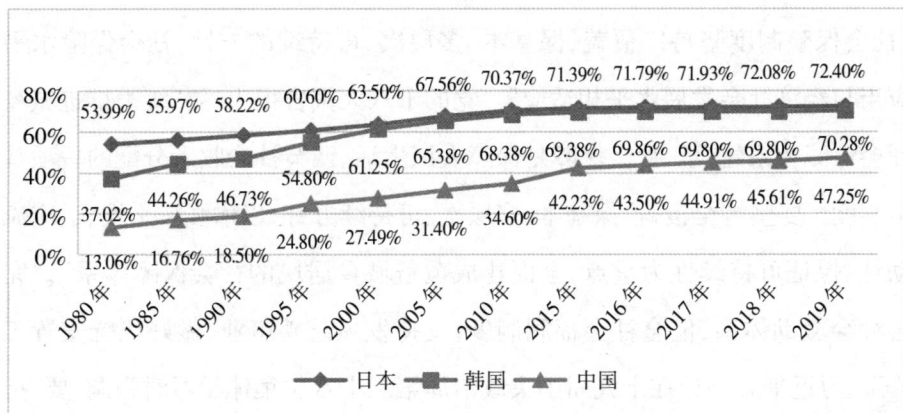

图 5-3　中、日、韩三国第三产业从业人数比重

资料来源：根据世界银行网站，http://data.worldbank.org/indicator/SL.SRV.EMPL.ZS?lo-cations=JP-KR-CN&name_desc=true。

三、新时代人民福利建设目标模式探讨

在讨论相关问题之前，需要明确本书使用的福利的内涵，我们超越了只针对弱势群体进行救助的狭义福利，定位于关注全体国民福利的广义社会福利，包括社会福利制度的建立和相关福利的获得两大方面。具体到我国的实际，社会福利内容包括社会救助福利、社会保险福利、其他社会福利，包括国家公共福利、社区服务、单位集体福利、国际社会捐助等。①其中，我国制度层面规定的社会福利主要分为两部分：一是民政部门主管的不以劳动为条件的社会救助福利体系，二是人力资源和社会保障部门主管的以劳动和缴费为条件的社会保险福利体系。社会救助福利体系针对特殊人群，在我国不同的发展阶段一直存在，救助的对象包括失依老人和儿童、残疾人等，范围较窄，水平偏低。社会保险福利体系主要包括养老保险、医疗保险、失业保险等内容，从 20 世纪 90 年代后期开始陆续建立和改进，种类不断增多，覆盖

---

① 参见钱宁主编：《现代社会福利思想》，高等教育出版社，2008 年，第 3 页。

人群不断扩大。2010 年颁布的《中华人民共和国社会保险法》提出，我国的"社会保险制度坚持广覆盖、保基本、多层次、可持续的方针，社会保险水平应当与经济社会发展水平相适应"。党的十八大报告提出，要"统筹推进城乡社会保障体系建设。社会保障是保障人民生活、调节社会收入分配的一项基本制度。要坚持全覆盖、保基本、多层次、可持续方针，以增强公平性、适应流动性、保证可持续性为重点，全面建成覆盖城乡居民的社会保障体系"，"完善社会救助体系，健全社会福利制度，支持发展慈善事业，做好优抚安置工作"。习近平总书记在十九届中央政治局第二十八次集体学习时强调，要"把更多的人纳入社会保障体系，为人民群众提供更可靠、更充分的保障"，"健全新业态就业人员参加社会保险制度"。"十四五"规划纲要也提出，要健全覆盖全民、统筹城乡、公平统一、可持续的多层次社会保障体系，其中首要目标是覆盖全民。在此基础上，党的二十大报告又增加了建设安全规范社会保障体系的要求。从国家民生大法的表述和党的政策文件的描述中，我们可以基本确定，我国社会福利制度建设目标是基本普惠型，从以前的救济补缺型向常态普惠型发展，同时提出的多层次性是为建设有弹性的社会福利制度预留发展空间。

学术界对我国社会福利建设目标有不同的理解和看法，但统一现有的碎片化制度，实施基本普惠的社会福利制度是主流的观点。针对中国的现实，基于我国改革发展过程中遇到的问题，人们追求社会公平的意愿比较强烈，建立底线公平的社会福利制度顺应了这种价值追求。[①]因为以往中国的社会福利制度建设，无论是从补缺的角度，还是从公平的角度，都不能更好地解释社会福利主要集中在城市，没有扩展到贫困的农村这样一个违背福利伦理的基本事实。底线公平论设定了福利的底线，为解决温饱的生存需

---

① 参见景天魁:《力推进与国情相适应的社会保障制度建设——构建底线公平的福利模式》，《理论前沿》，2007 年第 18 期。

求,发展必需的基础教育,维持健康的公共医疗。在一国的国内生产总值增长到一定高度时,这些基本福利的获得是所有公民应该得到的底线福利。适度普惠型社会福利思想提出,应基于本国或(当地)的经济社会状况,向全体国民提供基本生活主要方面的社会福利。该思想主张冲破原有的民政部门、社保部门之间,以及城乡之间的条块分割,建立大一统的普遍主义的社会福利制度。基本方向没有大的问题,但"适度"普惠的内涵弹性较大,从数量、需求、供给等方面,都不好确定。学者们虽然对普惠的程度有不同意见,对普惠的方式有不同的看法,但是对普惠的价值取向比较认可。[1]还有学者提出增强社会保障制度的弹性,增加流动性,提高应对全球化的竞争力,也是社会福利制度建设必须要考虑的重要问题。[2]

　　总体来看,无论是官方还是学界,主流意见是建立全国统一的、普惠型的社会福利制度,分歧主要在于福利的普惠程度和制度的弹性问题。我国社会救助福利体系覆盖特殊人群,支付水平较低,资金来源比较单一,提升支付水平有一定的难度。社会保险福利体系覆盖人群庞大,主要以劳动缴费为主、政府补助为辅筹资和运行。目前我国的社保缴费处于世界上比较高的国家行列,"五险一金"的企业缴费比例达到31%以上,给企业造成的劳动力成本压力不可忽视;员工个人缴费比例也超过了15%,两边的缴费负担都很重。随着经济增长率的下降,总人口和劳动年龄人口进一步老化,现行的高缴费政策可能难以继续维持下去,为国民提供更好的社会福利的政策目标面临困难。随着国内经济结构的进一步发展变化,全球经济竞争加剧,面临的挑战会愈加严峻,需要以人民为中心进行整体性地考量更具有包容性的福利制度建设。

---

　　[1]　参见王思斌:《我国适度普惠型社会福利制度的构建》,《北京大学学报》(哲学社会科学版),2009 年第 5 期。

　　[2]　参见封进:《持续的养老保险水平——全球化、城市化、老龄化的视角》,中信出版社,2016年,第 8 页。

第二节　人民福利建设内容的整体性架构

人民福利整体性构建从制度维度看是横向制度的全覆盖，纵向制度的有机一体化。横向的制度全面覆盖性重在保障基本福利的统一享有和面向不同收入阶层的公平性，纵向不同层次组合的立体一体化强调效率的提升，拓展更多的福利供应主体加入福利体系的建设中来，满足福利需求的不同层次性，也可以提升福利建设的效率和发展的可持续性，实现更高层次的公平性。

一、人民福利整体性建设的横向一体化

福利的一体化建设和大一统的布局，对于中国这样的大国来说是极其重要的，也是我国建设国内统一大市场、促进以国内大循环为主体的经济发展新格局的需要。上文所述的我国福利建设和社保领域基本问题，在某些地区或时期是独立存在的，在另一些地区或时期则是彼此交织在一起的。尽管各有其具体内容，但它们实际上都是发展的不平衡性和不充分性在社会保障领域的具体表现形式。因此，从根本上说，解决这些问题的关键在于克服社保领域的发展不平衡性、不充分性。为此，首先要坚持以人民为中心的社会保障建设价值取向，贯彻以人民为中心的发展理念，运用整体性思维和系统性方法，从全局视角进行全面改革，推进社会保障体系的结构优化，逐渐消弭社会保障领域的群体区分和阶层阻隔，不断缩小区域之间的巨大差异，建设适应新时代美好生活需要的社会保障体系。

（一）消弭身份差异，建设全民统一的基础性社会福利体系

"大一统"是新时代基础性社会保障制度建设的共识，只有建立覆盖全民的统一的社会保障制度，才能做到让改革发展的成果真正惠及全民。因

此,需要改革现行的由于单位性质不同、户籍差异等造成的社会保障待遇阶层差别,打通群体间的制度分割,改变因此造成的利益严重失衡问题,建立全民统一的基础性社会保障制度。可以预期的实施路径是,不论劳动者的身份、户籍、岗位性质,都纳入全民统一的基本保障体系,享有基本医疗、基本养老的社会保障福利。"现在城市企业人员、公务员和事业单位人员分别建立养老金体系,造成城市内部养老保险制度的分割,未来需要建立一个合理均衡的、可持续发展的养老金制度框架。"①目前,阶层矛盾最集中的反映是如何解决1亿多农民工尚未参加城镇职工基本养老保险的问题。在全国流动就业的农民工的社会保障问题,需要统筹协调城镇职工基本养老保险、城乡居民基本养老保险、城乡低保制度等基本保障系统,革除制度间的"夹心层",把农民工、农村转移人口、城乡贫困人口等全部纳入基本社会保障体系内,在扶贫、养老等方面给予基本的保护。从制度上真正实现扩面筑底,克服收入、社会福利享有等方面的极度不平衡性在社会保障体系内所导致的各种弊端,缓解日益尖锐的不同群体间的阶层矛盾。

横向一体化福利体制建设也是数字经济发展的需要。数字技术的进步正在改变着相关岗位的工作参与和运行方式。在数字平台就业的人员流动性强,社会保障参与缴费的记录和转接的过程比较复杂,对于现阶段的分省区和以工作岗位的性质为重要特征的社会保障体制划分而言,很多数字经济平台人员无法顺畅地加入已有的社会保障体系中,享有对应的福利待遇。以养老保险为例,企业职工基本养老保险是建立在以合同为基础的固定劳动关系下的,或者以户籍地为依据参加居民基本养老保险,但数字经济平台人员都不具有这两种条件,导致参保困难。目前的解决办法是,在基本养老保险全国统筹的基础上,分阶段记录缴费情况,缴费方式和时间也可以更加

① Edited by Donghyun Park, *Pension Systemsin East and Southeast Asia*, Mandaluyong City, Philippines: Asian Development Bank, 2012, pp.6–21.

灵活,开发移动数字终端缴费系统,增强灵活性和可及性。从长期看,要在大力发展普惠共享的国民年金的基础上,淡化年金福利与工作缴费之间的关系,以适应人员的大规模、经常性流动和自由职业者增多的趋势。总之,福利制度一体化的建设和优化必须服从和服务于经济的发展需要,有利于人员流动,促进竞争性效率的提升和工作岗位的增加,激励人们参加劳动,努力工作,这是基本原则,也是制度优化的方向。

(二)打通地区分割,建设全国统筹的基础性社会福利体系

打通地区分割,实现基础性社会保险基金全国统筹。我国经济发展的不平衡性拉大了社会保障领域建设的差距。劳动力流入地区社会保障缴费量大,基金充裕,退休者获得较高的收入,社会比较和谐。在此条件下,这些地区有条件降低所在地企业的社会保障缴费比例,吸引更多的企业建立和发展,实现本地区经济社会发展的良性互动。但对于人口流出地区而言,社保缴费增长缓慢,基金支付压力增大。流出的人口想回到家乡生活,所缴纳的社会保障费很难全额转移到自己的户籍所在地,导致这部分人在工作岗位发生地区间的变化后只能选择退保。在现存制度下,社会保险基金盈余较多地区既不能把流动人员缴费全额转出,也无法进行全国统筹,阻碍了覆盖面的扩展,降低了制度的运行效率。区域制度分割的矛盾在流动人口上表现得非常突出。经济合作与发展组织的报告曾经(2012年)指出,中国的养老金制度、医疗保险制度过于"碎片化",地域和单位性质的分割导致效率低下,必须在更高统筹层面上解决这些问题。①针对目前的问题,更高的统筹层次只能是从国家层面进行解决。要超越地方主义,打破地区壁垒,接通地区间的制度连接,实行基础养老金全国统筹、医保结算全国统筹等制度。这样,就可以防止由于不同地区的制度安排不同造成不平衡不公平问题,方便养老基

---

① Pensions at a Glance Asia/Pacific 2011, OECD, 2012, pp.52–56.

金、医保费用等在省域之间结转,适应经济要素流动发展的大趋势,提高经济社会运行效率。

（三）适应产业变革,建立适应新就业形态劳动者特点的基础性社会福利体系

解决新就业形态的社会保障问题需要根据不同就业群体的特点,分层分类施策,分析相应群体的社保需求特征,提出有针对性的解决办法。新业态就业人员依据他们劳动关系特点可以分为三类, 再按照他们的工作特点和社保需要研究如何在现有的制度框架基础上,打破体制障碍,实现制度的有效衔接。在尽可能低的成本下,接纳新形态就业人员加入保障网络,体现出社保制度的兼容性,以及对新经济形态发展的有效适应能力。同时,数字技术和人工智能的发展催生了越来越多的自由职业者, 社会的文明进步和社会权利的发展都要求把自由职业者纳入社会保障体系中。社会保障制度必须与时俱进,采用先进理念、技术和方法,以适应经济社会的发展变化。目前, 我国新业态就业人员社保正在探索在就业地参加城乡居民基本养老和医疗保险,但参加职工保险还有较大障碍。

以提供社会安全网为重要内容的社会保障体系, 是每个共同体成员维持个人尊严和实现自由发展的重要依托。要在现有经济社会发展水平下,破除单位性质和户籍藩篱的限制,破除阶层利益固化和区域利益分割的矛盾,建立一个人人平等享有的基本社保体系, 给所有社会共同体成员提供无歧视的平等保护,积极推进共同富裕建设目标。把新就业形态劳动者纳入社会保障体系能够增强他们的归属感和心灵慰藉, 提升他们对工业社会和信息化社会的风险应对能力,从经济和情感层面增强国家认同,凝聚中国力量。

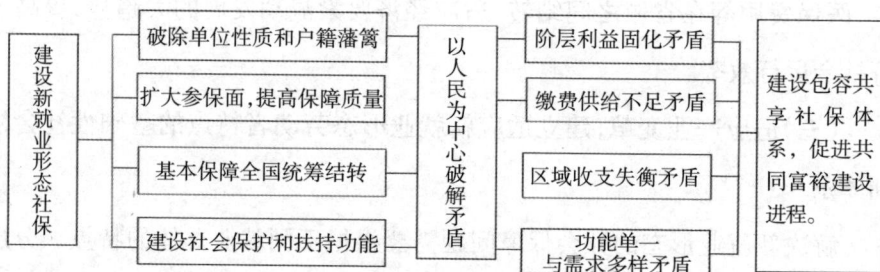

图 5-4 完善新就业形态社保制度促进共同富裕的作用机制

(四)调整制度参数,不断优化基础性社会福利体系运行机制

养老保障制度是现行社会福利制度最重要的组成部分,其中比较突出的代际供养矛盾可以通过调整社会保障制度相关参数等办法加以缓解。首先,延长缴费期限。可以把制度现行的基本养老保险缴费年限由 15 年提高到 20 年,以增加基金积累,应对长寿风险。其次,取消基本养老保险缴费基数的最高和最低数额限制,实行更加灵活的参保缴费政策,让有能力、有意愿的人增加社保缴费。现行缴费工资必须达到上年社会平均工资 60%的下线排除了部分低收入者参保,300%的上线又限制了部分高收入者缴费的积极性,有必要放宽限制增加基金来源。再次,发行养老金债券,弥补制度建立之初留下的资金空缺,应对日益显现的基本养老金隐形债务。最后,设法扩大流动人口的参保面。在全国建立统一制度或者短期内实现社保基金全国统筹的预期下,尽可能吸引进城务工人员、自由职业者等流动人口加入养老保险制度,扩大制度覆盖面,改善参保人员结构,平衡资金供给和支出比例,挖掘潜力解决日益突出的代际供养矛盾。

上文所描述的派生于社保领域主要矛盾的几个问题不是截然分开的,而是彼此之间存在着紧密的联系,因此也不可能通过单一的政策调整得到解决。更何况,这些问题在不同的阶段和不同的地区具有不尽相同的具体内容。显而易见,这些多年积累起来的问题不是哪个地区或部门单独可以应对的,而是需要通过国家的顶层设计,以全国一盘棋的方式予以解决。基于我国社会保障面临的困境,借鉴世界上大国建设社会保障的基本经验,完全有必要把新时代的社会保障体系建设纳入 "中央全面深化改革和国家治理体系现代化的总体设计中"①,从国家的宏观层面和全局着手,全面梳理社会保障制度体系,对各个部分进行统筹协调安排,推进体系的优化和全面整合。由此可以期望的制度体系目标是,首先,形成全国统一的法定基本社会保障制度,打破地区、单位等条块分割,实现社保资金的全国统筹,从根本上解决阶层利益固化、区域发展失衡等矛盾,促进经济社会的协同发展。其次,发展面向全国的多行业覆盖的第二支柱,增加社保体系的弹性。鼓励以企业(职业)年金等个人账户模式建立第二支柱的社保制度,增强人们代内自养能力,降低对法定基本保障制度的依赖,减少代际供养压力。最后,把商业保险从个别试点地区推向全国,利用社会力量加强保障。扩大税收递延型商业个人养老保险、医疗保险的范围,完善制度,加强监管,鼓励人们为自己的将来多一份投资和保障。

二、人民福利整体性建设的纵向多维型

我国社会福利建设的价值理念应该是基本普惠和综合能动性福利,在保障人们最基本需要的前提下,鼓励工作、学习和创造。这是由我国人口庞大的基本国情和社会经济发展阶段决定的。因此,我国社会福利制度建设可以考虑以下四个维度:基本普惠的第一维度、选择性福利的第二维度、规制性福利的第三维度、投资性福利的第四维度。

基本普惠的价值目标是在第一维度实现公民的最基本福利,这一层面的福利建设也是去商品化程度最高的一类福利,不以劳动为唯一条件获得,

---

① 郑功成:《全面理解党的十九大报告与中国特色社会保障体系建设》,《国家行政学院学报》,2017 年第 6 期。

为居民提供基本养老、基本医疗、基础教育等方面的福利,保障最基本的生活、教育和医疗条件。

第二维度是选择性福利。考虑到我国目前的经济发展水平,由国家和社会为公民提供普遍高水平的福利是不现实的,也不利于经济的长远发展和社会进步,但社会各阶层对福利的需求又是不同的。因此,社会保障制度的建设和社会福利水平的设定,需要从多维度、多层次考虑,给有需求的群体以更多的选择。虽然我国在大力发展创新产业,转型发展,通过质量和效率来提升竞争力,但未来较长的时间内,我国经济的竞争力还是依靠劳动力成本比发达国家低的优势,而目前我国的社保缴费处于世界上比较高的国家行列,企业和员工的社会福利缴费水平都比较高。其中部分企业可能以压低员工工资的方式缴费,部分员工也不愿为未来的福利支付如此高比例缴费。可通过福利制度的改革,给人们更多的选择,根据个人需要在不同水平的福利计划间进行转换。在参加基本普惠福利水平的缴费后,部分收入水平比较高的群体,可以选择更高水平的社会福利缴费计划。

第三维度是规制性福利。制度平等、机会公平也是一国福利建设的重要内容,平等的制度为很多努力的人们提供机会,就是一种福利建设。从规则平等促进福利的角度来看,美国的社会性规则积极而全面,例如禁止年龄歧视、男女就业机会平等、残疾人实施平等待遇等,可以说是最发达的规制性福利国家。身份歧视也是阻碍中国普惠型社会福利建设的重要原因,例如呼吁给予农民国民待遇,实质上是一种管理体制的变化,是一种规制性的福利建设。如果我们国家在建设福利体制的过程中,减少对公民户籍、地域、性别、教育等方面的歧视性规定,创造更加公平就业的社会工作环境,让各类人群通过自己的努力工作,通过市场获得工作福利,也是我国福利建设非常重要的一个纬度。

第四维度是积极投资性福利建设。现代社会是一种无法避免失业的风险社会,这种风险是由于人们追求产业的变化而产生的,因此是一种人为的风险。国家的福利制度为了应对这种风险,进行各种风险管理,政策目标是解决个人遇到的所有自我无法实现的基本收入和资源标准的问题,因此它只是一味消极地控制和减少外部风险的发生,而没有考虑到人为风险。这样的后果是经济增长无法跟上福利需求的增长,同时产生了福利依赖和"道德公害"的后果,造成福利制度的异化。积极的福利应当是结合能动性的政治,摆脱把"预后关怀"(precautionary aftercare)当作解决风险的主要手段以及对它的依赖,把目标转到人的自身,提高人的能动性和自主性,提高自我的抗风险能力。"积极福利的目标是人为风险而非外部风险,目的是培养'自发地带有目的的自我'(autotelic self)。"①

表 5-2　多维社会福利的参与者和获得方式

福利类型	目标定位	价值理念	福利来源	享有条件
基本普惠	生存型福利	生存尊严	政府资助、个人缴费	公民资格、个人缴费
选择性福利	宽裕型福利	激励与选择	个人附加缴费	个人附加缴费
规制福利	公平获得工作福利	机会平等	制度保证	公民资格
人力资本投资	自我发展型福利	自立自强	政府、社会投资	公民资格
全面发展福利	个人的全面发展	自我价值提升	政府、社会综合服务	公民资格

　　福利内容的总体性设计安排将是我国人民共建共享福利的重要条件。只有通过总体性设计和系统性安排,才能在经济全球化竞争的大背景下,建设基本保障全面适度、差异化福利竞争性获得、福利供给主体多样互补、福利建设与经济发展良性互动的具有中国特色和新时代特点的可持续福利发展道路。

---

　　①　[英]吉登斯:《超越左与右:激进政治的未来》,李惠斌译,社会科学文献出版社,2000 年,第158 页。

我们需要纵横协调多元力量共济，以多层次的互补性推动基础性社会福利体系可持续性。目前我国社会保障制度的主体是政府主导的单一基本保障，存在着比较大的资金支付风险。早在 2006 年，知名社会保障领域专家马丁·费尔德斯坦提出，中国的待遇确定型现收现付制社会保障正在积累巨额的未筹资债务。①从发展趋势看，这种担忧并非杞人忧天，更不是空穴来风，它正在逐渐变为现实。由于人口年龄结构的变化，我国养老保险的制度内赡养率一直在攀升，放大了保障费用来源单一的制度缺陷，财务支付的不可持续性问题日益凸显，单一的现收现付制运转体系让缴费端的压力越来越大。近几年，经济下行，企业用工成本却不断上升，社保费用的足额征缴越来越难以实现。基于此，必须改革现有社会保障结构过于单一的缺陷，改变目前政府主导的法定基本保障独大的结构；发挥社会组织和市场机制的力量，建设第一、二、三支柱协同发展的社保制度。概言之，要挖掘多种资源，汇集多方力量建设社会保障体系。具体来说：

第一，政府需要从引导提供准公共产品的视角出发，推动建立基金积累型个人账户式年金制度，发展企业和职业年金养老保险。第二，以税收优惠促进个税递延型个人商业补充养老保险的发展，通过制度设计优化代际供养体系，加强代内自养制度建设。第三，最大限度地拓展社会和个人参与社会保障建设的渠道，建设多支柱的社会保障制度，形成由政府、市场、社会分别主导却又有机协同的多层次社会保障体系，同时明晰并确定政府、企业、社会及个人家庭所合理分担的社会保障责任，形成有效的责任分担机制。通过扩大多层次保障资金来源，壮大社会保障的物质基础，改变基本保障制度独木难支的窘境，增强社会保障体系的财务可持续性。全球社会保障发展的趋势表明，"目前世界各国的社会保障体系普遍具有覆盖面扩大、形式多样

---

① See Martin Feldstein & Jeffrey Liebman, Realizing the Potential of China's Social Security Pension System, *Published in China Economic Times*, February 24, 2006, p.12.

化和多支柱等特点，这是经济全球化条件下就业形式多样化和社会责任主体多元化的必然产物"①。

　　针对部分就业人群流动性强的特点，一是试点建立名义账户制社保管理模式，分阶段记录流动就业人员缴费参保情况，容许更加灵活的缴费方式和时间，综合反映劳动者在全国范围内各个地方、各个工作时段的参保情况。二是做大个人账户的比重。长期看，要在发展普惠共享的国民年金的基础上，做大灵活性高、权责明确的个人账户，以适应人员的大规模、经常性流动和自由职业者增多的趋势。三是开发社保办理移动平台。充分利用大数据、云计算等技术，开发移动数字终端缴费系统，增强社会保障办理的灵活性和可及性。总之，社保制度的建设和优化必须服从和服务于经济的发展需要，有利于人员流动，促进竞争性效率的提升和工作岗位的增加，激励劳动者的积极性和创造性，这是制度创新和优化的基本方向。

　　总之，只有在国家层面做到社会福利体系定位科学、功能明确，对政府责任、社会责任、家庭责任和个人责任进行多层次的分类界定和统筹定位，才能解决现有体系的各种矛盾和问题。为此，就必须建设一个中央统筹协调、覆盖全民、自由转接、统一高效、体系多层、适应流动性、具有可持续性的社会福利体系，在实现社会福利体系的新时代优化重塑的同时，推动我国进入全面建设现代化社会的新征程。

三、立足当前的基础普惠性福利供给

　　福利建设和获得可以是制度性的、长远的，也可以是具体的、当下的。在福利整体性构建的过程中，要非常重视人民当前的基本的合理的生活诉求，并给予积极的解决，让人民的所得与国家的经济社会快速发展获得的成果

---

　　① 周弘：《国际金融危机后世界社会保障发展趋势》，《中国人民大学学报》，2015 年第 3 期。

相匹配,获得能够体现出社会的进步在人民生活层面的反映。不能总是以非常宏大的目标代替当下人民的需要,也不能以我国仍然是发展中国家为借口,把对人民福利建设应负的责任推迟到未来,而忽视当下应该的福利所得,那样口惠而实不至的行为是对人民的不忠诚,也是不可取的。

当前,需要尽快解决的基础性普惠性福利建设,都是我国长期以来应该完成而没有完成的人民福利历史欠账,例如教育经费的历史欠账、医疗服务的过分市场化、明目张胆地污染环境侵害人民健康等问题,应该很好地反思并积极补上这些短板。需要指出的是,这里涉及的几个问题,后面章节里还会讨论,但角度和立意会有较大的差别,这里主要讲的是历史欠账性的福利建设当前要解决的几个问题,后面讨论到相关主题时,将会更多地从制度建设、长远规划等方面展开,把相同的主题放在不同的层面去分析,以期不要有重复论述的感知。

(一)解决教育不公等突出问题,缓解人民的焦虑

我国把教育事业作为现代化建设的优先选项,也是人民福利建设的优先选项。为了让人民尽快公平获得这一十分重要的福利,当前必须要解决教育领域突出的几个问题,特别是要坚决遏制教育领域尤其是基础教育资本化、贵族化操作,超前教育、过度教育的问题,还教育以公平性和普惠性的本来特征。加大国家的投入,从软件和硬件方面建设更多的"家门口"的好学校,让孩子们便利地在家附近就读优质的初中和小学,化解人们对教育不公的焦虑和基础教育过于激烈竞争的人为制造的压力。

首先,把推进教育公平作为重要抓手。教育公平是老百姓最关心、最有切身感受的民生福利问题。近年来,我国对教育公平的改善得到了前所未有的重视和发展,教育规模不断扩大,教育投入也大幅度增加,教育结构体制进一步优化,这些都为解决教育不公平问题提供了更为强大的力量。站在全面建成小康社会的紧要关头,习近平总书记始终强调"教育扶贫""教育公平"的重要性，要让贫困地区的孩子们也接受良好的教育。针对教育的短板——西部地区、农村地区、老少边穷地区中小学教育问题，党中央打出一套"组合拳"，加大财政支持力度改善义务教育薄弱学校的办学条件，资助贫困学生改善伙食，健全教育资助制度和助学体系，加强农村地区和贫困地区的师资建设，推进优质教育资源更加公平配置。近几年来，覆盖各级各类教育的家庭经济困难学生资助体系全面形成，教育公平取得了实实在在的成效，教育公平的网越编越密，人们看到了普惠性优质教育距离我们越来越近的现实成效。

其次，大力提高教育质量。由于我国面临人口基数大、地域辽阔等基本国情，我们正在办着世界上最大规模的教育，教育改革也逐步向"深水区"推进。党的十八大以来，党中央坚持以人民的需求为重点，增加教育财政投入，大力提高教育的质量与水平。2012年，我国财政性教育经费支出占当年国内生产总值比例首次超过4%，突破2万亿元，并且连续7年保持在4%以上，2019年国家财政性教育经费达到3.6万亿元。我国教育正从"有学上"到"上好学"转变，进入以"以提高质量和效益为核心"的内涵发展的新阶段，坚持以"立德树人"为教育的根本导向，为党育人，为国家发展培育人才。大力提高教师的素质水平，努力培育适应社会需要的人才，健全以教育质量为导向的工作机制。通过这些举措，我国教育质量得到了稳步提升，特别是义务教育的均衡化发展和质量的普遍提高，使得很多家庭减轻了教育投入的经济负担，实现了孩子在家门口就有学上，避免了"择校热"等问题对人民的持续困扰以及由此造成的焦虑。

最后，优化教育供给侧。发展和提升的脚步永不停歇，习近平总书记说："保障和改善民生没有终点，只有连续不断的新起点。"[1]进入新时代以后，人

---

① 《习近平谈治国理政》(第二卷)，外文出版社，2017年，第362页。

民对于教育的需求也有了多层次和多样化的发展，所以要在原有保证公平和质量的基础上回应人民的期待，就要提供"高质量""可选择""个性化"的教育产品供给。在均衡化地提高基础教育水平的基础上，不断扩大高中教育的规模，增加特色高中，为学生提供更多的选择来展示自己学习能力的机会。大力发展高等教育，制定"双一流"实施办法，加快世界一流大学和一流学科的建设。出台了一些职业教育发展扶持政策，加强校企之间的联系。建立网络教育试点，开发网络课程，为偏远地区提供教育资源，扩大了优质资源的共享，培养更多的青年人才。

总之，党的十八大以来，以习近平同志为核心的党中央，就教育的发展提出了一系列的新思想新观念，全国上下对教育是党之大计、国之大计的认识愈加到位，贯彻落实更为全面、更加符合人民的要求，不断深化教育改革与创新，扎根中国大地，坚持以人民为中心发展教育，人民从教育中的获得感也不断增强，"办好人民满意的教育"目标正在不断实现。

(二)降低税费、提供补贴,增加人民当期福利

新冠肺炎疫情流行的几年来，我国经济虽然顽强地实现了增长，但是不可否认的是，许多人的营生业务和生活受到很大的影响，大量中小企业和个体户要么消失，要么非常艰难地维持着生存，这类市场主体吸纳了大量的市场就业，是很多人的收入来源，也是劳动者通过市场积极劳动实现自我价值的体现。从国家宏观视角考虑，在疫情冲击持续不断、经济非常困难的情况下，挽救市场主体让其存活和发展下去是非常必要的政策选择，是疫情后进一步发展的基础。同时也应该考虑直接给失业人群和众多受疫情影响收入中断的低收入人群发放消费券、困难津贴等直接福利，帮助他们渡过难关。这些举措也有利于启动消费，增加经济发展后劲，提升经济循环的质量，增强经济内生动力和可持续发展的能力。

从 2020 年以来，对众多实体经济实施的税费优惠措施，是我国保市场

主体支持实体经济发展的重要举措,根本目的就是要保住经济发展的基础,以经济建设带动收入水平的提升。面对复杂严峻的经济环境,党中央提出一系列重要举措,坚定不移地推进供给侧结构性改革,实施组合政策,加快财税体制改革,落实各项减税降费政策,引导社会资金更多投向实体经济,实施创新驱动发展战略,促进非公有制经济健康发展。这一系列政策工具在保障我国经济稳定增长、转变经济发展方式、调整产业结构等方面都取得了重要的突破,进一步将我国经济发展这个蛋糕做得更大,物质基础更加丰厚,通过市场经济的发展创造更多的经济福利,保住和创造出更多的工作岗位,进而推动居民收入增长和福利水平的提升。

给困难群体发放津贴增加他们的收入,也是缩小收入差距、增加福利的重要手段。目前,我国城乡居民收入分布总体呈金字塔型,金字塔底端占总人口的绝大多数部分为低收入和中低收入群体,中等收入群体和高收入群体所占的比例逐渐递减。金字塔结构和理想型中间大、两边小的橄榄型格局差距较大。如果金字塔格局长久保持下去,则会使人民幸福感降低,社会矛盾激化。对此,党中央明确提出要增加低收入者收入、扩大中等收入者比重,把向橄榄型分配格局调整作为目标,让更多的人享有经济社会发展的成果。全面建成小康社会的目标实现后,推动居民收入和经济同步增长是高质量发展的重要内涵,如果做不到让人民共享经济发展成果,走社会主义道路、以人民为中心的基本价值就成为空话。要不断优化收入分配关系,完善工资制度和分配方式,优化增收环境,促进农民增收,中等收入群体不断增加,成为改善收入分配结构的重要力量,有效地增强劳动群众主体的获得感。

收入分配差距较大是我国发展目前存在的重要问题,缩小收入分配差距关系着是否让每个人都感受到改革开放带来的红利,体验到国家发展带来的幸福感。改革开放以来,我国经济得到迅速发展,国内生产总值总量跃居世界第二位,人民生活水平不断提高,但收入分配、收入差距较大等问题依然突出。所以在当前国内外形势下,缩小收入分配差距具有紧迫性。造成收入差距扩大的原因是多样的,在一定程度上是经济发展的结果,也与一些不合理的制度、法律、政策相关。复杂的收入差距成因增加了收入分配制度改革的复杂性。为此,党的十八大以来,习近平总书记高度重视收入分配改革,并将缩小收入分配差距作为全面深化改革和全面建成小康社会的重点。党的十八届三中全会、十八届五中全会和十九大等重要会议也针对不同收入分配问题和成因,提出了多项收入分配改革措施,"着重保护劳动所得,努力实现劳动报酬增长和劳动生产率提高同步,提高劳动报酬在初次分配中所占比重。健全工资决定和正常增长机制,完善最低工资和工资支付保障制度,完善企业工资集体协商制度"[①]。健全按劳分配制度、完善按要素分配的体制机制、完善税收、社会保障等再分配调节机制,规范收入分配秩序,使得收入差距扩大的趋势得到了遏制。长期看,收入分配制度建设是制度性福利建设的重要内容,本节关于着眼长远的发展型福利建设的内容部分,还会从制度效能的视角讨论相关问题。但临时性的降低税费提供补贴不能解决根本问题。

(三)保就业、保民生、保人民当下的福利

就业是最大的民生福利,也是人民创造福利的最主要方式。就业问题对世界上任何一个国家和社会来说都是头等大事,它是关系家家户户生活质量的重要问题,只有解决好就业问题,才能实现社会的长治久安,保障人民的安居乐业。就业这个问题解决不好,就会滋生许多不稳定因素。长期以来,解决好就业问题就成为中央政府和各级地方政府需要解决的头号民心工程。习近平总书记在党的十九大报告中指出,要坚持就业优先战略和积极就业政策。党的二十大报告强调,要强化就业优先政策,健全就业促进机制,实

---

① 《十八大以来重要文献选编》(上),中央文献出版社,2014年,第537页。

现更高质量和更充分就业。党的报告为我国做好就业这项最大民生工作指明了方向。

发展经济促进充分就业,是解决最大民生建设的福利工程。党的十八大以来,我国经济进入新常态,经济发展增速换挡,经济结构发生了转变。随之而来的,就业结构也因此发生了一些变化,出现了一些新的问题,比如说新增岗位数量减少,就业形势严峻,就业难度加大等。解决就业问题,补齐就业这个民生短板就要依靠我国经济的持续不断发展进步,经济发展是就业的基础和根本保障,保发展、保增长才能保证就业。2013 年 5 月 14 日,习近平总书记在天津考察时强调:"就业是民生之本,解决就业问题根本要靠发展"[1],"就业是民生之本,也是世界性难题,要从全局高度重视就业问题。没有一定增长不足以支撑就业,解决就业问题,根本要靠发展,把经济发展蛋糕做大,把就业蛋糕做大"[2]。抓好发展,才能创造更多就业岗位。2020 年以来,受到新冠肺炎疫情的影响,我国多个行业的发展出现困难,部分群众的民生受到很大的影响,我国实施了更加积极的就业政策,增创更多的就业岗位,鼓励大学生以创业带动就业,拓宽就业渠道。加大对初创型公司、初创型项目的政策扶助,如场地租借、税费减免、帮助融资等扶持政策。此外,针对围绕高校毕业生、困难企业职工等就业困难群体实施一系列的就业技能培训,最大可能地解民生无业之忧。

改善环境促进高质量就业。就业要实现保障最大民生的目标,必须实现高质量的就业带动才能为劳动者带来更高的收益。促进高质量就业也将是我国未来推动就业工作发展的重中之重。进入新时代,人们追求幸福美好生活的标准之一就是就业质量的不断提高,以及与之相对应的就业收入的增

①② 《习近平在天津考察时强调:稳中求进推动经济发展,持续努力保障改善民生》,《人民日报》,2013 年 5 月 16 日。

加。对于大部分人来说,就业领域的主要问题在于能否找到好工作,而不是简单地有一份工作,党中央一直非常重视实现高质量就业的民生福利效应,把它与我国未来增长方式的改变相结合,体现出我国就业政策的高瞻远瞩,是一种实事求是、与时俱进的选择,是实现包容性增长、全面建成小康社会必然的内在的要求。

为使人民能够高质量就业,不断提升获得感、安全感,我国贯彻落实"创新、协调、绿色、开放、共享"的新发展理念,积极改善劳动者的就业环境,把促进高质量就业作为经济社会发展的重要目标。坚持改善产业结构,培育创新驱动产业,使得产业向中高端提升,在发展过程中优化就业结构,提高劳动者的收入水平和社会保障水平。针对我国最大的两个就业群体——大学生与进城务工人员,政府采取了多项措施,专项推进他们实现就业。成立了各类创业基金,引导大学生改变就业观念,利用所学专业知识,通过创业扩大就业,同时做好各种人才的服务保障工作。对于进城务工人员,要提供更加完善的公共就业服务,在比较公平的公共服务均等化的条件下,让他们可以自主选择就业项目,开展更加灵活的人才和工作自由转换机制。进一步以专项工作优化人才流动的体制机制,创造良好的大环境,让流动人口没有子女上学、医疗服务制约等方面的后顾之忧,实现自由流动下的高效率配置,创造更多的价值,分享更多的福利。

(四)解决看病难、看病贵问题,为人民提供健康福利

看病难、看病贵是近年来困扰人民生活与国家发展的一大难题。医疗资源的供给不足与人民增长的医疗需求之间的矛盾,医疗卫生服务需求的多样性与供给的单一性之间的矛盾始终得不到较好解决。老百姓怕得病,承担不了高额的医疗费用,偏远农村地区人民看大病难等问题始终存在。加之我国是一个有着十几亿人口的超级人口大国,每个人都面临着医疗和健康的保健问题。医疗问题关系人民健康的切身福利,医疗服务问题解决的好不

好,关系百姓能否有对民生福利改善最直接最切身的体验。可以说随着社会的发展,人们对生活健康也就有了更高的期盼,没有人民身体的健康,就没有全面的小康。党的十八大以来,党中央高度重视人民的健康卫生状况,加大了对于医疗卫生事业的投入,不断健全医疗人才的培养制度,完善医疗设施,成功开启了新一轮的医疗改革,使得老百姓看病难、看病贵等民生问题得到了不同程度的缓解。

2016年10月,中共中央、国务院印发了《"健康中国2030"规划纲要》,对当前和今后一个时期更好保障人民健康作出了制度性安排。习近平总书记在党的十九大报告中也提出要实施健康中国战略。党的二十大报告强调人民健康是民族昌盛和国家强盛的重要标志。要加快推进健康中国建设,完善国民健康政策,为人民群众提供全方位全周期的健康服务,并对"健康中国"作出了全方位的部署,明确要求"解决影响人民群众健康的环境问题","为老年人提供连续的健康管理服务和医疗服务"。除此以外,我国深化医疗体制的改革, 根据我国国情建立具有中国特色的基本医疗卫生制度和医疗服务体系,大力加强了县级公立医院的建设和医疗资源的配置,加强医生队伍的建设,基层的医院硬件设备和诊疗服务水平有了较大的提升,逐步建立和完善分级诊疗和转诊制度,优化医疗资源的合理配置,通过构建覆盖城乡居民的基本医疗制度与多层次的社会保险制度, 努力破解信息不对称给人民就医带来的困扰,引导人民合理使用医疗资源。通过医保药品目录建设和药品带量采购制度,破除以药养医,大幅降低看病成本,让老百姓能够公平地享受国家提供的基础性医疗服务,在医疗方面的综合福利水平有较大的提高。

医疗福利建设的实践证明,民生无小事,一枝一叶总关情。医疗改革涉及相关部门工作的方方面面,只有医疗卫生服务改革不断优化,医疗保险制度建设等多方面一起联合运动、协同推进、形成合力,才能够全方位、全周期地保证人民健康,共建共享健康中国。

(五)持续开展污染防治,保护人民基础性健康环境

近 20 年来,我国处于工业化高速发展的时期,制造业规模增长迅速并于 2010 年左右成为世界第一,在创造巨大产值的同时,能源消耗巨大。由于我国的能源结构中煤炭占比较高,碳排放量很大,2013—2015 年空气污染达到比较严重的地步,直接影响我国人民的正常生活。随后几年高强度的治理起到了明显的成效,但是与人民期望的清洁美丽环境还有较大的差距。生态环境是关系民生福利的重大根本问题,与人民当下生活的幸福指数密切相关。良好的生态环境本就是最公平的公共产品和最普惠的民生福祉,良好的生态最终也是不可替代的可持续生产力和宝贵的财富。绿水青山是我们珍贵的自然要素,也是生产必不可少的载体,更是人民生活必然的基本依存。如果破坏了绿水青山,毁灭了生态环境,就失去了经济发展的基本条件,失去了金山银山赖以存在的根基,也就失去了建设人民福利的基本依存。这样的认识是我们之前的深刻教训换来的。新时代理论认识的突破不仅促使我国转变经济增长方式,还从生命共同体的视角思考人民的福利建设与生态环境的密切关系,也以更加开阔的视野思考社会发展到生态文明的新形态的愿景。反思之前追求经济快速发展粗放增长的道路,其实就是在用"绿水青山"换取"金山银山",虽然短期内经济增长了,但随之而来的是一系列的资源短缺、环境污染、生态破坏十分严重等问题。进入 21 世纪的第二个 10 年,我们逐步认识到,没有"绿水青山",不但"金山银山"不可得,而且人民的基本福利建设和享有都失去了基本的依存,是福利建设的基本前提丧失。为此,习近平总书记强调:"环境就是民生,青山就是美丽,蓝天也是幸福,绿水青山就是金山银山。"[1]党中央将生态环境质量总体改善列入全面建成小康社会的主要目标,以保障生态福利的建设惠及人民的生活。

---

[1] 《习近平在省部级主要领导干部学习贯彻党的十八届五中全会精神专题研讨班上的讲话》,《人民日报》,2016 年 5 月 10 日。

　　人与自然和谐共生是生态文明的基本内涵。绿色发展首先需要改变的理念,就是要处理好人与自然的关系问题。人与自然的关系,一方面,人是自然演化的产物,人在自然中获取生活所需要的生产生活资料,依赖于自然环境生活、繁衍;另一方面,人对自然环境的利用,不能超过一定的范围,如果超过生态环境的负荷,就会受到大自然的惩罚。所以要维护生态系统平衡、促进人与自然和谐,这是人类付出巨大代价后得出的科学结论,也是人类认识史和生产实践史上的一次重大飞跃。

　　中国共产党在带领全国人民建设社会主义的实践中,也不断深化着对人与自然关系的认识。党的十八大以来,以习近平同志为核心的党中央在总结实践的经验教训的基础上提出了绿色发展的理念,我们要从"改变自然,征服自然"变为"尊重自然,顺应自然"。习近平总书记在系列讲话中指出:"良好的生态环境是人和社会持续发展的根本基础。"[①]新时代推进生态文明建设,必须坚持人与自然和谐共生的原则,通过坚持节约优先、保护优先、自然恢复为主的方针,让自然生态美景永驻人间,还自然以宁静、和谐、美丽。在这一理念的指导下,我国不断加强产业结构的优化升级,建设人类宜居的优美城市,大力开展美丽乡村建设,全社会共同行动,不断形成人与自然和谐发展的格局与氛围。

　　绿色发展、循环发展、低碳发展。我国地大物博,但是由于人口数量众多,我国的人均资源占有量实际上是远低于世界平均水平的。并且在改革开放以来的这几十年,为换取经济超高速发展,我们实际上走的是先污染、后治理的方式,在一些领域无节制的消耗资源、破坏环境,导致能源与生态问题越来越突出。所以,实行"绿色发展、循环发展、低碳发展"是推定生态文明建设必行的途径和方式。绿色发展广义上讲包括循环和低碳发展,在生产发

---

　　① 中共中央宣传部:《习近平总书记系列重要讲话读本》,学习出版社、人民出版社,2014年,第128页。

展中注重污染治理、节约资源、爱护环境,转变经济发展方式,从整体上全过程的治理,在源头、过程和终端三管齐下,推动产业升级,发展高效生态农业建设,培育绿色生活方式,最终推动美丽中国建设。良好的生态环境逐步惠及人民生活,让人民在生态福利的基础性条件上建设美好生活。

(六)做好各项养老服务,保护老年人的基本生活

我国总体上已经进入中度老龄化阶段,部分地区已经进入重度老龄化阶段。全国65岁以上的人口有2.0987亿,占全国人口的14.9%。如此庞大的老年人口数量的养老及其服务问题,是当下必须面对和解决的重要民生工作,也对我国民生和社会福利建设提出现实的考验。老年人的养老服务等福利建设成为我国当前人民福利建设最为重要的一个方面,下面以我们2019年在上海长白社区开展的一项社会调查来说明这一问题。

这次调研通过对500名老人的问卷调查及访谈,还以分类分层的方式分别对居家养老、社区养老、机构养老的老年人进行养老的需求调研,并就三种养老模式下老年人不同的需求提出相应的改进措施。调查对象中女性占了43.98%,男性占了56.02%,男女比例比较均衡。年龄结构如下,60岁以下的占24.7%,60~69岁的占36.14%,70~79岁的占16.87%,80岁以上的占22.29%,可以看出不同年龄阶段的老人均有涉及,年龄分布相对合理。同时,60岁以下的老人占到了24.7%,比例较大,但这一阶段的老人还相对处于刚退休或者未退休的年纪,对养老的需求还比较模糊。其中主要的调查对象的年龄处于了60~79岁的阶段,占到了53.01%,符合预期。调查显示,在养老模式方面,在接受调查的老人中,80%的老人选择居家养老;其次是机构养老,包括公办和民办两种,两者比例达12.65%,其中公办机构养老为7.23%,民办机构养老达5.42%;最少的是社区养老,比例为7.83%。

在调查养老意向时,仅有不到1/4的老年人做好了去养老机构的打算,大部分老年人并没有选择机构养老的意愿。其中,有55%的老人对养老机构

的收费和自己的养老金不能满足养老院的花费表示担忧，其次还有老年人表示养老机构供不应求，并非对养老机构服务不满意。关于社区养老，接近60%的老人不了解社区养老的运作模式，不知道社区能为自己提供什么服务；有30%的老人表示对社区养老模式了解且看着服务还行。以上数据说明社区养老还未全面推行，养老模式及其服务方式、内容宣传还不到位。

在被调查的老年人群体中，选择居家养老模式的老年人所占比例最多。这和上海推行"9073"养老模式的格局一致，因此关注选择居家养老模式老年人的需求值得重视。居家养老模式中老年人的实际需求，主要包括日常生活服务需求、医疗需求等。

在生活服务类需求中，楼内安全行动设施的改善是老年人现在最迫切的需求，老人对楼内安全、行动设施的改善需求比例高达61%。这些老人反映自己依然住在没有电梯的老楼内（6层楼以下），并且以目前的经济状况，买不起有电梯的较高级的小区。老年人如果住在较高的楼层，上下楼梯不方便，但同时又有下楼休闲娱乐的需求，因此需要在政府的支持下在楼内加装电梯等公共设施，方便老人出行。

老年人生活类的其他需求比我们预期的要低一些，且老年人的身体健康状况和经济条件是影响他们选择生活类服务需求的最重要的两大因素。一般来说，生活基本能自理的老年人不会选择由外人或者机构提供生活护理、家政服务、送餐和代办等各种生活服务。老年人选择自己做家务，而不选择家政服务。一是基于自己能够力所能及，不想去麻烦别人；二是家政服务需要收取一定的费用，老年人或觉得收费高，或出于省钱的意愿，不需要家政服务。

在送餐服务方面，老年人普遍认为只要自己可以自理，就不需要外面的送餐服务。一是送餐机构的饭菜不符合自己的口味和意愿，二是自己做的餐食更加卫生，三是送餐机构的餐食在数量和质量上并不叫人满意，因此在力所能及的情况下，不选择送餐服务。这几年由于疫情的原因，这项服务基本就停止了。

关于生活护理方面的需求，接近60%的老人对此没有需求，28.92%的老人对此有需求，主要原因是基于自己的身体状况不是很好，需要人员在生活护理方面的帮助。老年人的医疗服务需求是养老服务中最大的部分。高龄老年人对医养结合的护理方式有比较大的需求。

据调查数据显示，老人最需要的三种医疗服务是定期体检、医院预约、紧急呼叫。有69.70%的老年人最需要的就是定期体检，以便能够及时了解自己的身体状况，既能防患于未然，还可节省一笔治疗大病的费用。但在深入访谈时，老年人反映平时体检费用高，且存在医生过度治疗，以及开药多、开药贵的情况，对老人造成了不必要的经济负担。

紧急呼叫也是老年人需求的一项医疗服务，比例达48.48%。因为老年人最容易出现突发性疾病，他们也非常担心发病时身边没有人照顾，不能及时得到救治。在访谈中，当被问道"在未来生活中您最担心的事情是什么"时，近一半的老人谈到自己最怕突发疾病，身边又没有人照顾或者帮忙拨打120急救热线，耽误病情，错失最佳治疗时机。老人的担心不无道理，他们的担心主要来源于两个方面：一是自己的身体状况不佳，二是心理上缺乏安全感。身体状况可以通过医疗救治来改善，但是安全感需要周边的人给予。

我们需要继续探索"医养结合"的模式。首先，建立健康云平台，远程服务接通社区医院。家里需准备定位急救呼叫设备，在老人突发疾病时不错过最佳救助时机。其次，社区卫生服务中心设立"医养结合家园"。依托家庭医生医护团队，为养老机构提供医疗健康管理服务工作。最后，几个小区附近就建一个医院，利用医疗机构与小区邻近的空间布局优势，实现"小病就近治疗"的目标，逐步实现"老有所养、老有所医"。

政府为需要生活服务的老年人购买社会服务。政府出部分资金为老年人购买社会服务，具体而言是按照年龄和身体状况分类提供不同的服务项目，而不以经济条件作为分类标准。对于年龄在 60~80 岁之间的老人，生活能够自理的，提供一般服务，生活不能自理的少数人，提供护理性服务。调查显示，大部分老人最需要的生活服务是安全检修、家政服务、专家咨询等服务。因此，可对服务实行分类提供，对于那些完全需要别人照顾的老人，应该提供生活护理、送餐、理发等专业的服务。对于生活能够自理的普通老人，则提供安全检修、家政服务、专家咨询等服务。对于 85 岁以上的老人提供全面的居家养老服务。现在安全检修和家政服务的社会服务已经很发达，我们没有必要建立自己的服务机构，可以通过招标方式，聘用社会上的专业机构来提供，由社区统一结算费用。每年进行考核，由居民对这些机构的服务进行评分，以评分来决定来年是否继续聘用。

医院为老年人开设绿色通道。在访谈中，老年人表示害怕去医院，因为小病都需要排很久的队，时间和精力都花在了挂号、排队、找科室上。有 51.52% 的老人希望医院可以提供预约服务，以便解决他们看病时排队时间长、等待时间久、在几个科室和窗口来回跑等顾虑。医院应为一定岁数的老年人开设绿色通道，让老人看病更佳便捷轻松。

在养老问题上，让更多优秀的机构和人才进入医疗服务和养老领域，老人不仅能够实现老有所养，还能够提升养老的品质，发展老年经济，实现老年经济的自我循环。在促进就业方面，不仅为失业人员提供岗位选择，还向他们提供再就业的技能培训、心理辅导等，促进其工作水平的提升，并鼓励他们积极创业，拓宽就业的思路。此外，还培育了一些更加专业化、职业化的社会工作者，成立专门性的机构，使得社会保障的独特作用得到更好的发挥，使社会保障从"从无到有"不断转变为"从有到好"。老有所养、病有所医……这些都是人民群众朴素又真实的愿望，也是社会养老福利保障不断努力提升的方向。

(七)加强各项社会救助帮助人民渡过难关

社会救助是一项保障基本民生福利的制度安排,与群众特别是困难群众基本生活息息相关,人民获得福利的资格不以参加社会保障的缴费为条件,而是以某一方面的原因陷入生活的困境获得救助。党的十八大以来,我国社会救助福利事业实现令人惊喜的快速发展,形成以最低生活保障、特困人员供养、受灾人员救助、医疗救助、教育救助、住房救助、就业救助、临时救助等社会救助制度为主体,以社会力量参与为补充的比较完善的社会救助体系,真正有效地发挥了保民生、托底线、促公平的重要作用。在全面开启社会主义现代化建设的新征程,积极推进中国特色鲜明的社会救助体系建设,有利于当前民生基础福利建设的不断丰富和发展完善,也有利于适应社会主要矛盾变化,推动社会救助高质量发展。换言之,社会救助需要适应我国社会主要矛盾的发展变化,在努力实现自身高质量发展的前提下,不断增强困难群众的获得感、幸福感、安全感,让我国的高质量发展名副其实地展现在社会救助领域。

党的十九大报告提出,在幼有所育、学有所教、劳有所得、病有所医、老有所养、住有所居、弱有所扶上不断取得新进展。党的二十大报告强调,要健全分层分类的社会救助体系。随着城乡绝对贫困人口的逐步减少乃至消除,"弱有所扶"将涵盖社会中各类生活困难的群众。坚持弱有所扶,将进一步提升我国社会救助体系综合救助的能力和效果。在弱有所扶上不断取得新进展,需要构建多元化的社会救助主体格局。在坚持党的领导、强化政府主导作用的同时,充分调动政府部门、企事业单位、社会组织和社区、家庭、个人等各方面的救助力量,有效整合各系统各部门的人力、物力、资金、信息、设施等资源。在弱有所扶上不断取得新进展,需要采用复合式的救助手段。单一的现金或实物救助,无法满足救助对象多样化的救助需求,无法对贫困家庭采取有针对性的帮扶措施。通过政府购买服务,将社会救助服务委托给社会组织、专业社会机构和竞争性市场主体来承担，同时鼓励专业社会工作者、志愿者积极参与社会救助，能进一步拓展社会救助服务的内涵，促进传统的单一现金或实物救助向物质保障、生活照料、精神慰藉、心理疏导、能力提升和社会融入相结合的复合式救助转变。通过非物质救助形式实现社会救助方式的多样化、组合化、专业化和个性化，最大程度地发挥社会救助的综合效应，这是我国社会救助体系发展的新亮点。

社会救助需要坚持分层分类和城乡统筹。坚持分层分类和城乡统筹，是新时代我国社会救助体系的一个鲜明特征。在总结我国社会救助经验的基础上，2014年2月国务院颁布的《社会救助暂行办法》，区分了社会救助项目层次。其中，包括最低生活保障、特困人员供养的基本生活救助主要解决基本生活问题；包括医疗救助、住房救助、教育救助、就业救助等的专项社会救助主要解决相关专门问题；包括受灾人员救助、临时救助的急难社会救助主要解决突发问题；以社会力量参与为补充，主要解决个性化突出问题。2020年8月，中共中央办公厅、国务院办公厅印发了《关于改革完善社会救助制度的意见》，强化了分类救助管理，针对不同类型的困难家庭和人员提供有针对性的、差异化的救助帮扶。围绕绝对贫困、相对贫困、急难情形建立分类的梯度救助体系，实现了社会救助重点从低保群体向低收入群体的扩展，实现了社会救助体系的调整和升级。总之，健全分层分类社会救助体系，适应了我国困难群众需求的新变化，积极回应了困难群众帮扶需要的多样性，扩大了救助范围，织就了更加密实的民生保障网，让兜底更精准、更有力。

社会救助要更加关注农村的需要。长期以来，农村社会救助是我国社会救助体系建设的短板。从城乡二元的社会救助体系向统筹城乡的社会救助体系发展，是补齐民生短板、实现城乡基本公共服务均等化的必然要求。近年来，社会救助城乡统筹发展速度全面加快，不仅结束了社会救助体系的城乡二元状态，而且合理制定城乡社会救助标准，逐步提高农村社会救助标准,尤其在部分经济发达地区率先实现了社会救助城乡一体化,城乡社会救助政策和社会救助标准逐步统一。

完善的社会救助是落实以人民为中心发展思想的重要载体。习近平总书记指出:"要坚持以人民为中心的发展思想,扎实做好保障和改善民生工作,实实在在帮助群众解决实际困难,兜住民生底线。"①新中国成立以来,正是因为始终坚持以人民为中心的发展思想,我国社会救助从点到面、从小到大快速发展起来。在消除贫困、改善民生、实现共同富裕的过程中,总有一部分群众因身体、能力或其他原因陷入贫困,依靠自身努力难以摆脱困境。在社会救助中坚持以人民为中心的发展思想,就要把维护困难群众基本权益作为社会救助的根本出发点和落脚点,兜住兜牢基本民生保障底线,保障困难群众基本生活,让困难群众共享改革发展成果;坚持问题导向,聚焦突出问题,回应群众关切,从解决困难群众最关心最直接最现实的利益问题入手,不断增强困难群众的幸福感和满意度;随着经济社会发展水平提高,不断扩展社会救助内容,从单一生活救助发展到多样化的综合救助,想困难群众之所想,急困难群众之所急,解困难群众之所忧,使困难群众真切感受到党和政府的温暖、感受到社会的温暖。

四、眼光长远地发展提升性福利建设

一国社会福利的建设和发展,除了要保证人民的基本生存需要,维持基本生活和尊严外,还可以蓄积人们向上发展的力量。在体力和精神上为人民更好地发展提供全方位的支撑和条件。进一步讲,党在治国理政过程中贯彻以人民为中心思想,不断挖掘以人民为中心福利保障的内生动力,努力把人民对美好生活的向往转化为增加人民福利的现实。从健康、教育、文化、就

---

① 《兜住兜牢基本民生保障底线》,《人民日报》,2022 年 4 月 28 日。

业、社保等方面对人的发展确定量化指标,推出相应的发展措施,充分体现对人的发展的高度重视。人民的生存问题解决了,获得感、幸福感、安全感需要持续增强,觉得社会公平、正义又和谐,对国家和社会更有信心,认同感增强,工作的积极性、主动性和创造活力就会迸发出来,能够发挥自身的潜力和创造力,为社会做出更大的贡献,实现个人发展和社会发展的良性循环。从人的发展和社会发展的角度看,为人民提供良好的福利保障,让人们更好地消费和学习是必要的教育和健康投资,是经济长期增长和社会进步的根本动力。

(一)积极建设公平高效的市场经济以获取更多发展型福利

积极发展的社会福利制度,为人民获得福利创造更好的条件。大力发展社会生产力,是为人民提供公共服务和良好教育等福利的基本条件。马克思指出,人不仅是自然人,需要满足私人需要,更是社会人,①社会需求的满足,不但要求发展比较高的生产力水平,而且还要提升以教育、医疗和社会保障为主要代表的社会综合生产力水平。社会综合生产力水平是保障民生的基本条件,也是促进社会公平正义的必要物质保障。在强调人的全面发展和全面推进社会主义现代化建设时期,要处理好以人民为中心的发展思想和以经济为中心的发展思路的关系,为了全体人民的共同发展,必须大力发展公共产品,提升公共福利,提供更多的公共服务,让人民在健康安全的环境下,提升能力,增长才干,增强发展动力,使全体人民共同创造各种社会财富,分享发展福祉,实现共同富裕的目标。

考虑到我国目前的经济发展水平,由国家和社会为公民提供普遍高水平的福利是不现实的,也不利于经济的长远发展和社会进步,但社会各阶层对福利的需求又是不同的。因此,社会保障制度的建设和社会福利水平的设

---

① 参见《马克思恩格斯文集》(第一卷),人民出版社,2009年,第505页。

定,需要多维度、多层次地考虑,给有需求的群体以更多的选择。虽然我国在大力发展创新产业,转型发展,通过质量和效率来提升竞争力,但在未来较长的时间内,我国经济的竞争力还是依靠劳动力成本比发达国家低的优势,而目前我国的社保缴费处于世界上比较高的国家行列,企业和员工的社会福利缴费水平都比较高。其中部分企业可能以压低员工工资的方式缴费,部分员工也不愿为未来的福利支付如此高比例缴费。可通过福利制度的改革,给人们更多的选择,根据个人需要在不同水平的福利计划间进行转换。在参加基本普惠福利水平的缴费后,部分收入水平比较高的群体,可以选择更高水平的社会福利缴费计划。

探索积极投资性福利建设。现代社会是一种无法避免失业的风险社会,这种风险是由于人们追求产业的变化而产生的,因此是一种人为的风险。国家的福利制度为了应对这种风险,进行各种风险管理,政策目标是解决个人遇到的所有自我无法实现的基本收入和资源标准的问题,因此它只是一味消极地控制和减少外部风险的发生,而没有考虑到人为风险。这样的后果是经济增长无法跟上福利需求的增长,同时产生了福利依赖和"道德公害"的后果,造成福利制度的异化。积极的福利应当是结合能动性的政治,摆脱把"预后关怀"(precautionary aftercare)当作解决风险的主要手段以及对它的依赖,把目标转到人的自身,提高人的能动性和自主性,提高自我的抗风险能力。"积极福利的目标是人为风险而非外部风险,目的是培养'自发地带有目的的自我'(autotelic self)。"①

(二)提升社会治理效能以提供更多制度型福利

制度优势是一个国家的最大优势,制度竞争是国家之间最根本、最深刻的竞争。随着中国特色社会主义进入新时代,我国的改革事业如何计划布

---

① [英]吉登斯:《超越左与右:激进政治的未来》,李惠斌译,社会科学文献出版社,2000年,第158页。

局、如何全面推进、如何深入实施，这是全党全国面临的一项重大历史任务，也是一个重大的理论及实践命题。坚持和完善中国特色社会主义制度、推进国家治理体系和治理能力现代化，是以习近平同志为核心的党中央对我国全面深化改革作出的顶层设计，是对我国改革思路和方案的丰富，为将我国的改革事业向纵深推进指明了正确方向。

党的十九届四中全会指出，坚持和完善中国特色社会主义制度，推进国家治理体系和治理能力现代化，是从全党和全国的战略高度出发作出的全局性考量，关系国家的长治久安和人民生活幸福，为实现制度的成熟发展提供了时间表和路线图，同时也对坚持和完善共建共治共享的社会治理制度提出了明确要求，为新时代加强和创新社会治理指明了方向。制度是一个国家和社会的基石，对实现国家和社会稳定和谐发展具有重要的推动作用。综观历史和现实，一个国家选择什么样的制度和治理体系不是随意的，而由其历史背景、文化基因和经济制度等综合决定的，具有丰富的历史逻辑、理论逻辑、实践逻辑。国家的稳定、发展、繁荣取决于三类基本条件：资源禀赋、技术条件、制度体系。其中，制度体系又起关键性作用。制度体系良好，治理有效，在一定程度上能够克服资源禀赋和技术条件之不足，实现经济社会发展繁荣。[1]制度建设和治理体系建设能够实现资源在全社会范围内的有效流动和配置，最大可能地实现社会价值物的合理分配，从而激发社会创造能力，保障社会永续发展的信心。

从福利建设的视角看，我国制度建设的重点方面是共享制度的建设和完善，这是福利建设和享有的制度基础。共享制度建设首先以保障最广大人民的根本利益为出发点，以社会生产力发展带动"蛋糕"做大，以坚持社会公平实现"蛋糕"分好，是一项系统工程而非抽象的概念，体现在教育、就业、医

---

① 参见徐邦友：《推进国家治理体系和治理能力现代化的中国方案》，《治理研究》，2020年第5期。

疗、社保、基本公共服务均等化等多个方面,对构建更加有效的制度安排,发挥社会主义制度优越性提出了更高要求。始终代表最广大人民根本利益,保障人民当家作主,体现人民共同意志,维护人民合法权益,增进人民共享发展成果,是我国国家制度和国家治理体系的本质属性,也是我国国家制度和国家治理体系有效运行、充满活力的根本所在。①共享发展理念的实现离不开人民群众的广泛参与,一切经济发展的最大受益者是人民,理念落实的好坏也需要经受人民的考验。可以说,坚持和完善共建共治共享的社会治理制度,以共建推动共享,以共享指导共建,让每个人都能够公平享有发展成果,既是不断推进全面深化改革的动力,也规定了建设中国特色社会主义的正确方向,对维护国家安全、社会稳定、人民幸福具有重要意义。

(三)维护社会公平正义为维护人民尊严提供更多安全福利

公平是按照一定的社会标准(法律、道德、政策等)、正当的秩序合理地待人处事,是制度、系统、活动的重要道德品质。正义则是公正的义理,是规定人类社会生活的总的道德要求,包括社会正义、政治正义和法律正义等。②公平正义自古以来就是人类的共同理想和追求,一代又一代的中国共产党人将实现公平正义作为建设社会主义的重要政治主张,为维护和实现社会公平正义进行了富有成效的努力争取,颠覆了旧中国的剥削压迫,建立了社会主义制度,取得了一系列重要成果,并随着时代的发展而不断自我革新,赋予其新的现实特征。

制度平等、机会公平也是一国福利建设的重要内容,平等的制度为很多努力的人们提供机会,就是一种福利建设。从规则平等促进福利的角度来看,国外一些先发的国家的社会性规则积极而全面,例如禁止年龄歧视、男女就业机会平等、残疾人实施平等待遇等,可以说是规制性福利国家的典型

---

① 参见《习近平谈治国理政》(第三卷),外文出版社,2020年,第123页。

② 参见王常柱:《中国社会发展中的几个伦理问题》,山西人民出版社,2011年,第108页。

表现。相较而言,身份歧视也是阻碍中国普惠型社会福利建设的重要原因,例如呼吁给予农民国民待遇,实质上是一种管理体制的变化,是一种规制性的福利建设。如果我们国家在建设福利体制的过程中,减少对公民户籍、地域、性别、教育等方面的歧视性规定,创造更加公平就业的社会工作环境,让各类人群通过自己的努力工作,通过市场获得工作福利,也是我国福利建设非常重要的一个维度。

以历史的眼光审视人类社会发展规律,公平正义问题是绝大多数国家发展到特定阶段时会遇到或谨慎考虑的现实问题。若想真正解决中国的公平正义问题,就必须对中国语境下的公平进行全方位阐释,勾勒出明确的公平正义的实践轮廓,进行有针对性地处理解答。公平作为一种社会理想和原则,围绕尊重和实现每个人的生存和发展权利,形成了一个多维度的概念范畴,包括权利公平、机会公平、规则公平等内容,目的在于使人民平等参与、平等发展的权利得到充分保障。公平正义与共享发展具有一致性。一方面,公平正义是共享发展的价值追求,其落实成效关系共享发展的实现状况,否则共享发展就会失去"共"的根基和"享"的分配原则;另一方面,共享发展是公平正义的现实表现,从落实共享的出发点,到实现物质财富与精神财富的合理分配,再到人民切实感受到发展成果所带来的获得感与幸福感,都说明了实现共享发展对营造良好的公平正义环境的作用。

随着我国经济发展逐渐进入新常态,我国提出构建"以国内大循环为主体、国内国际双循环相互促进"的新发展格局,强调要充分挖掘我国超大规模市场优势和内需潜力,未来中国经济发展的战略重点由出口导向型转向内需驱动为主。这说明在经济由高速增长转向高质量发展的新阶段中,我们将树立全局性战略性眼光,加快转变经济发展模式,进一步深化改革,充分发挥内需的拉动作用。在这一过程中,教育、养老、医疗、住房、新型城镇化、乡村振兴等民生事业不但与人民生活息息相关,直接影响社会发展成果的共享广度和深度,而且与国内供给侧结构性改革、构建安全高效多元平衡的开放体系、增强经济发展内生动力联系密切。这些课题落实的好不好、人民满不满意、社会支不支持,将直接关系经济发展的质量和水平,进而影响共享的内容和层次,最终体现社会公平正义是否干出实绩,落在实处,赢在民心。

(四)深化收入分配制度改革以提升人民主动获得福利的能力

发展不是万能之药,发展成果不能自动地被人民共同享有。如果没有合理有效的分配制度,社会发展成果就无法得到公平分配,人民也无法感受到利益共享所带来的获得感和幸福感。习近平总书记指出:"收入分配是民生之源,是改善民生、实现发展成果由人民共享最重要最直接的方式。"①收入分配问题自古以来就是中国社会的关注热点,从"不患寡而患不均"的传统文化基因到"收入分配"数次登上全国两会高频词汇榜单,无一不体现出收入分配问题始终是人民群众最关注、反响最强烈的社会热点之一,也是中国社会需要长期关注、平衡、解决的重要课题。自改革开放以来,我国围绕收入分配制度进行了一系列的改革,并且结合我国基本国情、发展阶段等实际情况,不断加大和调节改革力度,已在缩小区域发展差距、提高居民生活水平和生活质量、推动经济可持续发展等方面取得了一系列成效。但是由于收入分配制度改革是一项复杂且庞大的系统工程,且收入本身受经济发展环境和条件影响较大,是持续动态变化的,因此收入分配制度改革既不是一蹴而就的,也不是一劳永逸的,而是以问题导向和结果导向为归宿,被不断赋予新的时代内涵。

一方面,收入分配制度改革应实现效率与公平的辩证统一。效率与公平的关系是收入分配的核心问题,是现代化经济体制建设的重要部分,是实现高质量发展的内在需求,也是我国收入分配制度体系对初次分配和再分配

---

① 中共中央宣传部:《习近平总书记系列重要讲话读本》,学习出版社、人民出版社,2014年,第114页。

的功能定位的核心词汇。要重视缩小初次分配收入差距,加快营造良好的营商环境,保护市场主体,完善社会保障机制与正常的工资增长机制,使得劳动要素按贡献参与分配, 保障居民的劳动性收入;拓宽居民财产性收入渠道,完善员工持股制度,深化资本市场改革,资本要素按贡献参与分配,丰富并普及居民可投资金融产品,拓宽居民租金、股息、红利等增收渠道,积蓄经济发展的基本力量;改革完善税收、社会保障和转移支付三大类措施,完善社会保障制度,健全公平统一、覆盖城乡、包括所有制和不同单位类型的社会保障体系,对初次分配结果进行调整和修正,缩小收入和财富分配差距。

　　另一方面,应加大收入分配制度的监管力度,规范收入分配秩序。收入分配秩序是指一个经济社会在分配过程中所必须遵守的规定、原则和相关法律法规的集合。①收入分配秩序是否规范,关系经济结构是否稳健,也关系社会成员参与社会建设的热情和创造力能否得到充分激发, 个人的自由全面发展能否实现。目前,许多不规范、腐败,甚至非法获取暴利活动严重影响了经济及社会安全秩序,破坏了健康正常的分配关系,直接造成了社会财富的过度集中和分配不公现象,加剧了社会分化,为影响社会安定埋下隐患。必须加强立法和制度建设,弥补制度漏洞,同时加强有效监督,建立健全各级巡视监督的长效机制,同时要充分发挥人民力量,普及法制教育,提升全社会的法制及监督意识,加大社会监督的力度,让重要社会主体的收入分配行为置于公众之下,推动形成公开透明的收入分配秩序,让人民切实享受到社会发展的成果。

---

① 参见韩喜平:《民生中国》,吉林大学出版社,2014年,第83页。

第三节　人民福利建设主体的整体性定位

考虑到人民福利建设的多层多样性，它的建设主体必然也是分层分类的多主体格局，这样的多种力量组合安排才能撑起整体性福利建设的目标要求。由于福利内容的广泛性和建设主体的多样性，本节的内容选择以养老保险福利建设为例，分析说明建设整体性人民福利，不同层次的福利建设相应地由不同特征的建设主体有针对性地推动实施。

一、福利建设主体的责任分析

在大福利观的视野下，我们对福利建设的主体定位分为两个层面：从宏观和整体上看，我国的各类社会组织和人员既是福利建设的提供者，也是福利成果的享有者，二者是同一个事物的两个方面。但在微观层面和相对具体的福利建设中，需要相对清晰地区分福利建设的主体和客体，以及享有对象，促进各类福利的建设和可持续发展。因此，在经济社会的发展和福利体系中政府、市场主体、劳动者之间的责任如何划分，是非常重要的问题。厘清这样的问题对于我们建设多层次可持续的社会福利体系非常重要。

本部分以养老保险为例来说明福利建设的不同主体及其责任划分的问题。我国养老保险制度是福利建设的重要组成部分，在人口老龄化日益突出的社会经济条件下，如何进一步改善运行效率，提升保障功能，服务人民美好生活需要，学者们从理论和实践层面提出了很有价值的观点，其中分主体推进和不同责任分担的意见成为大家讨论的热点。[①]

关于养老保险制度的层次划分与责任主体。学者们探讨制度建设与责

---

① 注：由于篇幅有限，本部分涉及的相关文献全部列入书后的参考文献。

任主体的关系时,强调制度属性和建设主体。董克用(2018)把我国的养老保险制度从主办者的角度划分为政府主导的基本养老保险、单位主导的职业养老保险、个人主导的税延养老保险,三类养老保险的运行机制和责任方式各不相同。丁建定(2019)的研究认为,基本养老金的全国统筹和目前中央政府财政对养老金支付的"兜底",表明国家是基本养老金支付的最终保障。杨燕绥(2020)分析了民法典的相关规定,认为这对促进全国统筹养老保险经办机构法人的认定和运作有重要的促进作用。柏正杰等(2020)认为,我国的企业职业年金发展既不充分也不平衡,需要政府统筹社会力量协同发展。孙洁(2020)的研究提出统筹第三支柱协调发展的支持政策,有效调动政府、市场、社会、个人和家庭等多主体合力,推动劳动者享有不受就业形式、就业单位条件限制的个人税优养老金计划。

关于养老保险体系的结构性问题。研究者从横向和纵向两个维度探讨养老保险体系的结构性问题。一是横向构成,城乡居民基本养老保险、企业职工基本养老保险、机关事业单位养老保险实现了制度的横向全覆盖(胡晓义,2018)。郑秉文(2018)认为,机关事业单位养老保险的建立废除了双轨制,朝着"大一统"迈出关键一步,有利于基本养老保险的公平发展。但是呙玉红(2017)的调研发现,企业职工基本养老保险和机关事业单位养老保险基金分账管理,无法进行统筹共济、共担风险。郑功成(2017)指出,制度间的差异和地区间的利益考量使得全国有1亿多进城务工人员由于潮汐流动式的岗位变化,没有固定加入任一基本养老保险。鉴于此,牛海(2019)提出,制度间的横向壁垒造成群体利益的分割与固化,有违基本养老保险的价值定位,需要改进。二是纵向组合,徐婷婷(2015)测算出我国企业职工基本养老保险的替代率在40%左右,大大低于58.5%的制度设计率,这暴露了我国养老保险体系纵向结构单一、基本养老保险负担过重、补充养老保险发展滞后的弊端。穆怀中等(2020)根据橄榄型社会分配结构的特点,提出包含八个层次的"新三支柱"养老金纵向组合,三支柱替代率从橄榄顶端到底端分别为25%、45%、30%,提出需合理利用各类养老资源应对养老压力。

关于养老保险体系的保障能力问题。中国养老保险体系的综合保障能力,以及可持续性发展能力如何,也是学者们研究的重点。何文炯(2017)强调,基本养老保险只有保基本才能全覆盖,才能可持续,才能构建多层次的保障体系。薛惠元等(2014)的研究认为,按照不同群体建立的三大基本养老保险制度间衔接不畅,碎片化的设计无法统筹共济,流动就业的人员"断保""弃保"现象严重,不利于提升制度保障能力。王翠琴(2017)的研究发现,职工基本养老保险每增加1年缴费可增加1%养老金的激励作用非常有限,许多参保职工缴满15年后不再缴费,削弱了制度保障能力。张璐琴等(2017)就做实职工基本养老个人账户提出不同的看法,认为做实的个人账户投资收益低,无法保值增值,也不会帮助参保者提高养老金待遇,反而给财政带来沉重负担。这些问题导致职工基本养老制度赡养率不断高企,制度压力增大。董登新(2020)建议科学调整法定退休年龄,实施渐进性延退制度会延长缴费时间,减轻年轻一代的缴费压力。穆怀中等(2021)针对长寿风险提出实施延迟法定退休年龄政策,建立预期寿命与养老金调整指数联动可以实现提高保障水平和保持精算平衡的帕累托改进。

国外研究主要从人口老龄化的视角分析我国养老保险制度的可持续问题,概括如下:一是制度的财务可持续性。马丁·费尔德斯坦等(2006)认为,中国的待遇确定型现收现付制社会保障正在积累巨额的未筹资债务。于文广等(2021)的实证研究认为,老龄化的加速将使保险体系的代际再分配无法持续。二是制度碎片化造成的效率问题。M.奎塞雷特等(2016)指出,中国的养老金制度过于碎片化,地域和单位性质的分割导致效率低下。亚洲开发央行(ADB,2012)的报告认为,中国为城市企业人员、公务员和事业单位人员分别建立养老金体系,造成城市内部养老保险制度分割,未来需要建立一个合理均衡的、可持续发展的养老金制度框架。三是基金制个人养老金账户的可行性。人口年龄结构老化后的现收现付制养老保险无法独自承担养老责任。经济合作与发展组织报告(2012)建议,中国应该重视和发展个人账户型社会保障计划,以应对人口老龄化后国家在养老方面的支付危机。

综上分析,养老福利制度的建设应该是一个体系,其中不同部分的建设主体和保障目标是要有明确区分的,避免单一主体承担多种责任的制度缺陷,形成多主体建设不同层次福利需求的福利体系。

二、福利制度建设的分层分类与系统集成

我国福利制度的建设需要分层分类推进,形成一个系统完备的体系化有机整体,才能把国家、企业、劳动者、社会组织的各方力量调动起来,推进福利体系的建设和发展。下面继续以养老保险体系的建设为例来说明相关的思路及构想。

养老保险体系的分层分类目标及建设任务。我国已经明确发展多支柱的养老金体系,但发展不平衡不充分问题比较突出。第一支柱占比高、责任大, 作为基本养老保险却无法覆盖数量巨大的进城务工人员等流动就业群体,为贫困者以及低收入群体提供最低水平的收入保障、消除老年贫困的能力也不足。这说明我国的养老保险体系需要分层分类建设,明确相应的责任与功能定位。第一支柱保基本的责任应该更加明确地由政府承担并组织实施。第二支柱的职业养老金计划,由工作单位主导建立,单位和个人共同缴费,通常采取完全积累的方式以社会化专业机构运营和管理,实现保值增值的目的,国家给予税收优惠等政策扶持。第三支柱是个人养老金,由个人主导建立,自愿自觉在第三方机构缴费,国家给予税收优惠,采取完全积累制。我国的养老金体系需要向这个方向调整和加快发展补充养老金, 在理论和制度层面需要进一步明确相应的责任主体和运行边界,更好地把政府掌握的养老资源更加公平有效地惠及低收入老年群体,实现保基本目标。同时,发动社会力量助力养老事业发展。

养老保险体系的横向跨地区衔接及其制度优化。针对基础养老金全国统筹面临的困境,探索按照工作地参保原则、权益累加原则和比例支付原则,基本养老保险的参保者在工作地参保,工作地出现跨区域变化时,缴费年限累计计算,养老保险权益不随着转移,暂时冻结在缴费地,参保者在其他省区的工作地继续缴费参保,达到退休年龄后,参保权益根据缴费年限分段计算,各地支付的总和就是参保者最后的养老金水平。这种做法有利于劳动力的跨区域流动,也降低了最低缴费年限限制和养老金计算损失,可以保护流动就业劳动者的养老金权益,有助于解决我国目前各地漏保、退保频发的问题,帮助进城务工人员在流动中加入职工基本养老保险。建设全国统一的基本养老保险信息系统,是实现这一目标的重要支撑。

养老保险体系的纵向结构调整及其组合优化。目前我国的养老压力几乎全部由第一支柱即基本养老保险承担,不可持续。必须调整结构大力发展补充养老保险,把我国基本养老保险独大却只有40%左右替代率的窘境,调整为基本养老保险30%、企业职业年金40%、个税递延商业养老保险15%的组合,研究相应的缴费比例、资金运作方式、政府税收配套政策以及制度环境建设等。特别是研究更加有效的税收优惠政策,推动完善企业年金制度,同时改变职业年金中国家机关的"虚账"办法,尽快实现"实账"管理。研究制定方案推动企业年金与职业年金并轨,建成统一的第二支柱企业职业养老金。研究税收递延养老金制度与个税征收方式相抵触的问题,提出按照家庭确定优惠额度、不再设比例的改革建议,激励个人购买第三支柱养老保险,提升居民个人利用社会资源加强自我养老的能力。

养老保险制度相关参数调整以及效能提升。通过调整现行养老保险制度运行的相关参数,可以在一定程度上缓解养老保险基金积累不足的难题。

首先,延长缴费期限。把基本养老保险制度缴费年限由现行的 15 年提高到 20 年,增加缴费时长积累更多基金,应对不断增长的老龄人口需要。其次,放宽基本养老保险缴费基数的最高最低数额限制,实行更加灵活的参保缴费政策,让有能力、有意愿的人增加社保缴费。现行缴费工资必须达到上一年社会平均工资 60% 的下线打击了部分低收入者的参保意愿,300%的上线又限制了部分高收入者缴费的积极性,有必要放宽限制增加基金来源。再次,渐进式地延长部分人群的法定退休年龄。最后,出台分段计算、按比例支付等政策,扩大流动就业者的参保覆盖面。在全国建立统一制度或者短期内实现社保基金全国统筹的预期下,尽可能吸引流动人口加入养老保险制度,扩大覆盖面,改善参保人员结构,平衡资金供给,挖掘潜力解决日益突出的代际供养矛盾,提升制度的保障效能。

养老保险基金组合优化及其增值效应。优化三支柱养老金体系的重要前提是必须完善我国的养老金投资安全保障和增值体制。第二、三支柱采取缴费确定型完全基金积累制,必须保证养老金能够在安全的前提下实现保值增值。我国资本市场经过多年发展,具备养老金投资增值的客观条件,在发挥资本市场作用的同时,必须加强投资的风险控制,完善投资体制,明确投资范围、投资比例,以及投资决策、管理与执行机制,并加强资金的审计。个人账户基金的投资必须有较高的收益,才能更好地支撑养老保险体系的运行,以证实第二、三支柱单位委托管理的企业职业年金账户和个人建立的养老金账户,保障比例的相应调整是整个体系的帕内托改进。

养老保险体系是我国福利体系建设的重要内容,在我国社会老龄化向深度发展的大趋势下,加快建设分层分类系统集成的养老保险体系,是夯实整体福利体系的重要且必需的工作。在新的发展格局下,优化养老保险体系的建设对我国有着非常重要的时代紧迫性,也将会是非常关键地优化我国福利体系建设的重要组成部分。从这个视角出发分层分类推进我国福利体系建设,将非常有助于实现我国的福利体系的全覆盖、多层次、可持续发展目标。

三、福利制度建设多支柱的主要目标

多支柱养老保险体系建设是多支柱福利体系建设的重要组成部分。现以优化养老资源的利用效率为主线,通过制度设计、实证分析等方式,构建更加合理的养老保险体系纵向结构的组合方式,在考虑地区差异和利益的基础上,优化细化制度衔接,打通制度间事实上存在的阻碍人员流动和资源利用的横向阻隔。调整养老保险体系的制度参数,改进效率,提升功能,重点解决养老保障的资金平衡问题,使保障体系内的参与者在各个保障层次和不同的阶段都能保持相对的利益均衡,实现国家养老金、职业养老金、个人储蓄养老金等养老主体结构的优化和资金来源结构的优化,把我国第一支柱压力过大的金字塔型养老结构,调整优化为三支柱有效分担养老压力的橄榄型养老金组合,建设养老保险三支柱体系 2.0 版,促进养老保障制度的可持续发展。

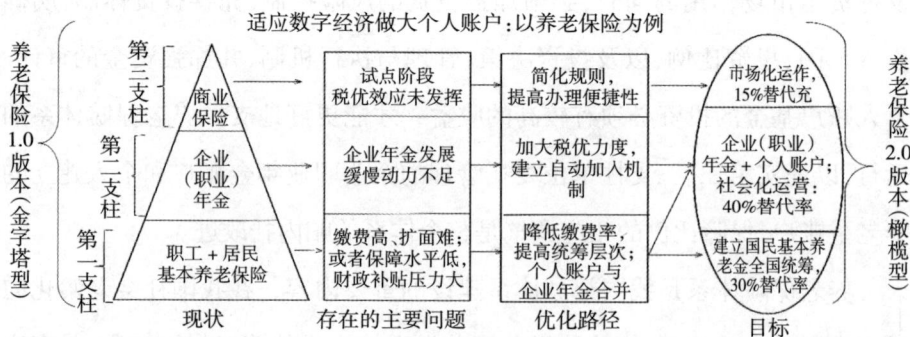

图 5-5 多层次社会保障体系建设:以养老保险为例

建设的重点是如何让养老保险体系在制度全覆盖后实现人口全覆盖，让基本养老金惠及最需要的贫困老年人；怎样尽快推动基本养老金的全国统筹，解决区域矛盾和人员合理流动问题；怎样尽快推动补充养老金扩大覆盖面的问题。建设的难点是，如何把处于松散拼盘状态的各养老保险制度，进行有效的衔接和整体优化；如何保障制度体系的设计优化落实到具体人群层面是公平和均衡的；如何在保障体系整体优化的前提下，实现具体制度的资金平衡。建设目标是改进养老保险体系的要素结构和功能，提升养老资源的利用效率，使制度横向衔接更加顺畅，纵向组合更加合理，提高养老保障的能力和水平，增强制度的可持续性。

第四节 人民福利建设环境的整体性优化

我国已经进入新时代，社会主要矛盾转化为人民日益增长的美好生活需要与不平衡不充分的发展之间的矛盾，如何更好地满足人民美好生活的需要，成为最主要的建设目标。以习近平同志为核心的党中央坚持以人民为中心的执政理念，在改革发展中突出人民主体性，围绕人民群众最关心最直接最现实的利益关切，全面推进深化改革，努力提升经济增长质量，强力肃清腐败，全力推进生态文明建设，落实社会政策托底责任。这一系列新理念新思想新战略都是以增加人民各方面的福利为出发点，以实现最广大人民最普惠的民生福祉为根本落脚点，反映了马克思主义人民主体性地位的基本立场，也是对人的全面发展理念在当代中国社会经济条件下的深刻诠释。本节对党的十八大以来以习近平同志为核心的党中央为人民谋福利的主要思想，从宏观环境构建及治理效能提升的视角进行解读，以期获得新的系统性认知，进一步加深对习近平新时代中国特色社会主义思想的人民性价值意蕴的理解。

一、高质量发展,夯实福利建设的物质基础

我国经济建设取得巨大的成就,人民从中得到实实在在的福利。成就的取得,让很多人误以为坚持快速增长是我们发展的唯一出路。但人们慢慢发现,只求快速增长的方式,忽略了资源的过度、低效开发利用问题,环境压力日益增大,经济结构性问题愈加突出,部分居民为不合理的经济增长方式付出较大的代价。过度追求速度,盲目上马大项目,让国家整体的资源环境承载着超出负荷的压力,会通过土地征用、资源破坏、分配不公、环境污染等负面方式传导给部分社会群体,直接损害他们的利益,降低他们的获得感,增加他们的相对被剥夺感,减少他们对经济发展政策的认可程度和支持力度。因此,曾经让社会得益巨大的快速增长方式也不同程度地暴露出一些需要认真面对的问题,片面追求国内生产总值增长速度的方式,不利于经济的长远健康发展,也不利于经济效益的有效提升,从长远看是不利于人民福利实现的。

偏执地追求国内生产总值增长速度的另一个明显弊端是,"干部出数字,数字出干部",简单地以国内生产总值的增长率和总量论英雄。在这样的考核体系推动下,各地方政府的攀比心理明显,施政选择方面以快速增长为首要的压倒性目的,驱动着各地官员想尽各种办法提高经济的增长率,无序发展房地产、以极高的社会代价上大项目、服务于短期目标的刺激性投资等,都是单纯追求国内生产总值增长速度的表现。在极端情况下,部分地区的个别干部甚至不惜对统计数字掺水造假,社会负面影响巨大。显然,这样的考核机制和认知水平需要及时摒弃,否则会带来极为严重的增长后遗症。

党的十八大以来,我国转变经济增长方式的力度不断加大。习近平总书记强调,我们要的是"实实在在和没有水分的增长"[1],是民生改善、就业比较

---

[1] 《习近平谈治国理政》,外文出版社,2014年,第111页。

充分的速度,是劳动生产率同步提高、经济活力增强、结构调整有成效的速度,是经济发展质量和效益得到提高又不会带来后遗症的速度。显然,我国经济在经过 1978 年到 2012 年之间多年的粗放式增长之后,基本经济总量的需求已经得到满足,之后经济的增长需要更多的贡献与就业增长、民生改善、效益提升。为此,新时代的改革拿出壮士断腕的勇气和决心,淘汰落后产能,惩治数字官员,还经济增长于本来面目。从经济发展全局和战略的高度,清除部门和地方保护藩篱,建设全国统一的大市场,让各个市场主体充分竞争,优胜劣汰,优化结构,推动产业升级转型,扩大优质产品的增量供应,更多地依靠市场最终决定资源的配置数量、形式和组合,实现效益最大化和效率最优化;推动创新创业发展,给个人和企业更多的创造空间和发展余地,创造更多的财富;利用互联网平台、信息技术等推进产业融合与绿色发展,推动传统产业、农村农业振兴发展,提高产品质量和产业效率。

认识到位带动工作的转变,把政府从单纯追求经济增长速度的惯性中解放出来,主要关注保持宏观经济稳定,优化公共服务,促进公平竞争,维护市场发展秩序,引导可持续发展等方面。这样的定位有利于我国政府把主要精力放在扶贫工作、新型城市化等领域的社会建设与全面发展,这些领域的发展不是简单的增长数据可以涵盖的,需要以人民为中心,精细化推进,才能使在追求数字增长率的环境下无法顾及的问题得到实质性的改进,为提高人民生活奠定物质基础,人民才会从经济的友好型增长中获得更多的福利所得。

二、肃清腐败,防止鲸吞蚕食人民福利

腐败是社会的毒瘤,严重的腐败会彻底摧毁民族和国家发展的基础。在任何社会,民心都是最大的政治,社会主义国家尤其如此。由于现实的社会主义国家综合发展水平还不如西方发达国家的总体水平高,民心和正义的力量是支撑社会主义国家建设和发展的强大动力。如果反腐败问题解决不好，会严重损害人民对社会主义社会制度的信心，削弱人民对政府的信任感，降低支持程度，影响人民的劳动积极性和创造性，社会的个体创新和团体协同激励机制不再有效，社会发展有坠入恶性循环的极大危险。"如果一个时代的风尚、自由和优秀品质受到损害或者完全衰落，而贪婪、奢侈和放纵之风却充斥泛滥，那么这个时代就不能称之为幸福时代。"①一些发展中国家掉入"中等收入陷阱"，与这些国家的政府效率低下、腐败横行等行为密切相关。腐败问题是侵害人民各方面福利的恶性源头，它关系资源的分配、收入差距、机会公平、经济效率和质量、国家的长治久安，是影响人民福利获得的重大现实问题等。

近年来，我国社会上出现的一些腐败现象已经引起人民的不满。虽然党员干部的主流是好的，但是一些领域和地方的腐败消极现象依然经常发生，有些腐败现象在社会上造成恶劣的影响，宏观上影响了国家的公平正义和社会的整体形象；从微观层面考虑，群众身边的腐败问题会严重影响群众的利益。群众最迫切的期望就是打扫身边的"苍蝇"。"小腐败"也可能成为"大祸害"，它损害的是老百姓切身利益，挥霍掉宝贵的基层经济发展和社会建设的资源，直接剥夺了人民的某些正当利益，或者浪费了人民应该享有的发展机会，严重损害了基层群众对党的信任。腐败行为不断啃食着群众在国家大好发展形势下的获得感，特别是在脱贫攻坚、教育收费、环境保护、土地征收、救灾救济、医疗卫生等方面的腐败行为，极大地侵害了人民的正当权利，在人民群众中产生了极大的怨气，积累下来对社会的发展极为不利，必须及时疏通这样的怨气停滞层，防止怨气层的扩散和发展，才能为社会重新输入发展的动力和活力。

---

① 《马克思恩格斯全集》(第 1 卷)，人民出版社，1995 年，第 461 页。

　　党的十八大以来，加强制度建设打击腐败行为被放在十分突出的位置来大力推进，对腐败问题坚持零容忍的态度，着力清理发生在群众身边的腐败问题，大大降低了人民的被剥夺感，提升了人民的主体地位。同时，推进反腐败体制机制的创新，健全完善综合监督机制，强化对权力运行的制约，把"权力关在制度的笼子里"，让各级领导干部手中的权力有明确的法律制度边界，真正做到有可控的上下左右界限，有可循的决策依据和实施过程，把权力的实施规范在社会发展需要和为人民服务的正确轨道上来。虽然健全法律制度是反腐败的关键，但是在我国长期以来存在有法不依、司法不公、执法不严、徇私枉法的现象较多，法外之人、法外之事也经常出现，让人民感到非常失望，进而失去了对法律的敬畏。司法领域的不公平现象影响非常恶劣，就像河水源头被污染一样，玷污整个社会的公平正义。公平正义是美好生活的终极追求，没有法治的公平正义，就不可能保证人民群众的合法权益，也就无法实现应该有的美好生活。因此，全力肃清司法腐败、权力寻租等不法行为，让人民群众感受到社会的公平公正，让人民在每一个司法案件中都感受到公平正义，为人民美好生活建设提供良法善治的保障，让人民的福利在公平正义的法治环境下得到实现。

三、建设美丽中国，提升生态福利

　　良好的生态环境是人类生存和发展的基本条件。一国生态环境的保护水平关系该国的生态福利水平，也是其可持续发展能力的体现。在大规模工业化的过程中，许多国家都曾经或正在遇到严重的环境污染问题，生态危机不断爆发，直接威胁人的健康和生存。造成环境污染的原因很多，其中为了经济利益损害生态环境的因素占主导。许多企业和个人出于自私或无知，置法律和社会公共利益于不顾，通过破坏环境、偷排污染等方式，满足一己之私，造成对生态的巨大破坏。恩格斯曾在《自然辩证法》中深刻地指出："我们不要过分陶醉于我们人类对自然界的胜利。对于每一次这样的胜利,自然界都对我们进行报复……美索不达米亚、希腊、从亚细亚……这些地方今天竟因此而成为不毛之地。"[①]惨痛的教训在我国快速发展经济的过程中也已经出现。虽然我国早在 20 世纪 80 年代就把环境保护作为基本国策,但是在经济发展的过程中,没有得到很好的执行,大家把发展经济放在比保护环境更重要的位置,造成环境污染问题逐渐变得严重起来。污染问题一方面是由于经济技术能力不够造成的,另一方面是由于环境保护法律没有得到严格执行造成的,并且经过多年的积累,问题越来越严重。比如,随着中国化学工业的发展,有毒有害废弃物不断增长,对我国的土地、水体、空气造成严重的污染。由于之前不够重视,投入较少,无害化处理能力不足,全国土壤、河流等方面的污染情况在不断恶化,严重的地方已经殃及子孙后代,直到党的十八大以后才逐渐得到遏制。

党的十八大报告指出,要着力推进绿色发展、循环发展、低碳发展,形成节约资源和保护环境的空间格局、产业结构、生产方式、生活方式,从源头上扭转生态环境恶化趋势,为人民创造良好生产生活环境。党的十八大之后对污染治理的力度前所未有。首先改革了环境保护管理体制,修改制定了我国历史上最严格的环境保护法,赋予环保部门执法权,对一些长期困扰环境执法的顽症进行了有针对性的改革,加强执法力度,使一些人为的恶性环境污染事件减少,治污防污的环保设施逐渐开始运转,我国环境污染严重恶化的情况初步得到遏制。经过多年的努力,我们发现党的十八大后的政策方向为我国大力建设生态环境创造了比以往任何时候都要好的条件,很好地回应了人们对良好生态环境的期盼。在我国经济发展到较高的水平后,人们的生活水平逐渐提高,小康生活阶段人们对干净的水、清新的空气、安全的食品、

---

① 《马克思恩格斯文集》(第九卷),人民出版社,2009 年,第 559~560 页。

优美的环境等要求不断提高。人们对美好生活的要求,从以前解决温饱的基本要求,扩大为对环境等方面更高更好的要求,良好的环境也是人民的一大福祉。习近平总书记说:"良好的生态环境是最公平的公共产品,是最普惠的民生福祉。"①党的二十大报告提出,要持续深入推进环境污染防治。要开展新污染物的防治。生态文明建设,正是我国为实现人民享有最普惠的民生福利进行的伟大工程,也是新时代美好生活建设的重要组成部分,美丽中国是我们每一位中国人的期盼,也是我们不可或缺的福祉。

四、落实民生保障,畅通福利进路

在经济社会发展的过程中,总有一部分人因为经济竞争、自然环境、自身状况等的原因,处于不利的社会发展境地,落入相对不利的社会弱势群体。这时,社会政策的作用和意义就显得十分重要,给他们基本的帮助和救助是社会的基本责任,也是社会福利发展的重要原因。虽然从我国目前经济社会发展的水平、物质的积累程度,以及国际经验来看,我国现阶段都不可能建成高水平的福利国家,但这并不能说我国就在人民福利建设方面无所作为。党和政府一方面在创造更好更公平的条件,积极鼓励人民群众通过辛勤劳动发家致富,改善自己的生活;另一方面,也在保障和改善民生的投入上加大力度,积极推进。习近平总书记提出"守住底线、突出重点、完善制度、引导舆论"②的工作思路,要求对社会政策进行托底,编织人民生活的安全网,把民生工作和社会治理工作作为社会建设的两大根本任务,高度重视,加大实施的力度。根据人力资源和社会保障网的数据,截至 2021 年底,基本养老、失业、工伤保险参保人数分别达到 10.14 亿人、2.3 亿人、2.8 亿人,基本

① 中共中央宣传部:《习近平总书记系列重要讲话读本》,学习出版社、人民出版社,2016 年,第230 页。

② 同上,第215 页。

医疗保险覆盖人数接近 14 亿。社保安全网稳稳地护佑着民生的基本福祉。为人民提供最关键、最急需的住房、教育、医疗、养老等方面的保障,人们受惠的范围在扩大,幅度也在不断提升。

党的十八大以来,党和国家把关注的重点转向最贫穷、最困难的那部分群众,进行雪中送炭式民生扶持工作,其中最为关键的政策就是精准扶贫工作。该项工作被分解为三步:第一步是精准识别,作为开展精准扶贫的先决条件。在筛选的标准上确定贫困者的真正需求,强调扶贫工作的准确性。第二步为精确施策,是开展精准扶贫的中心环节。为提高帮扶的精准度,"十三五"时期以来坚持"一村一策、一户一法"的原则,有针对性地选派了"第一书记"和"驻村干部",安排人社、科协等部门干部进驻,着力帮扶贫困群众适应城区、转移就业。这种举措有利于第一时间了解贫困村的情况,并掌握存在的问题,更有助于"措施到户精准、项目安排精准"的实现。第三步为精细落实,是开展精准扶贫的重要保障。首先,确保信息准确化,对纳入或脱贫的贫困户以动态形式建档立卡,形成获取准确的数据和实现及时更新的信息管理机制,做到"扶贫对象精准"和"脱贫成效精准"。其次,管理制度合理化。坚持依法合规进行制度建设,对现行制度办法和操作规程进行梳理完善。最后,在监督力量方面,激活监督主体作用形成监督合力,切实发挥监督功能,以保证"资金使用精准"。精准扶贫政策针对老、少、边、穷、弱地区的人民,举全国之力进行扶贫攻坚战,这在我国社会福利建设历史上具有里程碑意义,对解决发展失衡问题,推进全国人民美好生活建设筑底提升具有强大支撑作用。

综上,本章主要讨论人民福利建设的整体环境问题,从美好生活视角讨论福利的建设问题,涉及人民的收入水平、工作机会、制度的公平性、环境保护水平以及基础性的社会建设保障网等多个方面,满足人民美好生活的福利建设是一项系统工程,考验着中国共产党的执政能力和水平。只有始终坚持以人民为中心的社会主义本质要求,确立以人民为中心的发展理念,才能更好地建设高质量的经济,创造更加公平的制度环境,清除腐败对人民美好生活建设的侵蚀,不忘初心,始终以人民百姓的诉求为政治路线和大政方针的起点,让人民的福利主体性得以充分体现,让国家的改革发展成果最大限度地惠及最广大的人民群众,让全面建成小康社会的综合福利给人们更多的获得感和幸福感。总之,上述几个方面是新时代美好生活建设和福利提升的基础性条件,只有坚持和改善这些领域的工作,才能为美好生活的实现奠定坚实可靠宏观的制度基础,才能真正推动人民生活迈向全面美好的新阶段。

第六章　新时代人民福利整体性构建的制度效能

当前,我国已经实现全面建成小康社会的奋斗目标,在中华大地上历史性地解决了绝对贫困问题。站在开启社会主义现代化建设的新征途上,推进完善"健全覆盖全民、统筹城乡、公平统一、安全规范、可持续的多层次社会保障体系",既是新时代中国特色社会保障制度体系构建发展的目标,也是"十四五"规划和 2035 年远景目标发展周期的社会保障制度改革指导思路,在此基础上进一步探索提升我国社会福利制度体系的整体效能,是有利于维持社会稳定有序、促进经济平稳运行、保障人民安居乐业的有效举措,也有助于我国缩小社会贫富差距,缓解各类社会矛盾,建设共同富裕的社会,保障国家的长治久安。

第一节　以新发展理念引领人民福利制度建设

党的十八届五中全会提出以"创新、协调、绿色、开放、共享"为核心内容的新发展理念,形成新时代指导我国经济社会高质量发展的先导性理念。新发展理念具有非常鲜明的人民性特质,体现了以人民为中心的发展理念,表明了中国共产党推动我国经济发展与促进人的发展相统一的价值理念。为了更好推进新时代人民福利的建设,必须全面准确深入地贯彻新发展理念,加强福利制度建设,以制度创新激发福利建设,促进制度协调提升福利建设的短板,构建绿色生态福利制度体系,以高水平制度开放实现互惠互利性福利,通过共建共享保障福利普惠性,以完善的制度促进和保障福利建设的持续性、可及性和人民性。

一、推进制度创新,激发福利建设

创新发展位于新发展理念之首位,表明我国现阶段最重要的发展方向是要通过创新推动发展。江泽民曾指出:"创新是一个民族进步的灵魂,是一个国家兴旺发达的不竭动力。"[①]目前,我国已经进入新时代的新发展阶段,习近平总书记提出的创新发展具有更加丰富的时代内涵和人民性特征。

人民群众是历史的创造者,创新发展的主体必然是人民。换言之,只有依靠人民才能真正实现创新发展。人民是社会主义事业的建设者,也是创新驱动发展战略的主力军。在我国不再走通过大规模刺激和要素投入的经济发展之路后,经济增速进入新常态,经济发展动力略显不足,亟须转变经济发展方式,通过调整产业结构升级来促进经济的中高速增长,建立以创新驱动发展的方式显得尤为重要和迫切。在创新发展理念的引领下,政府提出"大众创业、万众创新",积极推进尊重人才、尊重劳动、尊重创新创造的社会新风尚,"双创"引领人民积极推进创业创新等活动,激发人民的创造力,在这个过程中人民既是创新的主体,同时也是创新成果的最后受益者,调动了人民的积极性、主动性,人民通过创新创造拓宽了就业渠道,解决就业问题,作为积极推动创新驱动发展模式的主力军,为创新创造提供源源不断的动力,创新发展的成果成为推进社会生产力发展的动力,创造了更多的福利,

---

① 《江泽民文选》(第一卷),人民出版社,2006 年,第 432 页。

人民过上美好生活,广大人民群众都是获益者。

人民是创新发展的动力,那么创新发展的本质在于培养创新人才。我国实施创新驱动战略不仅在于推动经济的发展,更多地是推动人民自身的发展。因为我国要实现创新发展,需要大量的人才,人的创新能力和素质的提高才是实现创新发展的前提条件。为此,必须建设适合创新的制度环境,创新体制机制安排是推进创新的重要保障。好的管理制度和体制不仅能够促进人们工作积极性的发挥,而且可以形成有效的稳定的预期,让人们愿意从事创造性的工作,从而生产出更多的优质产品,为人民福利的享有奠定坚实的基础。要大力发展科技教育,提升人民的科学素质,为国家的创新发展提供高质量的人才,从而让人民在奉献社会推进社会创新的过程中实现自己的价值。制度创新不仅要鼓励优质性劳动、创造性劳动,保护他们创新的成果,实现创新的利益诉求,而且还要鼓励普通劳动者在自己的岗位上提高劳动效率,提升工作质量。制度创新还要有效地鞭策各类懒惰、躺平的行为,让他们在鼓励创新的制度环境下无法搭便车,杜绝他们拖累经济发展和社会进步的做法。要从制度上保证人民创新的环境,不断激发创新各类人群所特有的能力,充分发挥人的主体性和创造性,进而推动理论、制度、科技、文化等领域的创新,激发出更多的建设力量,为丰富福利建设提供制度保障。

二、促进制度协调,提升福利效率

协调发展的目的是为了解决发展的不平衡问题,虽然我国的经济发展取得了令人瞩目的成就,但是依然存在较为严重的发展不平衡问题,福利建设和供给领域的不平衡性也比较突出,且长期存在,已经严重影响了人民对福利公平性的认可。由于各种社会历史因素的影响,城乡、区域、物质文明与精神文明等严重失衡的问题依然是制约人民现有福利的掣肘。协调发展的主要目标是实现各地区、各部门、各行业、各人群的发展相对均衡,没有非常明显的短板和失衡状况。这是克服"木桶效应",保障人民利益的整体性和向更高水平迈进的基本条件。通过协调各方的利益确保人民利益实现机制的优化,逐步实现相对均衡的福利享有和人的全面发展的更高目标的实现。

建立政策和制度层面的协调机制,可以在一定程度上矫正一味追求经济增长,忽视社会、生态等方面发展的取向。协调发展注重城乡区域协同发展、经济建设与物质文明建设协调发展等,这些都是保障人民利益最大化的必然要求。协调发展首先要解决城市与农村、先发地区与后发地区等区域之间发展不平衡的问题,克服人民发展条件的巨大差异,实现人民发展机会的公平。由于各种因素引起的城乡之间经济发展的不平衡,导致城乡人民在享受社会教育、医疗等资源和发展机会上的不平衡,最终导致人民整体素质和发展能力的差距。因此,坚持协调发展,就是要大力发挥国家的综合协调作用,想办法缩小城乡之间、区域之间的发展差距,更加注重人的发展机会公平,保障农村的群众都能够公平地享有社会资源,特别是在促进公共服务在城乡之间和区域之间实现一体化、均等化迈进,逐步实现社会福利资源向均衡化配置方向有实质性进展。

协调制度建设落实到发展层面,既要不断满足人民的物质生活水平,还要关注人民的精神生活需求,克服人民发展的片面性。以往我国片面地强调经济发展,忽视社会文明的建设,导致物质文明与精神文明不同步的发展窘境,过度追求物质主义导致的社会问题影响了社会的正常发展。坚持协调发展,更要关注人民的精神生活需要,加强思想文化和精神文明建设,提高人的文化素质,防止在财富迅速增加的同时,群众的文明素养没有跟上导致的一系列社会问题,影响人们的幸福感。要用科学的理论体系来教育人民,提升人民的精神境界,提升人民的科学文化素养和思想道德素养。总之,协调发展主要是克服经济与社会发展、物质与精神发展的不平衡性,让人们都能公平地享有社会发展资源,保障人民的整体利益,全面提升人民的综合素质,实现社会经济的发展尽可能比较全面地惠及每个社会成员,让每个努力工作的人都有机会享有国家改革发展的文明成果。

三、构建生态制度,建设绿色福利

人民对美好生活的需要,不仅需要收入的提高、物质生活的改善,还需要有一个良好舒适的生活环境。习近平总书记指出:"良好生态环境是最公平的公共产品,是最普惠的民生福祉。"①因此,绿色发展就是要求人与自然和谐共生,只有满足人民对生活环境的基本需求,才能实现人民的长远利益,构建人民的美丽家园,实现经济建设与生态保护并举的可持续发展之路。

绿色发展要求人与自然和谐相处,也是绿色福利享有的基本条件。自然界为人类的生产和发展提供物质基础,是实现人的自由全面发展的前提和基础。人与自然相统一的关系只有在人与自然和谐共处的状况下才能实现。改革开放40多年以来,我国大力发展生产力,改善人民物质生活,经济增长的同时在一定程度上忽视了环境问题,造成比较严重的生态危机,例如雾霾严重、河流污染、土地沙漠化等。环境问题也成为制约经济社会进一步发展的主要因素。人民的物质生活水平虽然有了提高,但是生活的环境却越来越差,严重的空气污染、水污染损害人民的身体健康,降低了人民的生活质量。只有坚持绿色发展才能为人民创造一个更加优美舒适的生活环境,推进人与自然的和谐共生,提高人民的生活环境的质量。

从更大的视野看,绿色发展更多关注的是人民的长远利益,要实现人类社会的可持续发展。保护生态环境是功在当代、利在千秋的事业。绿色发展不仅维护了我们当代人民的利益,同时也为我们子孙后代创造了一个美好的环境。坚持绿色发展就是坚持绿水青山就是金山银山的理念,只有好的生

---

① 中共中央文献研究室:《习近平关于社会主义生态文明建设论述摘编》,中央文献出版社,2017年,第4页。

态环境才能创造源源不断的生产力,实现经济发展和生态环境的良性互动,推动人类社会的可持续发展。在推进美丽中国建设中,我国出台了众多生态保护制度,实施湖长制、河长制,建立护林员制度,实施碳排放交易制度,建立最严格的生态保护制度,实施林草湖田沙等的综合保护体系,以生态红线保护基本生存绿色福利,并以碳中和与碳达峰为指引,大力发展绿色经济,新时代以来迅速扭转了生态环境恶化的局面,缓解了人们对生态环境的焦虑,有效地改善了人民生活生产的生态环境,为人民提供更多更优质的生态产品,创建美丽家园,实现人民的生态福祉,有效提升人民的幸福感。

四、扩大制度开放,实现互惠福利

以高水平的开放带动更多的福利建设,为人民创造更加繁荣的社会经济。开放发展主要解决的是发展的内外联动问题,目标是实现各国人民的互惠互利。改革开放 40 多年来,中国经济发展水平实现了巨大跃升,人民的生活水平和精神面貌也随之发生很大的改变。我国的国际影响力日益提升,我国的发展在很大程度上也推动了世界其他国家和地区的共同发展,这都得益于我国始终坚持改革开放的基本国策。新时代背景下坚持开放发展,就是要深化对外开放的内涵,让中国更加深入地联通世界,让我国人民更加深刻地感知世界,满足人民群众更多的物质和精神上的需求,拓展人民的发展空间,既能实现我国人民的发展利益,又能满足世界其他国家人民的发展需要。在新发展格局下,外循环的作用不可替代,它可以有效地弥补国内循环的不足,提升国内经济发展的质量。

新时代,我国要在超越"摸着石头过河"的自发性开放模式的基础上,推进更高水平的制度性开放,以制度、规制、管理、标准推动开放,助力高质量发展。通过修订外商投资法律法规、加入各类经贸协定、实施外商投资负面清单、建立自由贸易区等办法,以法律法规的方式向世界宣布中国建设开放性经济的决心,依托"一带一路"等纽带推动与世界各国的合作与交流,形成互利共赢的开放格局,为各国人民创造更多的利益和价值,从而推动实现世界各国人民的互惠互利,努力增进人类共同的福祉。

在"引进来"方面,按照负面清单制度和一系列贸易协定的相关规范,给外来投资者明确的规范和边界,有利于他们按照市场经济的规则以稳定的预期投资兴业,发挥自身的优势在中国大地创造出优质的产品和服务,实现更大的价值,助力中国人民创造更多的财富。在更加广泛的领域,开放可以引进更加先进的技术水平和管理知识等,有效提升国内的技术水平和管理效能,加快我国本土自身技术水平的提升和管理能力的提高,创造出更多的产值和收入,增加相关从业者的福利获得。

在"走出去"方面,我国近年来的创造性工作产生巨大的经济和综合效应。我国以强大的生产能力成为世界第一的制造业大国,各门类的产品出口为世界各国提高本国人民生活做出了巨大贡献,特别是防疫物资的出口为其他国家的抗疫提供了坚实的支撑。在对外经济贸易方面,通过比较优势的发挥,拉动了我国相关产业的快速发展,创造了许多高质量就业岗位,无论是产业在国内、产品出口国外,还是中国企业投资海外,在与国外的互利合作中都创造了可观的产值和收入,也为广大劳动者通过开放以互惠的方式谋得更多的福利。

五、完善共享制度,保障福利可及性

共享发展是新发展理念的目标,注重解决的是社会公平正义的问题。经济发展的根本价值追求和归宿就是让广大人民共享经济发展的成果。人民是社会财富的创造者,就应该共享这个财富。亚当·斯密在《道德情操论》一书中指出:"如果一个社会的经济发展成果不能真正分流到大众手中,那么它在道义上将是不得人心的,而且是有风险的,因为它注定要威胁社会稳定。"①也就是说，只有让人民共享经济发展成果才能维持社会的稳定。在党的十八届五中全会上，习近平总书记提出共享发展理念，也更加深刻地强调了我国的经济发展成果应该由人民共享，共享发展保障全体人民有更多的获得感，这也充分体现了我国社会主义的本质。

福利的共享不能仅停留在价值层面，还需要制度的保障。首先，要制度保障全体人民共享。这是就共享的覆盖范围来讲，全体人民应当平等共享，各个地区、各个阶层的人民都能够享受经济发展的果实。全面建成小康社会，任何一个地区、任何一个民族都不能落下，甚至这个经济发展成果还不应该只让当代人共享，还要兼顾我们的子孙后代。其次，共享的内容也是全面的。人的需求是全面丰富的，这就决定人民共享的内容是全面的。随着经济社会的发展，每个社会成员的各种需求日益增多，包括经济、政治、精神、生态、安全等各方面，这些都应该得到相应的满足。这就意味着共享发展旨在使人民都能够享有共同的平等的发展权利和机会，享有五位一体全方位的改革发展成果，让每个人都能获得自由的发展时间和空间。这同样也是马克思主义的最终价值追求，正如马克思和恩格斯在《共产党宣言》中提到的，实现社会主义的根本目标就是让"每个人的自由发展"。再次，就共享成果的途径来说，应该由全体人民共同去创建的。也就是说，共建是共享的前提和基础，共享是共建的目标和追求。因此，在我国全面建成小康社会的过程中，应该做到人人参与、人人尽力，人民的主观能动性得到充分的发挥，共享的过程是公平且有保障的，群体与群体之间、国家企业与个人之间都要建立法治化的共享渠道，这样才能保证每个人都能通过合理合法的渠道共享福利并有实在的获得感。最后，人的社会历史性决定了共享发展也是渐进的，是一步一步向前进行的。随着生产力的不断发展，共享的水平也逐渐提高，这

①　[英]亚当·斯密:《道德情操论》，谢宗林译，中央编译出版社，2008年，第278页。

就意味着要通过长期的社会发展来满足人民不断升级的需求，让人民逐步享受更好的民生保障，在经济的发展中实现更多的共享福利。

总之，共享发展就是要在把蛋糕做大做好的基础上，落实把蛋糕分好的这个问题，通过分配制度改革、公共服务等一系列制度建设，解决社会分配不公平的问题，主要是人民收入分配不公，城乡、地区之间的公共服务发展的差距，就业教育等方面的不公平性，从制度上消除共享福利的各种障碍，不断保障和改善民生，大力发展各项社会事业，加大收入分配调节力度，打赢脱贫攻坚战，实现更加全面的小康，保证人民平等参与、平等发展权利，使改革发展成果更多更公平惠及全体人民，朝着实现全体人民共同富裕的目标稳步迈进。

第二节　福利制度建设与社会经济协同共进

社会福利制度是同政治、经济等人类社会活动息息相关的一项现代社会制度安排，对其进行制度体系的优化与完善，必定涉及各种内部、外部关系的调整与重构。新时代，厘清社会福利建设与经济发展、政府与其他建设主体之间的相互关系及其定位，理顺社会福利建设的决策机制、监管机制、实施机制之间的关系，是推动我国社会福利制度完善发展的重要内容。

一、推进经济发展与社会福利建设协调共进

面向"十四五"，中国特色社会主义迈向共同富裕导向的新阶段和建设社会主义现代化国家的新征途，理顺协调好社会福利建设与经济发展之间的关系，是关乎新发展阶段推动完善社会福利制度的基本要求，只有正确处理好经济发展和社会福利之间的关系，才能实现我国经济社会的协调发展，进而为建设社会主义现代化强国增砖添瓦。

在新的发展阶段，首先要对经济发展的目的做出更加科学合理的定位。新时代我国社会主要矛盾的转变，意味着我国社会经济发展面临着新的挑战与机遇，而基于基本国情，重新定位与认知当前经济发展，既是协调推进新时代社会福利制度完善的必要之举，也是回应这一时代机遇及挑战的应有作为。一方面，我国仍旧处于社会主义初级阶段的基本国情没有改变。新时代，促进经济发展仍旧是解决我国社会主要矛盾的首要选择，是国家富强、人民幸福和推进社会主义现代化建设的物质基础所在；同样，这也是持续推进我国社会福利制度体系完善发展的经济基础支撑，所以新时代发展经济、建设强大的物质技术基础依然是我们的基本任务。另一方面，经济发展不是目的，而是实现共同富裕与社会主义现代化强国的重要手段之一。在新时代要更加重视经济发展的生产、分配等环节更加合理的构建，以促进社会再分配，推动经济增长成果全民共享、满足人民群众的美好生活需求，而实现这一目标的最优选择，就是完善建设与新时代相匹配的现代化社会福利制度体系。

其次，不断优化社会福利制度及其功能。我国社会福利制度作为一项基本社会制度安排，在我国不同历史发展阶段其扮演着不同的角色。全面建成小康社会以来，充分发挥社会保障的功能作用，已然成为新时代推动实现"改善人民生活品质，提高社会建设水平"①的必然之举。因此，一方面，要坚持互助共济的基本原则，推进优化基金收支、做实个人账户、加大相对贫困群体保障力度等改革步伐，进一步发挥社会保障的保障网和稳定器作用，推动经济发展。另一方面，立足城乡发展差异，按照改革优化规划，分时分类、稳步推进基本社会保障项目费用费率的全国统一制度安排。此外，重视关注新经济形态变迁，加快各类新型劳动关系划分认定，逐步放宽各项社保项目

---

① 《中国共产党第十九届中央委员会第五次全体会议文件汇编》，人民出版社，2020年，第14~15页。

参保限制,扩大补充性社保发展,进一步优化社会保障基本保障职能推进各类不同形态经济发展。

最后,坚持协同发展理念,统筹推进经济发展与社会福利建设相互支撑。人类社会发展的千年历史已经表明,物质财富的积累是人类社会迈向更高发展阶段的坚实基础,但只有经济发展带来的财富积累是远远不够的,关键在于如何实现社会财富在全社会"公平性分配"。换言之,经济社会的发展水平与社会福利制度的建设发展之间存在一种微妙的适度性平衡,过度强调经济发展与过度强调社会福利供给都不利于国家经济与社会的发展进步。因此,我们必须坚定不移地坚持"五位一体"总体布局、贯彻新发展理念、坚持深化改革开放、树立系统发展观念,加快构建以国内大循环为主体、国内国际双循环相互促进的新发展格局,不断增强我国的经济实力,为构建多层次的社会福利制度体系奠定更加坚实的物质基础。与此同时,要不断加快社会保障各项制度改革步伐,推进缩小城乡之间社会保障差异水平、积极推动社会保障立法推进社会保障法治化、加快监督体制机制建设提升社会保障效率成效等,进而充分发挥社会福利制度体系的综合经济调节作用,更好地推动我国经济高质量发展,在统筹经济发展的福利建设方面获得双赢。

二、构建国家、社会、个人多元参与福利制度模式

世界各国社会福利发展的历程和我国社会福利制度建设实践经验表明,单纯依靠国家或者完全依赖市场是无法建立起与本国国情相匹配、满足社会多层次需求的社会保障制度,只有充分发挥国家的宏观调控作用和市场资源配置的重要作用,才是建立现代可持续的社会福利制度的必要基础。就当前我国进入新发展阶段来说,只有充分推动"国家、市场、公民"三者参与社会福利制度建设,才能实现新时代构建"国家主导、社会协同、个人参与"的社会福利模式目标,助力社会主义现代化建设。

首先，充分发挥"政府主导"作用，积极推进基础性社会福利制度建设。回顾历史，我们可以梳理出以社会保障为重要内容的社会福利制度建设的各个发展阶段的不同发展特点。中国社会保障制度体系经过新中国成立初期到1978年前的以单位（农村为生产队）为主的"国家全包"式，改革开放以后的一段时间偏向突出个人的责任，经过不断地探索与实践，逐步形成目前主要以基础性社会保障与补充性社会保障相结合的社会福利体系。前者是由国家主导强制实行，满足国民基本社会保障需求的制度安排；后者是由社会与市场组织实施，满足国民发展性或高水平福利需求的制度建设。因此，一方面，国家要通过立法保障、财政支持、行政监管等途径，积极推动社会救助、养老保险等基础性社会保障福利的制度建设，满足人民群众的基本需求；另一方面，要充分发挥制度体系顶层设计作用，统筹规划、分类施策，科学引导各类补充性社会保障有序发展，进一步健全社会福利制度体系。此外，要充分发挥政府主导作用，逐渐推动构建政府、企业和个人三方代表组成的各类社会保障自治管理机构以推动社会保障社会化管理发展，进一步提升社会福利建设的社会化、民主化管理水平。

其次，合理发挥市场资源配置决定性作用，加快促进补充性社会福利制度建设。在"三位一体"的社会保障模式建设中必须加强相关制度机制的建设，从而保证社会主义市场作用的高效规范发挥，推动我国社会福利制度体系的不断完善发展。第一，依据当前我国国情的变化需求，进一步规范完善资本市场运作机制，推进拓宽社保基金的增值渠道，加强社保机构的行政、司法监管，大力发展补充性社会保障，满足人民不同层次需求。第二，强化社保资金的独立运行机制建设，进一步深化人力资源和社会保障部等职能作用改革，推进社会保障缴费管理及投资运营的社会化运作；加快推动社会化专业服务机构建设，进一步提升社会保障服务竞争性水平。第三，应当积极尊重人民社保需求差异，鼓励支持人民依据自身意愿，自愿选择各项补充性社会保障服务项目,反向推动社会保障市场优胜劣汰,不断优化我国社会保障产品和福利体系建设。

最后,强化社会保障运行机制建设,引导人民积极参与社会福利建设。社会福利制度作为一项面向社会成员的基本社会制度安排,社会成员作为最终的利益享受者,必然也承担着相应的责任义务。21世纪以来的英国探索的"第三条道路"改革表明,"社会全方位的合作和参与是建立社保模式的重要节点或环节"①,这对新时代推进中国特色社会福利制度完善有重要的借鉴作用。因此,第一,要培育壮大社会福利建设第三方力量,积极推动公民个人的权利及义务发挥。探索构建现代化、信息化的社会保障运行机制,充分发挥人民群众的监督作用,保障人民群众的知情权,进而提升社会保障事务的公开性、透明性。第二,推进社会保障缴费责任分担步伐,加大政府对于基础性社保领域的财政支持,积极推动公民个人缴费义务的落实落地,进一步扩充补充性社保基金来源。第三,积极探索社会专业机构和组织经办补充性社会保障项目的可能性,推动公民自治组织参与社会保险等项目的独立运营,进一步丰富社会保障与福利建设的项目种类,多元化扩展社会福利建设路径,多种力量提升社会福利效果。

三、注重社会福利制度体系的内部协同性

世界先发国家的经验表明,推动构建行之有效、符合国情的社会保障制度体系的首要前提就是厘清社会保障制度决策、监管与实施之间的关系。因此,我们必须要保障立法机关、行政机关、司法机关在社会保障体系构建中各尽其责,充分发挥社会保障多元主体作用参与社会保障制度建设,厘清我国社会保障制度的决策机制、监督机制和实施机制之间的关系,推动新时代

---

① 陈雷、江海霞:《英国"第三条道路"实践与中国社会保障改革——兼论政府、市场、社会"三位一体"社会保障构想》,《劳动保障世界》,2009年第1期。

中国特色社会福利制度体系的完善发展。

首先，加快制度决策由行政机关向立法机关的转变。推进社会保障制度由行政决策转向立法决策，是我国建设现代社会保障制度的必然选择。但受当前我国社会保障制度建设实际和我国法律制度体系的现实影响，推进我国社会保障制度的立法机关决策改革不能一蹴而就，而应该分步骤、有计划地推进社会保障决策由行政、政策主导向法治主导。第一，加快中央统一决策制度机制的改革步伐，尽快探索建立国家层面的集中决策机制，确保基础性社会保障项目的全国统筹。第二，加快社会保障领域相关法律法规的立法进程，为推动立法机关行使决策权力提供法制依据。当前我国虽然已经颁布了《中华人民共和国社会保险法》等相关法规，但仍需继续加快制定颁布覆盖社会保障各领域的专业性法律法规甚至法典，以进一步推动决策法治化。第三，将社会保障制度的设立与调整之权逐渐转移到人民代表大会及其常委会，在更高的法律层级上逐步推动社会保障福利制度体系的完善发展。

其次，推动构建行政、司法、社会三位一体的社会保障监管体系。社会保障的监督管理是事关社会保障制度能否顺利运行且充分发挥其功能作用的关键所在。从我国社会保障制度的建设发展来看，司法监督和社会监督的身影几不可见，因而新时代推进构建行政监督、司法监督、社会监督三位一体的监督管理体系是十分必要且必须完成的任务，第一，进一步扩大明确人力资源和社会保障部对于全国社会保障业务的监督管理职责；确保社会保障权利与责任相统一，持续保障财政、审计等部门发挥相应职责就有关事项进行监督检查的权利，推动行政监督稳步、高效发展。第二，加强社会保障相关立法进程，确保司法监督有法可依；探索建立专门社会保障法庭，推动各级司法机关切实有效发挥司法监督之责。第三，充分保障工会、媒体等社会组织和个人的社会保障监督权利，吸引鼓励各类建设主体参与社会保障监督，进一步提升社会保障事业的公开透明性。

最后,积极推动社会保障实施机制的改革优化。社会保障实施机构在社会保障制度体系建设中是与人民群众距离最近的一面,其服务质量与服务标准直接关系社会保障对象的切身利益与社会保障制度的实践效果。因此,对于社会保障实施机制的改革优化,我们应当遵循"按需设置、适度集中、社会参与"①的原则。第一,依据新时代我国社会保障的整体发展情况,积极推动设立全国统一型、政府负责的基层社会保障服务机构,确保基础性社会保障的标准与服务质量尽可能全国一致。第二,立足不同社会保障项目实际,分别设立各类社会保障专业经办机构统一负责保障业务,同时建立统一的社保费用征收管理机构,进一步提升社会保障实施效率。第三,坚持向人民群众学习,充分发挥人民群众的智慧力量,推进社会保障制度的社会化发展,提升社会保障的民主化、社会化水平。

第三节 中国特色社会福利制度的效能提升

推动完善中国特色社会保障制度体系,既是 2035 年"实现多层次社会保障体系高质量发展可持续发展,形成社会保障全民共建共享的发展局面"远景目标的要求,也是我国在"十四五"期间健全"覆盖全民、统筹城乡、公平统一、可持续的多层次社会保障体系"的必然选择。②

一、发挥国家主导作用,提升福利制度效能

推进我国社会福利综合水平稳步提高的关键在于,能不能实现各项制度体系的系统化、集约化,而决定各项社会保障制度集约化、系统化水平高

---

① 郑功成:《中国社会保障改革与发展战略——理念、目标与行动方案》,人民出版社,2008 年,第 75 页。

② 参见《人力资源社会保障部关于印发人力资源和社会保障事业发展"十四五"规划的通知》(人社部发〔2021〕47 号)。

低的关键在于顶层制度设计构建。推动实现基础性社会保障制度体系的全国统筹,既是当前提升我国社会保障水平的现实需求,也是放眼未来,我国社会保障制度体系发展的必然之路。

第一,发挥国家顶层制度设计作用,推进社会保障制度体系"全国统筹"方向提速增质。一方面,在总结基本养老保险制度全国统筹的基础上,积极推动医疗保险、失业保险、工伤保险等基础性社会保障制度的省级或全国统筹。加快实现相关政策的全国统一、开支预算的统一编制、各项基金的统一征收管理和运营,从而在制度层面解决当前社会保障面临的机制困境,进一步缩小不同人群、地域以及城乡在基础性社会保障领域的水平差距,为未来实现基础性社会保障水平的全国统一奠定基础。另一方面,发挥政策引导作用,合理有序推动国家行政职能在各项社会保障制度构建发展中的作用发挥,推进消除制约补充性社会保障制度发展的各类阻碍因素,加大国家财政、税收政策等对补充性社会保障制度的支持力度,确保社会保障财政支出不仅有相对性增长,而且使用的效率更加突出。逐步建立健全新形态就业人员社会保障制度体系的创新与构建,推进基础性社会保障个人账户的"一卡通全国"进程,充分保障新形态灵活就业人员、进城务工人员等人群的社会保障权益,稳步提升人民社会保障的福利待遇水平。

第二,积极推进各项基础性社会保障基金中央调剂制度。一方面,经济发展是社会保障制度发展的基石,世界各国的社会保障实践已经证明:没有强大的经济实力,社会保障的建设就无从谈起。因而在新时代,要积极推进国内国际双循环相互促进新格局的构建发展,充分发挥国家政策的导向作用和经济建设的促进作用,推动老工业地区和中西部地区经济发展的重新振兴和大跨越,实现社会保障水平较低地区的社会资金自我供给水平提升。另一方面,要积极总结 2018 年我国职工基本养老保险基金中央调剂制度实施以来的经验教训,加强制度设计的改革优化,逐步有序、点面结合地推动各项基础性社会保障项目基金的中央调剂制度建设发展，充分发挥中央调剂制度的功能作用，推动基础性社会保障基金的全国互补补助，缓解我国部分地区社会保障负担过重的困境，进一步缩小当前不同区域之间的社会保障水平差距，提升社会主义社会保障制度的公平性。此外，要进一步细化中央和地方在社会保障领域的职责划分，明确基础性社会保障领域的中央主责和补充性社会保障发展方面的地方自主性权力，进而实现基础性社会保障的全方位全国性统一，补充性社会保障的地方特色性并存，确保区域之间社会保障水平的相对公平。

第三，推进农村社会保障建设发展，缩小城乡社会保障水平差距。要积极调整相关政策，加大国家对于乡村社会保障发展的支持力度，推动消除农村社会保障领域的各种限制阻碍因素，逐渐缩小城乡之间社会保障发展水平的差距。一是做好基于社会主义公平正义的农村社会保障制度顶层设计。要通过对照城市社会保障制度设计，合理配置和统筹规划农村社会资源，优化补足农村社会保障制度种类、保障标准等各项制度建设，推动农村社会保障制度与城市社会保障制度的有机衔接。二是均衡配置农村社会保障资源，进一步强化农村整体社保能力。要通过国家政策导向作用，推进城市优质社会保障资源向乡村下沉，借助城市社会保障建设发展的各项制度经验，积极推动国家财政、社会福利慈善活动与农村居民个人缴费相结合，发展壮大农村社会保障基金；加快推进农村残疾人服务、困难帮扶、留守儿童服务等社会保障项目的开展，逐步提升农村社会保障标准；强化农村社会保障管理的机构整合、权责划分，依据现实需求逐渐下放制度运作权力，发挥基层政府在社会保障方面灵活性、实践性，推进农村社会保障管理运行机制统一性与乡村性并行。在实施乡村振兴战略中，一体化推进社会保障建设，从而进一步提高农村社会保障水平，缩小城乡社会福利建设差距。

二、推动社会福利制度建设法治效能提升

社会福利制度体系对一个国家经济社会的发展具有能动的反作用,而要在国家社会经济的发展实践中,推动贯彻落实社会福利制度的功能作用,建设与之相适应的社会福利法律法规体系非常必要。新时代推进完善我国社会福利法治体系的完善,需要从以下三个方面做出努力:

第一,加强社会福利建设领域的立法。在几十年的发展实践中,虽然我国已经形成了相对较为完善的社会保障与福利法律制度体系,在不同历史时期为我国社会保障做出了相应的法治化贡献。但是随着我国社会主要矛盾的转变,目前我国社会保障领域的法治需求矛盾已越发突出。而要解决当前我国社会保障领域法律法规体系与发展需求之间不匹配的现实困境,唯一的途径就是充分发挥国家立法机关的职能作用,推进我国社会保障立法事业的稳定有序发展,以便进一步提高社会福利建设领域的法律保障能力,增强法律体系对社会福利建设的法律支撑。一方面,坚持在党的全面领导下,充分发挥全国人民代表大会及常务委员会的立法作用,积极推动中国特色"混合式"①社会保障法律体系的构建发展,加快推进《中华人民共和国社会保障法》的立法出台,为我国新时代中国特色社会保障制度体系的发展提供法律保障。另一方面,积极推动立法工作向社会保障具体领域细化发展。推进《中华人民共和国社会救助法》《中华人民共和国医疗保险法》等各部社会保障具体领域法律的立法颁布,统一社会救助、社会优抚、工伤保险等社会保障领域的法律规范;加快现有相关法律的修订修改,进一步提升中国特色社会保障法律的体系化水平,为构建多层次社会保障制度体系提供各领域的实践法律规范依据。

---

① 崔凤、雷咸胜:《全面推进依法治国背景下中国社会保障法治化研究》,《学习与实践》,2015年第2期。

第二，提高立法层次和质量，推动社会福利制度体系有序发展。良法是善治之前提，新时代提升社会保障法律体系适用性，推动社会保障制度体有序发展的关键前提就是提高社会保障的立法质量。具体来说，一方面，要转变以往"从地方试点到中央立法"的立法习惯路径，重新树立"中央立法、地方依法"的立法理念，积极推动全国人大及其常委会发挥立法作用，先行制定全国性法律，而后再由各地区结合本地实际，在相关法律允许范围内制定与本地区相符合的法规条例。另一方面，加强立法程序的透明性，推动建立立法相关资料社会公示制度，及时、完整做好立法资料公示，自觉接受人民群众公开监督；提高立法工作的现代化、网络化水平，积极利用智能手机、网站等推动民众广泛参与相关立法活动，提升社会保障和福利建设的立法活动的民主化水平。此外，提升社会保障领域立法的前瞻性和立法工作的效率，要充分发挥我国社会主义制度优势，推动多部门、多行业、多利益主体协同立法，既要立足当前现实需求，又要着眼于未来之发展，系统化推进社会保障领域各项立法工作顺利开展，进而推动社会保障制度体系有序发展。

第三，形成有法可依的监督管理机制体制。我国当前之所以在社会保障的监督管理方面呈现出"十里八乡路不同"，根本在于缺乏全国统一性的社会保障监督管理法律，从而导致社会保障监督管理执行环节"一重山水一重景"。因此，解决社会保障监督管理困境的关键所在就是制定统一的社会保障监督管理法律法规。一方面，要在立足新时代我国经济社会发展现实的基础上，推动将制定社会保障监督管理方面的法律工作纳入"十四五"立法规划，积极发挥全国人大立法作用，推进社会保障监督管理法的早日制定出台。另一方面，要积极推进现有社会保障监督管理行政法规与地方性法规的效力统合，加强监督管理法规的系统化、层次化建设，从而推动行政监督、社会监督等各类社会保障监督管理方式功能的集约发挥，进一步提升社会保障监督管理的法治化水平，从总体上促进我国社会福利建设法治化水平的跃升。

三、推进多层次社会福利制度系统集成性

放眼世界典型社会保障模式发展,构建多层次、多支柱社会保障制度体系是推动社会保障事业稳步向前的一大法宝。目前,随着全面建成小康社会的实现,中国特色社会主义保障制度已经完成了第一阶段"全覆盖、保基本"的历史任务,即将开启"满足人民多元化需求"的多层次社会保障体系构建的新发展征程。作为一项涉及国计民生的社会安全工程,推动构建"覆盖全民、统筹城乡、公平统一、安全规范、可持续"的多层次、多支柱社会保障体系,既是解决人民群众日益多元化保障需求的需要,也是"十四五"期间"改善人民生活品质,提高社会建设水平"的重要抓手之一。

转变建设理念,推动基础性社会保障高质量、可持续发展。一方面,结合"十四五"发展规划的现实需求,继续推动基础性社会保障"扩量工作"①有序开展。调整相应政策制度安排,通过放开参保户籍限制,推动灵活就业等新业态人群积极参加企业职工基本养老保险;坚持"应保尽保",积极完善优化困难人群帮扶政策,实现城乡居民基本养老保险覆盖精度更高、保障人群更广;发挥国家政策导向作用,引导失业保险参保受益对象向中小微企业、进城务工人员等单位、人群有序扩张;多措并举推动法定人群全覆盖的基础性社会保障制度建设。另一方面,积极推动社会保障"增质提效",打造与社会主义现代化发展相适应的高质量可持续社会保障制度体系。发挥国家顶层制度设计作用,优化社会保障制度体系构建,加快企业职工基本养老保险全国统筹步伐,实现基础性养老保险的全国统一管理;推进改革优化相关制度

---

① 按照《人力资源和社会保障事业发展"十四五"规划》的目标要求,到 2025 年底,我国基础性社会保障建设要实现:基本养老保险参保率达到 95%,失业保险参保人数达到 2.3 亿,工伤保险参保人数达到 2.8 亿,城乡居民基本养老保险基金委托投资资金总额超过 4000 亿元。

设计,进一步厘清中央与地方在基础性社会保障领域的权责划分,加大中央在基础性养老保险等领域的事权责任,分类推进工伤保险、失业保险、社会救助等基础性社保领域的省级统一管理建设,提升基础性社会保障的系统化管理水平。

加快推进补充性社会保障发展,构建多层次社会保障体系。我国历史经验已经证明,一味依靠国家主导的第一层次社会保障解决人民群众的保障需求既不现实也不可能。①因此,大力发展补充性社会保障就成为新时代我们推动构建多层次社会保障体系,缓解第一层次社会保障困境的最佳选择。一方面,发挥政策的导向作用,加大国家财政、税收优惠等对补充性社会保障的扶持、支持力度,推进补充养老保险、补充医疗保险的社会化建设,加快商业化养老保险、医疗保险的发展,推动各类补充保险基金投资运营增值,扩大补充性社会保险资金来源;加快企业年金、职业年金的制度建设,推动企业年金覆盖范围由机关事业单位、国企工作人员等加速向所有就业人员扩张。另一方面,加快农村地区补充性社会保障建设,提升农村地区社会保障服务可选择性。探索建立农民职业保险制度,丰富完善农民群体社会保障的层次性,进一步提升农民预防风险的能力;允许东部有条件地区发挥集体作用,开展农村集体养老保险试点,鼓励农民自主选择参保补充性养老保险。此外,还应加强各类补充性社会保障种类的实施、监督管理建设,推动补充性社会保障发挥自身作用,满足人民多层次、多样化的风险预防保障需求。

转变思想认知,推进社会保障"第三支柱"加速发展。一方面,要解决目前"第三支柱"认知的思想疑惑。个人缴费负责制不代表完全个人化,推动个

---

① 在党的十九大之前,国内相关政策一直以"多层次社会保障体系"描述我国社会保障制度的构建发展,但在党的十九届五中全会公报中,第一次出现了"多支柱社会保障体系"的提法,从"多层次"到"多支柱"的转变,意味着国家将从强调"第一层次"社会保障的"核心"优先建设,转向"国家负责的第一支柱、企业等负责的第二支柱、个人缴费的第三支柱"协同发展的新时代社会保障构建模式。

税递延型商业养老保险等社会保障体系"第三支柱"的发展,同样需要发挥国家的强大作用。以养老保险为例,目前在上海等地开展的"个人养老金"试行,除了实行个人缴费的完全积累制以外,国家则通过合理规定缴费税率,建立待遇调整机制,通过监督管理机制保障相关基金的增值安全等,保障个人养老金制度的可持续高质量发展。另一方面,借鉴世界典型社会保障模式建设经验,"量""质"并举,推动我国社会保障"第三支柱"的构建完善。其一,学习运行比较成熟的美国"个人退休计划 IRA"制度的优势,建立符合我国国情的二、三支柱养老保险个人账户互通转移制度,加快养老基金在个人各类养老保险账户之间的灵活转移。其二,学习先发国家补缺式养老金模式,加快调整我国相应财政及税收政策的优惠力度,不断扩大"第三支柱"①中低层收入群体参保比例,进一步扩大个人养老覆盖群体。其三,发挥国家宏观引导作用,推进养老金市场建设,一边丰富产品种类,研究明确各类养老金融产品在长期性、稳健性等方面统一标准,实现养老金积累阶段产品多样化。②推动养老保险布局产业化,积极对接实体养老服务,开展医疗保健、养老服务业协同互动,进一步补齐产业发展短板。

四、促进社会福利运行机制协同效能提升

社会保障制度的实施成效是社会保障制度体系构建发展的目标,也是反向推动社会保障制度体系构建的导向所在,更是一个国家社会保障制度体系能否真正发挥作用的关键环节。只有实现社会保障制度的实施落实渠道畅通、运行机制体系健全、相应制度建设完整,社会保障制度体系才能实现"一切为了人民"的根本价值追求,才能满足新时代人民群众的多层次社

---

① 　以第三支柱养老保险为例,截至 2020 年 4 月末,全国个人税延养老保险试点地区共有 4.7 万人投保,缴纳保费 3.03 亿元,投保人主要为中高收入人群。

② 　参见孙洁:《养老保险第三支柱建设研究》,《中国特色社会主义研究》,2020 年第 5 期。

会保障需求。

加快构建统一高效的社会保障实施运营体制机制。推动构建统一高效的社会保障管理服务体系,是提升社会保障制度实施成效的不二法门,只有建立起全国统一的管理服务规章制度,各地社会保障具体经办业务才能做到有法可依、有规矩可遵从。因此,一方面,要加强社会保障的全国统一经办机制建设,统一社会保障经办机构设置、保障项目管理,厘清权责划分、完善运行程序设计,进而推动构建全国统一的社会保障业务运营机制,切实解决社会保障实施机制的制度不统一难题。另一方面,要充分发挥中国特色社会主义制度优势,推动各类社会保障项目基金的收缴管理、投资增值等业务的统一化、专业化、社会化建设,加快推动社会保障执行落地机制的统一化进程。建立由税务部门负责相关费用收缴业务、各类专业保险公司负责基金管理、统一社会保障经办机构负责保障费用发放,以及财政部、审计局负责监督审计的系统化、集约化、高效率社会保障基金管理模式。

积极利用"集中力量办大事"的制度优势,推动社会保障网络化、信息化、现代化建设提质增效。一方面,树立新发展理念,加快推进社会保障电子化、信息化建设。充分利用当前我国日益成熟的 5G 网络、智能制造等高科技技术手段推进全国一体化现代社会保障服务平台建设,逐步扩大社会保障统一经办种类数目,推动相关保障项目专业化网络系统、手机软件开发、加大社会保障电子化基础设施建设步伐,打造与网络社会相匹配的优质高效的社会保障服务网络。另一方面,改革消除各项社会保障信息化发展壁垒阻碍,推动社会保障业务加快形成"全国互联互通互认",推进基本养老保险、医疗保险等异地结算提质增效;扩大电子化管理运营系统覆盖范围,推动工伤保险、失业保险、社会救助等各类基础性社会保障加速电子化运营管理,打造便捷、高效、可靠的全国性现代化社会保障运营机制体系。

推动构建"多元参与、协调有序"的社会保障监督管理机制,提升社会保障监督管理实施成效。一方面,加快出台《社会保险经办管理服务条例》等涉及社会保障各大保障项目的执行、监督法规条例,进一步完善社会保障日常监管工作的法规制度体系;同时,加快社会保障行政监督、社会监督、内部监督和司法监督的集约化、系统化建设,推动形成多元监督、协调有序的监督管理体系,进一步提升社会保障监督的管理水平。另一方面,探索建立促进监督管理日常工作总结反思制度的常态化建设,推进监督管理工作查漏补缺,强化监督管理执行环节依法依规,堵住"人情化""形式化"的人为漏洞;加快推进监督管理人才队伍建设,建立开展监督管理执法定期强化培训制度,提升执法队伍综合素质,改善人才待遇条件,积极吸引高学历、专业化人才加入,进一步提升监督管理执法队伍的专业化、素质化水平。此外,强化追责、问责制度,严厉追究滥用职权、违规执法、不作为等不利于监督管理工作的失职、渎职行为,推进监管管理落到实处,监督有效的常态发展。

第七章　激励劳动创造 共建人民福利

　　提供高质量的就业岗位,吸引和促进人们积极就业,是人民福利建设的重要内容。在高质量发展目标导引下,要坚持就业优先战略,把扩大就业作为经济社会发展的优先目标,选择有利于扩大就业的经济发展战略,注重发展增加就业容量和利用人力资源的产业和生产性服务业,增加更多的优质就业岗位,鼓励人们积极参加劳动和创造。从整体和长远看,为劳动者建设福利具有比较强的能动性,是比较可观的投资。当前的福利建设为劳动者将来更好地开展福利建设提供了综合的能力储备,特别是高效劳动能力的储备。当下积极地发展各项福利待遇,能够全方位地提升人民的身体健康状况和体能智力知识技能思维等方面的水平,让劳动者在公平公正的环境下创造更多的价值,也将进一步增强将来福利建设的综合能力。增强福利建设的能动性是发展福利的重要依据和源源不断的动力。

第一节　构建劳动创造福利的公平环境

一、坚持党的领导,保证劳动者当家作主的权利

马克思和恩格斯在《共产党宣言》中提出,共产党人"没有任何同整个无

产阶级的利益不同的利益。他们不提出任何特殊的原则,用以塑造无产阶级的运动"①。中国特色社会主义是在马克思主义指导下、在中国共产党领导下,人民不断奋斗、不断探索而形成的,与马克思和恩格斯创立的科学社会主义学说是一脉相承、不断发展的制度,人民性是中国特色社会主义最为本质的属性。

党的十八大以来,以习近平同志为核心的党中央明确提出以人民为中心的发展思想,坚持以人民为基本目标,不断满足人民群众对美好生活的向往和追求;坚持人民立场,致力于实现最广大人民的根本利益和全面发展;坚持人民主体地位,相信人民群众是推动社会历史前进的主体和根本力量。2018 年 3 月,习近平总书记在十三届全国人大一次会议闭幕式上进一步指出:"我国是工人阶级领导的、以工农联盟为基础的人民民主专政的社会主义国家,国家一切权力属于人民。我们必须始终坚持人民立场,坚持人民主体地位,虚心向人民学习,倾听人民呼声,汲取人民智慧,把人民拥护不拥护、赞成不赞成、高兴不高兴、答应不答应作为衡量一切工作得失的根本标准,着力解决好人民最关心最直接最现实的利益问题,让全体中国人民和中华儿女在实现中华民族伟大复兴的历史进程中共享幸福和荣光。"②习近平总书记强调:"在新的长征路上,全党必须牢记,为什么人、靠什么人的问题,是检验一个政党、一个政权性质的试金石,我们要始终把人民立场作为根本政治立场,把人民利益摆在至高无上的地位,不断把为人民造福事业推向前进。"③习近平总书记挂念全国劳动者的幸福生活状况,想劳动者所想,用实际行动保证劳动者当家作主的权利。

中国共产党始终把人民的需求作为第一要务,把人民的呼声作为全部

---

① 《马克思恩格斯文集》(第二卷),人民出版社,2009 年,第 44 页。

② 习近平:《在十三届全国人大一次会议闭幕式上的讲话》,新华网,2018 年 3 月 20 日。

③ 习近平:《在纪念红军长征胜利 80 周年大会上的讲话》,人民出版社,2016 年,第 15 页。

的价值追求,尊重人民主体地位,把人民群众对美好生活的向往作为奋斗目标,体现了党全心全意为人民服务的根本宗旨。发展社会主义民主政治就是要体现人民意志、保障人民权益、激发人民创造活力,用制度体系保证人民当家作主。同时,在实践过程中,中国共产党坚持贯彻民主集中制,尊重人民群众的主体地位,保障其民主权利,发挥其积极性创造性。因此,在制定和实施各项方针和政策的过程中,坚持把劳动者切实关心的衣、食、住、行、就业、教育等问题作为头等大事来抓,保证劳动者的权利。习近平总书记也明确提出:"每个共产党员都要弄明白,党除了人民利益之外没有自己的特殊利益,党的一切工作都是为了实现好、维护好、发展好最广大人民根本利益。"①因此,坚持中国共产党的领导,可以有效保证劳动者当家作主的权利。满足人民美好生活的需要首先要满足人民当家作主的根本需要,这不仅体现人民根本利益需求,更体现无产阶级政党的本质属性要求。满足人民美好生活需要必须以保障和改善民生为重点,强化共建共治共享的社会治理体系,保障人民在生活中参与社会建设、主导社会治理、共享发展成果,不断实现人民群众对美好生活的向往。在保障劳动者的权益和利益方面,中国在依法依规合理支持各类资本追求利润的同时,要警惕资本的过渡无序扩张对劳动者权益的压制,积极保护劳动者的各项权益。在党的坚强领导下,人民群众只有真正成为自己的主人,才能保证成为自己创造的福利的主体。

二、支持实体经济,助力劳动者福利创建

我国是人口大国、劳动力大国、物质产品消费大国。坚持发展实体经济、做强做大做优实体经济,注重物质产品量的合理扩大和质的有效提升非常必要,也是我国人民福利建设的基础,更是国家可持续发展的物质保障。一

① 习近平:《在"不忘初心、牢记使命"主题教育工作会议上的讲话》,《求是》,2019年第13期。

段时间以来,效仿美式金融,投机意向浓厚的各种虚拟经济引人担忧。对于工业化还未完成的发展中人口大国而言,经济脱实向虚发展的倾向对我国而言是非常危险的,也会逐渐吞噬我国人民赖以生存的工作岗位。部分国家发展的历史经验和我国的国情力证,我国必须大力发展实体经济,保护需求众多的劳动岗位,扎实推进物质产品的生产,为人民福利的享有奠定坚实的基础。

实体经济相对于虚拟经济而言,指的是生产和提供能够满足人民某方面实际需要的产品和服务的经济活动,不仅包括所有的物质产品生产,也包括为生产和生活提供实际服务的行业。新时代要发展实体经济,就是要用新经济、新业态、新动能的蓬勃力量,推动传统产业尤其是实体经济更好适应产业转型、经济提质的需要,从而提高竞争力,更好满足人民群众不断提升的消费需求。

实体经济是国民经济的基石,是国家经济的立身之本,是国家硬实力的重要支柱和根本体现。只有大力发展实体经济才能创造更多的就业岗位,让更多的人有就业岗位,创造更多的物品和服务,为他人提供市场福利的同时,也为自己享有相应的福利奠定基本的基础。只有发展实体经济才能实现经济运行的稳中求进。我国要继续扩大制造业总规模,壮大实体经济,加快提升制造业产品质量,做优做强实体经济。同时,适应结构转型和消费需求结构升级的需要,提高制造业产品质量,积极拓展国内外市场,激发和释放国内外需求对经济增长的拉动力,为劳动者创造更好的就业环境。正如党的十九大报告指出的,建设现代化经济体系,必须把发展经济的着力点放在实体经济上,把提高供给体系质量作为主攻方向,显著增强我国经济的质量优势,即通过发展实体经济,推动供给侧结构性改革打通产供销各个环节,落实高质量发展,改善劳动者的经济环境,支持劳动者在稳健的实体经济中创造更优质的产品,为劳动者自身福利的提升和社会整体福利的增加夯实更加坚实的物质技术基础。

三、巩固公有制，确保劳动者福利主体性

在我国 70 多年的社会主义建设实践中，探索出以公有制为主体、多种所有制经济共同发展，按劳分配为主体、多种分配方式并存，社会主义市场经济体制等适合我国发展需要的社会主义基本经济制度。对人民群众而言，其中最为核心的内容是社会主义的公有制的保障作用。以公有制为主体保证国有经济掌握关系国计民生的关键领域和基础性行业，起到顶天立地的作用，为中国共产党领导人民集中力量办大事提供坚实的物质基础，是满足人民美好生活的基本经济制度。坚持了公有制就是坚持了人民主体地位，巩固了公有制就是保障了人民福利的基本盘。

国家掌握着主导性的生产资料，积极调控人民的生产领域的重要经济关系和社会关系。国有经济是国家和人民最可依靠的力量，是党执政的根基。国有经济是党和政府可以依靠、稳定经济社会发展、保障民生的"大国重器"。国有企业在载人航天、探月工程、深海探测、高速铁路、特高压输变电、移动通信等领域取得了一批具有世界先进水平的重大科技成果，掌握了一大批关键核心技术。同时，国有企业还承担了大量社会责任，许多投资大、收益薄的基础设施和公共服务建设，许多周期长、风险大的基础性研发，许多脱贫攻坚、改善民生项目的实施，都是由国有企业负责推进的。如果没有国有企业长期以来为我国发展打下的重要基础，就没有我国的经济独立和国家安全，就无法保障劳动者的主人翁地位。由此可以看出，公有制的最大优势就是它可以最大限度地调动起社会、劳动者、财、物、力等因素，并集合各种因素的力量，即"看得见的手"全方位地带动整个社会经济的发展。只有坚持公有制主体地位，坚持壮大国有企业，才能真正巩固新时代中国特色社会主义制度和党的领导地位，才能真正坚持以人民为中心的发展思想，才能真

正实现全体劳动者的共有、共建、共享,保证人民在基本经济建设和福利享有中的主体性地位。

四、激励创造性劳动,提升劳动效率

习近平总书记指出:"创新是一个民族进步的灵魂,是一个国家兴旺发达的不竭动力,也是中华民族最深沉的民族禀赋。"①创新是推动社会进步的动力源泉,同时是提升劳动者工作效率的重要抓手。党的二十大报告指出,我国已经进入了创新性国家的行列,力争到 2035 年进入创新性国家的前列。在当今社会,要不断提高科技创新能力,让创新引领生产发展,不断提高劳动者的工作效率,让他们享受更多的休闲时间,从而不断激发自身的创造力。

21 世纪科学技术迅猛发展,科技作为一种潜在因素逐渐渗透到劳动生产的各个环节,改变了人们的劳动方式,大大提高了劳动生产率。互联网、电子技术、人工智能等新科技的出现和发展,作为一种延伸的劳动工具,不仅将人从繁重的体力劳动中解放出来,而且在某种程度上将人从脑力劳动中解放出来。以"无人工厂"为标志,人类的劳动形式出现了新的变化。在注重科学技术的同时,强调创造性劳动的重要性,提出要加强产学研的深入融合,加大科技创新的力度,鼓励更多的劳动者掌握更多的科技手段,进行创造性的劳动,为不断提升全社会的劳动生产率做贡献。近年来,我国大力支持创新性劳动,每年投入的研发经费已经位居世界第二位,我国每年培养的科学与工程人才也是世界上最多的。在推动我国的经济增长要素中,科技进步的贡献率逐年提升。根据国家统计局的数据,我国全要素生产率的增速多年保持在 6% 以上,这是国家对科技和创新大规模投入的结果,也是激励创

---

① 习近平:《在欧美同学会成立 100 周年庆祝大会上的讲话》,《人民日报》,2013 年 10 月 22 日。

造性劳动,提高劳动生产率的表现。

加快科技创新增加创造性劳动,是建设美好生活提高生活福利的内在要求。党的二十大报告强调,国家鼓励人们通过勤劳创新致富,意味着我国经济社会发展到中高收入阶段,一般性的勤劳工作已经不足以支撑我国庞大的劳动群体获得更高水平的收入,只有通过不断的创新,增加新技术和新机器等的应用,体力劳动者逐渐从简单、重复的劳动中解放出来,与脑力劳动者一起走向了各尽所能、全面发展的创新劳动形态,从而逐渐缩小了体力劳动与脑力劳动之间的巨大差别。美好生活实现的动力基础是社会生产力的高速发展,通过社会生产力水平的提升,鼓励创造性劳动,大幅度提升劳动生产率,使得劳动者在更高的生产率发展水平的基础上,创造更多的社会总产品,为建设更加美好的生活储备丰厚的物质和科技基础,以更高的劳动产出带动劳动者福利的增加。

第二节 发展教育文化事业 提高共享发展能力

一、发展普惠性教育文化事业,提高劳动者创造福利的能力

教育是一个国家持续进步的重要推动力。教育的发展和质量的提升能够培养出大批量的高素质人才,不但能增进社会综合文明程度,而且有利于推动基于知识和技术的经济增长,增加就业,提升国家的全球竞争力。通过教育为未来的劳动者建立正确的世界观和人生观,形成应该具备的认知、情感和基本的学习能力,掌握相应的职业技能。教育赋能劳动者是实现我国经济社会发展的基本路径。新时代,我国比以往任何时候都注重发展教育,重点通过促进教育的公平,推动义务教育均衡发展,提高高等教育的创新能力几个方面发展适应高质量发展阶段需要的高质量教育。其中,建设更加公平

且均衡的普惠制义务教育,是保证劳动者基本素质的基础性工程,也是大多数劳动者应该享有的基本教育福利。

回顾历史,我国的义务教育发展主要经历了三个阶段,从保障城乡学生九年制义务教育的"有学上"到"好上学"的均衡发展,再到今天的"上好学"的高质量发展阶段,国家始终把教育摆在突出位置,坚持优先发展教育事业和优先保证教育投入的政策。根据我国国家统计局的数据,2019年国家教育经费总投入第一次达到5万亿元以上,占国内生产总值的比例保持4%以上水平。2016—2019年这四年,义务教育经费占国家财政性教育经费占比维持在53%左右,充分体现了我国对义务教育的高度重视与鼎力支持。

我国持续促进城乡基本公共教育服务均等化,把这项工程作为提升最广大劳动者素质的民心工程,重点统筹推进县域内城乡义务教育一体化,加快实现县域内城乡义务教育四个统一,包括学校建设标准统一、教师编制标准统一、生均公用经费标准定额统一、基本装备配置标准统一。2020年,县域内基本实现义务教育均衡发展和城乡基本公共教育服务均等化,教育公平和质量显著提升。2020年全国96.8%的县级单位实现义务教育基本均衡发展,85.8%的在外务工者的农村户籍学生在城镇学校就读,享受到相对更好的教育资源。劳动人口平均受教育年限达到10.8年,[1]义务教育普及程度达到世界高收入国家平均水平。农村地区教育资源得到极大的改善和发展。通过实施乡村教师支持计划,农村教师队伍力量不断壮大,人员结构持续优化,教师队伍的综合水平显著提高,有力地推动了农村地区的义务教育质量和水平的不断提升,支撑了农村义务教育学校标准化建设,显著降低了城乡教育的各方面差异。

文化教育事业是一个国家发展进步的基础性工程,也是提高劳动者素

---

① 参见谭天美、阳修俊:《我国城乡教育一体化发展研究的回顾与省思》,《现代远程教育研究》,2022年第2期。

质的基本途径。文化事业的发展离不开教育的支撑,公益性文化教育事业作为社会主义文化事业的重要组成部分,对于提升劳动者整体文化素养具有重要意义。在公益性文化教育事业发展过程中,通过多种形式的文化教育活动、营造良好的文化教育氛围,可以激发劳动者学习文化知识的积极性,满足人民群众对于多元文化的诉求,从而促进劳动者整体文化素质和科学素养水平的提升,成为高素质的劳动者,以更高的劳动生产率投入到劳动创造中去。

文化教育事业具有很强的正外部性,我国以举国的力量建设世界上规模最大的教育事业,培养出具要扎实教育训练的各类人才,成为我国各行各业得力的建设人才。教育强、人才多、国家强是全世界公认的基本规律。与此同时,从更广义的意义上讲,基础教育也是一个国家文化建设的重要组成部分。正如习近平总书记指出:"文化是一个国家、一个民族的灵魂。文化兴国运兴,文化强民族强。"①公益性文化建设注重的是社会综合效益,使劳动者在参加文化活动的同时感受到文化带给人们的心灵上的慰藉。文化教育事业的出发点是不断启迪和发掘劳动者的潜力和能力,提升劳动者全面发展的能力。新时代以来,通过增加国家财政的支持,促进投资主体多元化,加快推进信息化建设,健全公益性文化事业监管体系等方式,我国极大地促进公益性文化事业健康发展。发展公益性文化教育事业,要着力完善公共文化服务体系,以基层和农村为重点,深入实施文化惠民工程,健全设施网络,创新运行方式,提高服务水平,推动文化小康顺利实现,以潜移默化的方式为劳动者开展创造性劳动提供更加深厚的文化支持。

二、发展文化产业,激发劳动者的创造活力

文化产业既是一种文化生产能力,也能起到对人们精神的内驱动力。大

---

① 《中国共产党第十九次全国代表大会文件汇编》,人民出版社,2017年,第33页。

力发展文化产业可以在创造更多价值的基础上，从精神和思想层面激发劳动者的创造活力，提高在工作和学习时的效率。人民对精神文化生活的需求时时刻刻都存在，随着生活水平不断提高，人民对文化产品的质量、品位、风格等的要求也更高了。人民的精神文化生活向着多层次发展，为劳动者提高精神食粮应当深刻地考虑到人民真切的需要，与时俱进，加强我们国家的主流意识形态体系与人民大众的现实生活相链接，满足劳动者的精神文化需求。

坚持以人民为中心的根本思想，坚持发展为了人民、发展依靠人民、发展成果由人民共享，尊重人民群众在文化建设中的主体地位，积极创作满足人民群众文化需求的精神文化产品，调动全体社会成员参与文化建设的积极性、主动性，切实保障人民群众的文化权益。加大农村的基础文化设施建设，最大限度地消除城乡差距，加快城乡一体化建设。加强公共文化建设体系的完善，实现公共文化的均衡化，涉及各个文化层面、各个年龄阶段，满足劳动者享有广泛的文化资源；创新人们喜闻乐见的形式，加强主流价值观宣传；健全现代化文化产业体系，深入实施"互联网+""文化+"等文化发展行动，不断优化文化产品供给种类和结构，更好地满足人民群众多样化、多层次、多方面的精神文化需求。

利用科技创新推动文化产业发展。新时代、新发展阶段，以数字技术、互联网技术为代表的信息技术发展迅猛，既为文化产业发展提供了强大动力，也为劳动者提供了更为广阔的创造发展空间。要顺应实施创新驱动发展战略需要，积极运用新兴传播技术，改造提升出版发行、影视制作、演艺、娱乐等传统产业，让传统的文化形式新起来、活起来，传播更便捷，通过大力发展基于数字解码、多维高清、虚拟展示、激光显示等多种高新技术应用的新型文化业态，让劳动者以合理的价格和更加快捷的方式，享受到多种文化产品的熏陶和启迪，让众多优秀的文化产品以普及化的方式、大众化的价格，惠及千千万万的普通劳动者，给他们以娱乐的享受、思想的启发和智力的扩展，带动广大劳动者与时代同步，与文化同行，在文化产品的陶冶下保持积极向上的奋斗状态，在享受优质文化福利的同时创造更多的社会价值。

三、提升文化自信，增强劳动者的文化认同

文化是劳动者的精神家园，是国家强盛的重要支撑。文化自信是整个民族、国家由内到外的深层次的自信。坚定文化自信，提升国家文化软实力，引领社会主义文化风尚，为劳动者在实现美好生活的过程中提供精神保障。文化作为人的本质力量的根本象征，其职责就是愉悦大众的精神生活，丰富大众的精神世界，增强大众的精神力量，为人民美好生活价值的最终实现添砖加瓦。高质量的文化建设能够为人民美好生活注入精神动力，有利于不断满足人民对美好生活的新期待。

文化自信首先要对中华优秀传统文化有高度的认同。中华优秀传统是中华民族的突出优势，是中华民族自强不息的重要精神支柱。坚定文化自信，要从优秀的历史文化中吸取营养，构建以中国文化为底色的精神世界。其次，我们应将社会主义核心价值观融入精神文明建设中，以建设社会主义核心价值体系为根本任务，使其贯穿于改革开放和社会主义现代化建设各个领域，坚持用社会主义核心价值观引领社会思潮，使社会主义核心价值观成为每个劳动者的行为准则。再次，我们应以改革创新为动力，大力推进社会主义先进文化建设，以丰富的文化产品、文化作品为载体，提升劳动者的精神境界，真正为人民提供丰富的、多样的、高质量的精神食粮，使劳动者获得精神上的充实感、自豪感、幸福感，在全社会形成尊重知识、尊重创造的氛围。最后，要完善文化事业保障机制，加强文化市场准入原则，认真审核标准，在此基础上转变政府管理职能，构建宏观调控体系，用法律法规的方法把文化事业落实。

中华优秀传统文化中的哲学思想、人文精神、道德理念等至今闪耀着思想光芒,历久而弥新,深藏着民族最丰富的道德智慧。这些传统文化深深地熔铸在不同历史时期人们的精神血脉和价值观念当中,为中华民族世世代代所尊崇。在享受现代文明带给我们丰裕物质的同时,用中华优秀传统文化疏解人们的焦虑心理,培育自尊自信、理性平和、积极向上的社会心态。习近平总书记指出:"中华民族具有5000多年连绵不断的文明历史,创造了博大精深的中华文化,为人类文明进步作出了不可磨灭的贡献。经过几千年的沧桑岁月,把我国56个民族、13亿多人紧紧凝聚在一起的,是我们共同经历的非凡奋斗,是我们共同创造的美好家园,是我们共同培育的民族精神,而贯穿其中的、更重要的是我们共同坚守的理想信念。"①要加强文化建设,倡导通过劳动创造属于自己的美好生活。习近平总书记指出:"必须牢固树立劳动最光荣、劳动最崇高、劳动最伟大、劳动最美丽的观念,让全体人民进一步焕发劳动热情、释放创造潜能,通过劳动创造更加美好的生活。"②同时,坚持弘扬民族精神和时代特色,增强劳动者的文化自信程度。

第三节 加强劳动保护 助力福利创造

一、加强对劳动者的健康保护

健康是人发挥劳动能力的基本条件,人们对健康的追求是满足美好生活需要的重要组成部分。保护劳动者的健康是发挥劳动者积极性,提高创造能力的重要基础。我国已经建立了覆盖全民的基本医疗保障制度,多层次的医疗保障制度可以为劳动者提供多样化的医疗保护,帮助劳动者医治疾病,

---

① 《习近平谈治国理政》,外文出版社,2014年,第39页。

② 同上,第46页。

恢复健康,提高身体的健康水平。同时,能够进行预防性健康管理,提供一些健康保健知识和服务。对劳动者而言,健康是享受美好生活的前提条件。"医疗卫生服务直接关系劳动者身体健康。要推动医疗卫生工作重心下移、医疗卫生资源下沉,推动城乡基本公共服务均等化,为群众提供安全有效方便价廉的公共卫生和基本医疗服务,真正解决好基层群众看病难、看病贵问题"①,保障劳动者的基本医疗卫生服务。习近平总书记在《论坚持全面深化改革》一文中专门提道:"全面深化医药卫生体制改革,要着力推进基本医疗卫生制度建设。"②近些年,我国的医疗健康服务事业在困难中前行,取得了重要进展,对我国的众多劳动者特别是处于流动状态的进城务工人员的健康服务取得了重要进展,解决了他们的看病就医难的问题。

我国非常重视劳动者的健康,在从疫情防控到统筹经济社会发展的艰难工作中得到了充分的反映。习近平总书记在二十国集团特别峰会上指出:"面对突如其来的新冠肺炎疫情,中国政府、中国人民不畏艰险,始终把人民生命安全和身体健康摆在第一位,按照坚定信心、同舟共济、科学防治、精准施策的总要求,坚持全民动员、联防联控、公开透明,打响了一场抗击疫情的人民战争。"③我们坚决维护中国人民生命安全和身体健康,保护了大量的劳动力持续发挥重大的劳动创造作用。

从更高的要求看,客观地说,目前我国劳动者的健康水平仍有较大提升空间,健康保护的全面性还不够,比如历史遗留下来的问题依然困扰着我们:医疗卫生基础建设工作的历史欠账较多,投入依然不足,与先发国家相比,人均医疗资源还有待进一步提高;与美好生活建设相适应的医疗服务差距明显,人民群众多样化、多层次的健康服务需求难以得到有效的满足;某

① 中共中央宣传部:《习近平关于社会主义社会建设论述摘编》,中央文献出版社,2017年,第99页。

② 《论坚持全面深化改革》,中央文献出版社,2018年,第280页。

③ 《十九大以来重要文献选编》(上),中央文献出版社,2019年,第41页。

些地区的群众看病难、看病贵的问题还没有得到根本解决,部分群众的看病就医负担依然很重;基层卫生服务和公共卫生服务依然薄弱,优质医疗资源严重不足且分布非常的不均衡,等等。新冠肺炎疫情的暴发也暴露了我国公共卫生预防体系薄弱的问题,将对广大劳动者造成巨大的健康威胁,这将是我国今后要重点建设的健康安全保护网。另外,劳动者的健康保护还包括工作环境的健康安全、非歧视的工作待遇、健康的职业心理等,都是我国今后要进一步努力提高的方面,也是激励劳动者不可或缺的重要内容,相信随着我国对劳动健康保护水平的不断提升, 劳动者享有福利的同时创造福利的能力也会进一步增强。

二、完善就业服务培训支持

我国实行的是社会主义经济制度, 在社会主义的大方向下利用市场经济的灵活性和效率推动经济的快速发展。劳动者面对市场经济的竞争,也面临着失业等风险。失业一方面影响了劳动者的收入,让其生活陷入困顿,严重打击了失业者的生活信心,同时失业也是社会财富的巨大损失,广大劳动者没有发挥作用,没有创造财富,处于闲置和浪费的状态,这种损失是不可挽回的。对社会而言,培养劳动者的社会成本非常高、周期长,失业是个人和国家的双重福利损失,必须从制度层面建立系统的再就业救助和培训制度,进行失业保护和再就业支持。

完善就业服务体系。做好人力资源市场的统筹工作,打破性别歧视、年龄设限、行业划分、身份界限、城乡有别、地区差异等方面的歧视,健全相关法律制度,从制度上消除影响平等就业的障碍,保持就业市场的灵活性和应有的弹性,促进劳动者在不同的地区、行业和企业间自由流动,减少劳动者求职过程中的市场摩擦,维护就业者平等就业的权利,充分发挥政府调控劳动力市场的重要作用,帮助失业者等困难群体实现就业。政府和社会层面要建立绩效考核和购买服务成果机制,提高就业服务供给能力和水平,不断丰富服务内容,拓展服务功能,完善服务手段,积极实现就业服务的标准化、精准化和即时性,综合运用现代信息技术等手段,提高就业服务的信息匹配的精准性,以高质量的就业服务体系为劳动者建立风险缓冲区和安全保护带。

开展就业培训,提高劳动者抵御风险实现就业的能力。由于科技的进步,产业的发展,技术的迭代,造成许多结构性失业,这部分劳动者要再次进入就业领域,需要新的技能,政府和社会组织的培训显得非常必要。近年来,我国已经基本建立了覆盖比较广泛的劳动者就业培训体系,重点强化针对性的职业培训,对于失业人员、转岗职工、进城务工人员、退役军人等群体,大力开展有针对性的就业技能培训、岗位技能提升培训和创业培训,提高他们适应经济发展、技术进步和结构调整的能力,让他们享有社会保护福利的同时,通过培训进一步提升就业能力,增强再次创造社会福利的能力。

三、完善法治,保障劳动者的合法权益

习近平总书记强调:"全面推进依法治国是关系我们执政兴国,关系人民幸福安康,关系党和国家长治久安的重大战略问题。"①新时代美好生活的实现,离不开劳动者的辛勤贡献。因此,要让劳动者的权利得到充分的保障,必须通过建立健全法制体系,充分保障劳动者的合法权益。

党的十八大以来,以习近平同志为核心的党中央不断推进社会主义法治国家建设,不断完善法治体系,进而保障劳动者的合法权益。在政府层面,需要为劳动者创造公平公正的司法环境,完善劳动者权益保障机制,从知识学习、技能培训、岗位就业、薪酬待遇、福利保障、安全卫生等方面开展各项工作,对基层职工、外出务工人员、困难职工、贫困人员等群体制定合理制

①《中国共产党第十八届中央委员会第四次全体会议文件汇编》,人民出版社,2014年,第71页。

度,使得社会民众能够参与建设,分享建设成果,推进体面劳动,在合法权益得到维护的基础上,形成和谐的劳动关系。在社会层面,雇佣方需与劳动者签订具有法律效力的劳动合同,保证劳动者在劳动过程中生命财产安全、设立同工同酬制度,保障劳动者依法获得劳动报酬等。

"要建立全党和政府主导的维护群众权益机制,抓住劳动就业、技能培训、收入分配、社会保障、安全卫生等问题。"①在党中央的指导下,我们始终坚持依法治国,崇尚宪法赋予的责任。劳动法律和政策在制定的过程中,坚持贯彻以人为本的理念,体现出对劳动者的人文关怀。而且随着我国劳动法律制度的完善,一些用工企业单位的不良行为将进一步受到法律的约束,可以更好地构建和谐的劳动关系,劳动者可以更好保障自身权益不受侵犯。

党和政府努力通过民主和法治来促进社会的公平正义,不断推进社会公平正义的制度化进程,逐步建立以法律和制度为基础的以机会公平、规则公平为主要内容的社会公平保障体系,为广大劳动者营造更加公平的社会环境,保证劳动者平等参与劳动,公平获得报酬,平等分享社会发展福利的权利。

① 习近平:《在庆祝"五一"国际劳动节暨表彰全国劳动模范和先进工作者大会上的讲话》,《人民日报》, 2015 年 4 月 29 日。

第八章　新时代人民福利建设的共享性

第一节　福利共享反映时代发展要求

福利的共享性是福利建设的内在规定性，共享发展理念是对以人民为中心理念的升华和扩展，彰显了中国共产党对执政规律、社会主义建设规律、人类社会发展规律在新的发展阶段的深化认识，同时也体现了全面建成小康社会的目标导向、共产党人谋求发展的经验得失和中国话语体系及中国方案的构建方式的辩证统一。

一、新时代中国共产党人的初心使然

中国共产党人的初心和使命，就是为中国人民谋幸福，为中华民族谋复兴，这是中国共产党建立的初衷，也是贯彻群众路线的具体体现。中国共产党是人民的政党，从诞生之日起就深深地扎根于中国大地，在为人民谋幸福的历程中与群众血脉相连，构建了以人民为中心的基本发展逻辑，彰显了中国人民的发展主体性地位。

在新民主主义革命时期，中国共产党以马克思主义群众观为指导，并与中国具体实践相结合，逐步突破了建党初期建设理论的不足，不断深化对

"人民"概念的认识,从原有仅依靠生产关系和经济结构划分的工人阶级和贫农阶层,到瓦窑堡会议将民族资产阶级、小资产阶级纳入统一战线,再到统一管理工人阶级、农民阶级、城市小资产阶级和民族资产阶级,体现了党的群众观点在革命实践中逐渐成熟,诠释着以人民为中心的方法论意义,并在革命实践的考验中不断打磨、提炼,成为新民主主义革命成功的关键因素。①在社会主义革命和建设时期,中国共产党实现了革命党向执政党的转变,党群关系的建构背景和影响因素更加复杂,促使党进一步加深对群众观的理解和认知,人民的主体性地位得到进一步提升。人民主体性的提升和发展目标的定位,让中国共产党成为肩负巨大历史使命的政党,使命型政党的初心不变,使命更加明确。通过探索社会主义建设道路,建成社会主义制度,并于党的八大提出社会主要矛盾的转变,都体现了党时刻将人民放在心中,将贯彻群众路线作为统一共识,追求实现人民幸福的道路。改革开放之后,共产党人以追求真理和实事求是的精神,对人民的本质、社会主义建设规律及群众路线进行再思考,以不同的历史背景和建设实践为参考依据,将人民主体性嵌入经济、政治、文化、社会、生态的五位一体制度设计中,以维护最广大人民根本利益作为一切工作的根本出发点和落脚点,坚持把人民拥护不拥护、赞成不赞成、高兴不高兴作为制定政策的依据,顺应民心、尊重民意、关注民情、致力民生,既通过提出并贯彻正确的理论和路线方针政策带领人民前进,又从人民实践创造和发展要求中获得前进动力,让人民共享改革开放的成果。

将共建共享所表达公正理念作为党的基本执政准则,将有利于巩固执政基础,最大限度地兼顾最广泛意义上的社会各阶层利益,将根本宗旨与执政理念通过价值实现路径进行衔接。同时,还可以整合执政资源,在社会主

① 参见吴海江:《以人民为中心的发展思想研究》,人民出版社,2019年,第100页。

义核心价值观认同的基础上,强化向心力和凝聚力。社会公平正义和实现发展成果共享是中国共产党矢志不渝的追求目标,在这种价值目标的驱动下,共建共享不仅有助于推动全面建成小康社会的实现,而且将通过提升整个社会的信任程度和整合程度,为社会秩序的稳定和安全运行提供必要前提,为全面深化改革的开展注入强大活力。中国共产党人的初心和使命,必然在社会主义建设成果的共享中得到充分的彰显。

二、全面建设社会主义现代化的时代需要

我国全面建成小康社会,社会经济实力得到大幅度提升,脱贫攻坚战、蓝天保卫战等战略部署获得显著成效,全国上下以实现第一个百年奋斗目标为新的起点,心向一处走,劲往一处使,为"十四五"发展和实现第二个百年奋斗目标奠定更为坚实的发展基础。

习近平总书记在中央财经委员会第四次会议上强调,我国已经基本实现全面建成小康社会目标,成效比预期的要好,但还存在一些短板弱项和不足,必须加快补上,切实加大工作力度,集中优势兵力打歼灭战。"补短板"作为一个内涵和外延都十分丰富的词语,被广泛应用于各个场景和领域,中心思想是以辩证思维和统筹眼光,立足全局视角,对工作进行布局谋划。但"短板"并不是一个大而化之的概念,不能指代一切缺陷和不足,只有事关整体性、基础性、根本性的工作任务,才能被列入"补短板"的范围。2020 年 5 月 31 日,《求是》杂志发表了习近平总书记的重要文章《关于全面建成小康社会补短板问题》,对当前我国推进全面建成小康社会进程中出现的突出问题及解决着力点进行剖析,提出要全面完成脱贫攻坚任务,解决好重点地区环境污染突出问题,加快民生领域工作推进,健全社保兜底机制,将补短板作为硬任务,带领广大人民群众团结奋斗,严抓落实,为全面建成小康社会跑好"最后一公里"。

从更为长远的视角看，我国全面建设社会主义现代化强国，必然要解决社会主义现代化建设中比较明显的、历史欠账比较多的公共服务短板的问题。在经济快速发展的过程中，人员的大范围流动不可避免，推进公共防疫、卫生保健、养老照护等公共服务的水平提升，并不断缩小城乡之间、地区之间的差距。新冠肺炎疫情的深刻教训是，要大力推进以公共卫生防疫为重要内容的公共服务的均等化水平建设，让不同收入水平和多种就业形式的劳动者，都不受歧视地享受到国家和社会提供的与经济社会发展水平基本适应的公共服务，让人民共享经济发展和社会建设的成果得到充分体现，让全面建设社会主义现代化的内涵更加丰富，更具有人民性。

三、部分后发国家社会分化的镜鉴

作为多年来西方占据主导地位的政治思潮，新自由主义本质上是国际垄断资本向全球扩张的一种政策要求和理论主张，是为国际垄断资产阶级服务的意识形态，经历了从古典自由主义、现代自由主义到当代新自由主义的发展和变形，自20世纪90年代以来，经过所谓"华盛顿共识"后被重新提及推崇，借助英美的主流媒体反复向世界各地推介。在价值观方面，新自由主义鼓吹个人主义，认为个人权利尤其是个人的自由权利是神圣不可侵犯的，个体决定优先于社会集体决定；在经济方面，新自由主义的核心思想是"自由化、市场化、私有化"，认为市场经济是与私有制相匹配的经济运行模式，是唯一能够实现资源合理配置的经济制度和运行模式；在政治方面，新自由主义以宣扬西方宪政民主来反对社会主义等与之不同的政治制度，通过对个人自由和选择的宣示，有意掩盖其资产阶级政治制度和政治思想的阶级性、历史性和意识形态性。

总体而言，新自由主义在全球范围的推广，一方面拓展了资本主义生存和发展的空间，另一方面又造成世界资本主义体系新的矛盾和危机，特别是加剧了发达国家内部以及发达国家和发展中国家之间发展的两极分化。当前,面对严峻复杂的世界经济形势,国际形势之严峻和国际发展之失衡现状突出,世界正在经历百年未有之大变局,地缘政治、大国冲突、经济制裁等矛盾和不确定事件频发。部分西方政客以民族主义和国家主义为工具,煽动仇恨与冲突,严重影响了地区和平与世界局势的稳定,对全球产业链、国际社会交流、国家间关系和全球多边机制建设造成严重影响,全球范围内的和平、合作与发展受到较大的挑战,面临更多的不确定性。针对这种治理失衡状况,中国提出了共治共享的发展理念。共享是构建人类命运共同体的出发点和归宿,共享发展理念是构建人类命运共同体最直接、最深刻的理论基础。共享发展理念反映出了人类命运共同体的价值诉求,包含着发展问题的清晰认识,积极回应了人类命运共同体的发展困境,为实现人类命运共同体提供了理论支撑。世界命运应该掌握在全人类手中,由世界各国共同掌握、共同治理全球事物。

在新自由主义视野下,世界自由自发发展的现状是合理的,很多国家连基本的温饱都没有解决也是正常的,这并不阻碍他们宣扬自由与民主的"正当性、普适性、通用性",他们对很多国家因新自由主义造成的乱象熟视无睹,世界上很多国家一直是富国,有些国家却永远是穷国,新自由主义习惯于这种"自由"状态的差距,认为这是基于基本秩序的很合理的存在。在广大发展中国家的人民看来,这是不可接受的,也是必须要改变的。现存国家政治经济治理的最大赤字和问题就存在与此,因此推进世界经济政治新秩序的构建,让全球治理结构更加合理,把发展中国家的发展机遇与全球的共同进步结合起来,让共享发展成为全球发展的内在特征。在人类命运共同体视角下共享发展目标实现的关键在于从根本上全面落实共享,在这个意义上,我们要坚持人类命运共同体的共享发展理念,推动国际社会共同努力,弘扬共同利益,推动国际社会的公平正义,坚持公平包容,打造公平普惠的发展模式,消除隔阂偏见,增加发展中国家的话语权,推动合作共赢,增进全人类福祉,促进各国共同繁荣进步。不断加强国际交流,谋求合作,促进安全,推动各国走出发展困境,致力于实现全人类各国共同发展的目标。

第二节 全面推进福利建设的共享性

自党的十八届五中全会以来,共享发展理念始终聚焦于"发展为了谁,发展依靠谁,发展成果由谁共享",坚持以人民为中心的发展思想,以实现共同富裕和人的全面发展为最终目标,根植于中国社会发展现实,不断深化拓展共享发展理念内涵,厘清了我国的长期发展思路与建设布局,成为指导解决我国部分领域发展失衡甚至损害人民利益不良倾向的基本理念,并推动在政策层面形成共享机制。

一、福利建设主体的全民性

人类发展活动的主体是人民群众,发展活动及其成果享有不应只是少数人的专利和特权,体现了对全人类追求进步的重大现实关切。唯物史观认为:"历史活动是群众的事业"[①],作为历史的创造者,人民群众创造了使社会得以存在和发展的物质财富,理应拥有共享社会发展成果的权利。

作为规定了共享发展主体的首要概念,全民共享具有两方面的内涵,即全体人民共同参与到发展成果的创造和享受过程中。全球视野下的中国特色社会主义事业建设具有高于唯资本和商业逻辑的立足点,始终将维护人民的权益贯穿于国家经济建设的主要领域,立足以人民的需求为经济社会发展的基本导向,将广大人民群众对美好生活的向往和追求,与现代化事业

---

① 《马克思恩格斯文集》(第一卷),人民出版社,2009年,第283页。

建设发展的方向紧密结合起来，努力保障发展成果由人民共享的目标能够落到实处。经济工作是党和国家的中心工作，做好经济工作是党治国理政的重大任务。①国人对快速发展经济的诉求依然强烈而迫切，对"将蛋糕做大做强"的认识有着广泛的群众基础，不断增强经济实力，持续提高国家的综合国力，能够在世界舞台上扮演日益重要的角色，可以更好地维护我国人民的根本利益的能力不断提高。但是在一个超大经济体内面临行业和地区发展不平衡的复杂纷繁的情况下，如何科学地"分好蛋糕"是对我国制度建设的重大挑战。由于我国的分配方式和具体的制度设计仍然存在较为明显的短板，部分利益群体的自我利益实现具有一定的不合理性，影响了部分人民群众的劳动付出和收入水平不对等性，产生了相对剥夺感，阻碍了他们对美好生活奋斗的积极性。因此，在经济发展中必须牢固树立人民至上的理念，并以此指导分配原则和成果惠及劳动人民，搭建更加有效、合理的分配框架，在以人民为中心的宏观框架下寻求实现经济发展与保障人民利益之间的更恰当契合点，不让任何一个努力工作的人掉队。

福利建设主体的全民性是马克思主义唯物史观的现实反应，是群众创造历史的真实写照，也是人民福利建设的基本遵循和方法论，在很大程度上决定着人民享有福利的范围、程度和可持续性。人民群众既是历史长河的主导力量，也是具体的物质性建设的承担者和享有者，体现了社会主义经济建设的主人翁地位。在经济建设和福利享有层面，人民群众既有义务参与劳动，也有权利享有成果，既是劳动实践的主体，也是利益享有的主体。劳动群众的主体性在这些方面得到很好的体现，这也是社会主义现代化建设生生不息的动力之源。在全面建设社会主义现代化的新征程中，只有发动人民群众团结一心、齐心合力、群策群力，让每一位优秀的劳动者全力投入到物质

---

① 参见《习近平经济思想学习纲要》，人民出版社、学习出版社，2022年，第2页。

财富的创造和精神财富的构建中，汇集人民磅礴的力量和干劲投入到各行各业的建设中去，才能创造出更加丰富的物质财富和精神果实，体现出社会主义人民福利全体人民共建的特点，为人民共享福利奠定坚实的基础。

福利建设全民共同建设的设定体现了我国是人民民主专政的社会主义国家的国体性质，也体现了中国共产党全心全意为人民服务的宗旨。强调全民共同建设，就是要将人民主体性放在更加突出的地位上，将是否能够团结和带领人民谋取国家获得发展进步和人民的幸福为党和政府的一切工作的出发点和归宿，只有激励人民不分地域、性别、种族、阶层、职位等的区别，可以人尽其才地积极投入到社会主义国家的建设中去，促进社会、经济、科技、文化等方面的全面进步，就体现出了劳动群众建设人民福利的主人翁精神，践行了福利建设主体的全民性。

二、福利共享内容的全面性

福利共享的全面性主要是指，人民共享福利的内容不只是停留在某一个方面或某一项具体的领域内，而应当是全方位的、各个方面都有的福利享有，如同前面几章所论述的包括物质福利、有品质的文化教育等精神福利，以及公平规制发展福利等方面。具体而言，可以表述为人民群众在劳动推动社会发展进步中，医疗、教育、养老等基本公共服务福利都能得到较好的保障，这些基本福利的满足可以帮助人民的工作发展能力在全面共享中得到不断满足和提升。与此同时，社会发展进步的水平提升，还要求全民共享要给予人民群众享有平等的成长机会，提升共享能力，协调共享水平。平等的机会共享是实现共享发展的先决条件，也是社会公平正义的重要诉求。如果我国的新发展阶段不能保证人人享有平等的共享机会这一重要的发展前提和价值追求，只是相对空泛地谈论共享发展之路，显然对很多人来说没有特别的社会实际意义和价值，对许多有具体生活和发展要求的人来说更是没有吸引力和说服力。因此,全面的共享性是提高人民共享能力的重要条件,也是实现共享发展的重要保障。共享机会越平等,共享能力越强,共享的全面性水平也越高,有助于实现缩小贫富差距的重大目标。落实好全面共享的努力有效地缩小城乡差距,逐渐缩小东西部之间的发展差距,推进全社会向共同富裕的方向不断发展进步。

要落实好全面共享,必须保护好人民群众的各项生活发展的基本权利,包括自由地在法律规定的范围内从事生产发展创造的权利,人民的基本生活和尊严得到保障的权利,以及政府提供的其他方面的基本条件。在实现人民群众基本福利权利保障的基础上,还能共享我国社会经济发展带来的物质财富、技术革新,政治文明发展带来的民主、公平和正义,社会发展带来的均等化的公共服务和社会保障,文化发展带来的精神文明财富,以及生态发展带来的美好生活环境等,享有作为一个社会人应该享有的全面的福利内容。

从马克思主义的视角审视,真正的社会发展与人的发展是内在有机统一的过程,两个发展是一个事物的两个方面,在本质上是辩证统一的。一方面,体现人民的全面共享要求社会发展成果是对人"友善"的发展成就,在发展过程中注重了社会文明水平的全面进步,是经济高质量发展、政治文明提升、精神文化产品丰富、社会建设幸福而友善、生态保护良好的全方位进步,从社会发展权利、发展机会到发展成果的各个环节,为每个人在社会发展的各个方面都赢得发展空间,为人们的成功提供了发展机会,赋予了获得发展成果的充分条件,使人们的需求得到全面性、多层次、宽领域的满足,社会成员的个人能力也在这一过程中得到提升,有利于人生抱负和理想的实现。另一方面,单一个人的全面发展汇集注入社会发展中,必将促进全社会的物质财富和精神财富的不断丰富,推进整个社会向前进步。全面共享使社会发展与人的发展有机统一起来,相互促进,同向同行,相得益彰,共同发展。

随着社会生产力提高而不断增加的社会财富,一方面为社会的全面进步奠定了良好的基础;另一方面,其又为行业和区域的持续发展赋予了强劲有力的发展动力, 持续推动社会发展的精细化程度愈发显著和精细化水平的逐渐提高。在这一背景下,作为新发展理念形成的源点之一和价值指向归宿的共享发展理念因而也具有了超越以往单一性的多元化主客体。在党的十八届五中全会上,全面共享发展理念被赋予了更为深厚的内在意蕴,作为其重要维度之一的全面共享,同样得到了进一步的丰富,其含义指向随之拓展到包括国家经济、政治、文化、社会、生态等方面在内的建设成果共享。此后,随着我国全面深化改革进程的进一步加快与深化,在发展权利和机遇等各个方面,社会各界随之提出了更加多元、广泛的共享需求,这不仅促使共享本身的内在含义进一步得到拓新, 更是对如何推动共享落地见效的实施举措提出了更高的要求。与此同时,共享需求多元化、广泛化的趋势,还进一步引导着社会各界对公平与效率、全体与个体、主要矛盾与次要矛盾等现实关系始终保持着高度的关注。而在更高层次推动实现这些关系的平衡,并积极作为采取措施回应民众的多元化诉求,不仅有助于我们在新时代——提升社会的综合性、整体性发展水平,也有助于在现有治理水平基础上,同步提升国家的社会治理能力及水平,有力地助推我们更加合理、合情地落实发展成果的全面共享性。

三、福利共享途径的共建性

福利共享不是平均主义,也不是绝对公平,实现福利共享是有条件、有程序、有路径的。从福利共享共建的途径来看,我国所推动构建的福利共享具有其鲜明的特色:其自身架构建设的坚实基础和推进动力来源于人民群众,最终的目标归宿是实现共同富裕,先决条件则是形成多元参与共建的共识。

首先,人民群众是福利共建共享的力量之源。综观历史,广大人民群众始终是推进中国革命和社会主义探索、建设以及中国式现代化道路的力量源泉所在,广大人民群众的历史首创精神和历史创造作用,深刻嵌入进中国社会主义事业的发展历史足迹中。中国式社会主义现代化建设既非某单一个体,也非某个团队的责任,而是全民共建共享的事业,作为中国式现代化建设重要维度之一的福利共享事业,其实现全民共享的首要前提就是构建"全民参与式共建"的社会福利建设。换言之,实现全民福利共享的必然选择,唯有充分引导人民群众发挥自身作用积极主动、全方位地参与社会福利事业建设。在新时代推动中国特色社会福利建设事业中,我们必须始终充分肯定人民群众的基础性地位,尊重人民群众的历史首创作用,充分激发人民群众的主体性,引领动员人民群众积极参与社会建设,以人民群众的历史磅礴伟力凝聚人心,汇聚力量,为中国社会福利共建共享发展注入不竭的动力支撑。

其次,共同富裕是福利共建共享发展的目标旨归。共建、共享与共富(共同富裕)之间具有内在的逻辑关系与现实的实践互联。共享是表征共建、共富内在价值的实践指向,共富则是共建共享的根本追求所在,而共建则是推动共享与共富实现的建设基础。共享发展不是平均主义的主观式共享贫穷,而是建立在不断做大社会共有财富基础上的共同富裕;共享福利不是不劳而获的坐享其成,而是要引导利益主体通过参与福利事业建设、创造价值,从而实现共同富裕的终极旨归。在推动社会福利共建共享实现共同富裕的道路上,我们要明确人人有责任、人人应尽责、人人要创新、人人需参与,充分发挥广大人民群众的力量,以共建行为促共享发展,最终实现共富的价值目标,形成一个良性发展的有机循环系统。

此外,共建与共享之间也展现出互为依托、互相促进的二元关系。在二者交织的演进中,具有先导性、基础性的当属共建,而共享则是共建基础上的目标旨归,因而只有推动共建才能推进共享。共建与共享共同构建形成一个逻辑关系清晰、共存条件明确、主次先后分明的整体,这个整体以共建作为筑牢共享的根基，以共享激活共建持续发展的动力。我们要始终坚持以我国国情民情为基本依据，以广大人民群众的福利现实需求和更好未来期望为导向，充分发挥我国的制度优势推动共建共享的架构。在这一过程中，我们既要摒弃"享乐主义价值观"过度强调福利共享的权利，而丝毫不提福利共建的义务责任的主张，又要注意"禁欲主义价值观"忽视大众共享权利，过于看重共建义务的观点是否适合我国福利建设实际。从历史发展与辩证的角度审视，前者所主张的价值观点既不适应我国社会发展现状，亦非我国社会主义社会制度的本质追求，更是与我国所致力架构的福利共建共享的目标相去甚远。而后者持有的观点则背离了现代社会工商业文明经济运行发展的基本原理，通过降低人民的福利期望与需求，一方面遏制了人民推动社会生产力持久提高的自身主动性和积极性，另一方面又通过宣扬禁欲否定了广大人民群众对于美好生活的向往和追求。

最后，达成基本共识是推动福利共建共享落地的重要条件。任何一种社会福利制度的建设发展都不是孤立于社会而存在的，在建设社会主义现代化强国的新时代，我们推进社会福利共建共享同样需要促进诸多与之相关联事物的发展。发展生产的大环境作为社会福利共建共享的重要基础之一，其是否和谐美好、团结一致，始终是关乎社会福利能否保持共建共享持久不衰的必备因素之一，只有始终保持社会生产力的不断进步发展，人民群众才能在不断增加的物质财富基础上，享有自我的基本权利和利益，从而为实现共同富裕而贡献自己的力量。从这一层面来看，我们所架构的共建共享社会福利是全利益主体参与、全体人民共享，是在多元参与中协同构建、不断改革优化中提升水平、在中国式现代化发展中实现共享的中国特色人民共建福利。

四、福利共享历程的渐进性

福利共享的构建发展具有鲜明的历史性和发展性。在漫长的发展演变中,福利共享不仅在理念方面形成了丰富的理论成果,而且也在实践中展现出鲜活的生命力。具体到当下中国式现代化语境下,我们所倡导的福利共享发展理念既是中华传统文明对于福利共享理念的扬弃超越,也是对于马克思主义经典作家福利思想的创造性运用、中国化推新。站在两个一百年交汇的新历史起点上,必须明晰社会主义福利建设是一场任重道远且没有终点的事业,要清醒认知目前我国正处于转型发展的宏观背景、社会主义初级阶段的基本国情,坚持以发展的眼光看待社会福利共享,并在满足人民群众现实需求、未来期望和综合考量社会经济发展的基础上,进一步优化完善社会福利的发展理念、思路,以更具规律、更符合实际的制度安排推动社会福利共享不断前行。

首先,社会主义初级阶段的基本国情是推动社会福利共享渐进发展的现实依据。党的十八大以来,我国的社会主义建设事业虽然取得了历史性成就,发生了历史性的变革,但是我国仍旧处于并将长期处于社会主义阶段的基本国情并没有根本改变,发展建设的任务仍然十分繁重。就社会福利来讲,一方面,由于历史原因,我国在各项福利方面的人均指标与世界发达国家相比较存在较大的差距;另一方面,目前我国经济社会发展水平还远未达到完全普及高水平福利共享的物质要求。因此,我国社会福利共享事业的发展必然是一个渐进提升的过程。新时代我国推动社会主义福利共享,始终要以现实国情为依据,既不能在构建福利共享实践中一味追求高水平待遇而脱离我国现阶段的经济发展实际,也不能以经济发展现状为借口而忽略推动福利共享水平不断提升之必要性,更不能开历史倒车,不切实际地强调绝对公平,犯主观盲动的错误。所谓福利共享的渐进性,就是要始终坚持立足我国当下的实际,充分发挥党实事求是的群众路线,引导人民群众参与社会福利建设,因时而异、因地制宜,以改革促进共享发展跃升,以福利共享推动新的发展。

其次,福利共享的渐进发展理念是推动社会福利共享渐进发展的理论依据。党的十八届五中全会首次提出了共享发展理念,进一步提升了对于中国特色社会主义的认知。而推进社会福利的渐进共享不仅是检验共享发展理念科学性的重要实践,同时也有助于促进我国福利共享发展理念的与时俱进。社会主义制度的显著优势是落实人民渐进共享福利的制度保障。为人民谋幸福始终是中国共产党人的初心使命,推动社会福利渐进共享就是落实"人民对美好生活的向往就是我们的奋斗目标"的重要举措之一。在开启第二个百年奋斗目标的现阶段,以新发展理念为指引,推进福利共享渐进发展,构建渐进共享的福利模式离不开社会制度的保驾护航,而中国特色社会主义集中力量办大事的制度优势、"五位一体"总体布局、"四个全面"战略布局的制度安排,都为推进构建渐进共享的福利模式和逐渐提高人民共享社会发展福利的水平提供了强有力的保障。其中,集中力量办大事的制度优势有助于汇聚资源、推进共享成效落实;"五位一体"总体布局和"四个全面"战略布局有助于推进福利建设融入国家社会整体发展布局之中,便于处理好福利建设与社会整体发展之间的关系,不断提升人民享受时代发展福利的水平。

最后,福利建设与经济发展的协调是推动福利渐进共享的内在要求。福利共享发展突出福利所得的共享性外,其更重要的是福利民生建设发展的整体性、系统性、渐进性等方面,这就意味着在注重福利待遇水平享受的全民性之外,福利渐进共享还强调待遇水平的可持续性和不断增长性。而要实现这一内在要求,最重要的就是要充分发挥福利建设与经济发展的互促作用,确保福利建设与经济发展协同共进性。一方面,福利共享对于经济社会发展具有重要的推动作用,不仅在宏观层面推动经济高质量发展,同样在中微观层面发挥着缓解社会矛盾、缩小贫富差距等方面的功能。另一方面,经济社会发展又是福利共享水平不断提升的物质条件,即福利共享水平的逐渐增长必须建立在经济社会不断持续发展的基础上。正是因为经济发展具有阶段性、渐进性,福利共享的水平才必须是阶段性、渐进性地增长,假如经济长时期内处于停滞或增长缓慢状态,那么福利共享水平也不会在一个时期内得到很大的提高。因此,在我国推进福利渐进共享和成效落实的实践中,我们必须要重视并积极推进福利建设与经济发展的互促作用,既要以民生福祉建设不断缓解社会矛盾等推动经济发展持久向好,又要抓好发展这一关键把手,始终推动福利建设稳步上升,不断在发展中随之渐进提升福利共享水平。

第三节 完善福利共建共享的制度建设

一、社会主义基本制度是保证福利共享的基本前提

改革完善中国特色社会主义制度,是人民享有福利建设美好生活的根本保障。综观世界发展史,没有哪两个国家的发展兴起之路是完全相同的。任何一个国家只有走自己的路,才能找到真正的出路。中国特色社会主义道路,是为人民谋福利的道路,是创造中国人民美好生活的必由之路。这条路走的怎么样,能不能为人民带来福利,是我们能否继续坚持这条道路的首因。事实已经证明,中国特色社会主义道路设定的方向是符合中国实际和国情的,改革和完善中国特色社会主义制度是人民摆脱贫穷、走向富裕的基本制度保障。

40多年来,中国完成了世界上绝大多数的减贫工作,超过了历史上任何

一国任何时期、任何情况下的脱贫致富取得的成就,创造了人类历史上民生福利建设和快速发展的最大奇迹。下面笔者用不同视角的统计数据,多层面地展现我国社会主义制度下,人民共享改革发展成果的最为雄辩的事实。

根据国际著名的反贫困专家安格斯·迪顿的统计,从 1981 年到 2018 年,全球的贫困人口从 15 亿减少到 8.05 亿,中国贡献了这一时期全球减贫成效的 90%。[①]虽然有统计口径上的差异,但不可争辩的事实是,如果没有中国的卓越贡献,世界减贫工作将是停滞不前的,贫困人口数量可能还会出现增加的趋势。这样的成就在旧中国是不可能实现的,在传统社会主义僵化模式下也不会出现,只有在我们中国特色社会主义理论指引和实践道路下才能创造出这样的世界奇迹。这种对人类发展的巨大贡献,既没有发生在"华盛顿共识"下的拉丁美洲,也没有出现在"颜色革命"盛行的东欧、西亚、北非,而是出现在"北京共识"指引下坚定走中国特色社会主义道路的华夏大地。2017 年 6 月,中国代表在联合国人权理事会上代表全球 140 多个国家,就共同努力消除贫困发表联合声明指出:社会主义中国用 30 多年的时间让 7 亿多人脱贫,并将在未来 3 年让 4000 多万群众走出贫困。这是全球与贫困斗争的里程碑式成就,是中国给世界其他长期深陷贫困无法自拔的国家和地区提供的可选方案。再把时光拉长到新中国成立时,中国是世界上最贫穷的国家之一,人均国民收入不足亚洲平均水平的 2/3,贫困人口占世界人口总数的 40% 以上。到 2020 年,中国已经消除绝对贫困,减少了近 8 亿贫困人口,是第一个实现联合国减贫目标的发展中国家,提前 10 年完成《联合国 2030 年可持续发展目标》,对全球减贫贡献率超过 70%。联合国和世界银行等国际组织都高度评价了中国对全球减贫事业做出的巨大贡献,肯定中国在亚洲乃至全球减贫进程中的引领地位。减贫工作是事关社会主义本质的

① 参见[英]安格斯·迪顿:《逃离不平等:健康、财富及不平等的起源》,崔传刚译,中信出版社,2014 年,第 193 页。

大事,也是社会主义中国最大的成就。在中国经济实力走向世界前沿,大多数人民的生活水平快速提升的环境下,国家层面作出承诺,绝不会让贫困地区、困难群众长期滞留在另一极。正如习近平总书记所强调的:"在扶贫的路上,不能落下一个贫困家庭,丢下一个贫困群众。"①这种以国家战略的方式在全国范围内解决贫困问题,只有在中国特色社会主义道路下才有可能,并以国家意志的方式得以实施,见到成效。

近年来,相比于欧美一些奉行新自由主义的国家受困于金融危机,经济萎缩、政治动荡、政府低效、国力下降、贫困人口增加、公民的工作福利减少、社会福利大幅缩减,陷入所谓的"福利陷阱";中国则呈现出政治稳定、政府效率提升、经济韧性增强、创新能力增强的综合优势,对世界经济增长的贡献率连续多年高居世界第一,继续给世界的发展和减贫工作贡献首要推动力量。中国人民的生活水平大幅改善,人均国内生产总值达到上中等收入国家水平,进一步发展的物质基础更加雄厚,人民享有的工作福利和社会福利的广度和深度不断扩展。总之,从纵向看,中国的发展历史告诉我们走社会主义道路是人民的选择,当前的经济社会发展现实证明中国特色社会主义道路是强国富民的唯一道路。通过横向比较,其他国家的发展模式并不适用于中国,我们只有在虚心借鉴人类社会一切文明成果的基础上,坚守中国特色社会主义道路,不断改革完善社会主义基本制度,探索推动治理水平的改进和治理效能的提升,在日益成熟稳定的制度环境下,确保在实现人民各项福利,增进人民福祉的道路上不断取得新的成就。

二、落实基本方略,推进福利制度的整体性建设

新时代基本方略为美好生活建设提供实践指南。党的十九大指出,经过

---

① 中共中央宣传部:《习近平总书记系列重要讲话读本》,学习出版社、人民出版社,2016 年,第220 页。

长期努力,中国特色社会主义进入了新时代,这是我国发展新的历史方位。作出这个重大政治判断,是基于改革开放以来我国社会进步的必然结果,是我国社会主要矛盾运动变化的必然结果,是中国共产党团结带领全国各族人民开创光明未来的必然结果。其中,社会主要矛盾发生变化是进入新时代的重要标志。20世纪80年代我国的社会主要矛盾是人民日益增长的物质文化需要同落后的社会生产之间的矛盾。经过改革开放40多年的发展,我国社会生产力水平大幅度提升,主要工农业产品生产能力连续多年稳居世界第一,一些产品甚至出现大量过剩。这说明,长期困扰我国的短缺经济已经成为过去,供给不足状况已经发生根本性改变,人民的物质生活水平显著提高,生活的个性化、多样化特征日益明显,人民对美好生活的向往更加强烈,不仅对物质文化生活提出了更高的要求,而且在民主、法治、公平、正义、安全、环境等方面的要求日益增长。

以习近平同志为核心的党中央,敏锐地洞察到了我国社会主要矛盾发生的变化,梳理出我国社会的许多矛盾都是由于发展的不平衡不充分派生出来的问题,适时地作出了我国社会的主要矛盾已经发展成为人民日益增长的美好生活需要和不平衡不充分的发展之间的矛盾。主要矛盾判断的改变,说明中国共产党已经意识到,在经济社会发展到一定阶段,人民生活水平不断提高后,人民群众的需求会呈现出多样化、多层次、多方面的特点。党和政府需要为人民提供更好的教育、更稳定的工作、更满意的收入、更可靠的社会保障、更高水平的医疗卫生服务、更舒适的居住条件、更安全的社会保护。显然,人民群众多样化的需求已经超越了物质文化的范畴,向更全面、更综合、更高水平的层面发展。党的十九大为了应对社会主要矛盾及其派生的一系列变化,整体性地提出了解决主要矛盾、建设人民福利的十四条基本方略,其中,坚持以人民为中心、坚持全面深化改革、坚持新发展理念、坚持人民当家作主、坚持全面依法治国、坚持社会主义核心价值体系、坚持在发展中保障和改善民生、坚持人与自然和谐共生、坚持总体国家安全观等方面,都是要把工作重心放在着力解决好发展不平衡不充分的问题上,综合平衡各方利益,把经济社会发展的质量和效益放在更加突出的位置上,全面满足人民在经济、政治、文化、社会、生态等方面日益增长的多种需要。习近平新时代中国特色社会主义思想的基本方略,以整体性视角布局国家发展建设的重点问题,以系统性思维设计布局国家的发展和人民福利的提升路径,打造综合全面的人民福利建设体系,从总体上为我国人民生活水平的综合提升设计了依赖路径,全面体现了以人民为中心的发展思想,将会在促进人的全面发展,推动社会全面进步方面,发挥重大和主导型的推动作用。

美好生活建设彰显以人民为中心发展思想的价值理念。人民对美好生活的向往,就是我们的奋斗目标。党的十八届五中全会十分明确地提出要坚持以人民为中心的发展思想,把增进人民各项福利作为经济发展的主要目的和不可更改的归宿。党的十九大进一步强调了人民主体性地位,党的十九大报告指出必须坚持以人民为中心的发展思想,不断促进人的全面发展,逐步实现人民走向共同富裕。报告的十四条基本方略中有三条是阐述和保证人民主体性地位的,彰显了新时代、新的历史方位下中国共产党治国理政的鲜明政治立场,再次明确了建设国家的主要依靠力量,确认了发展经济的主要目的,这是自党的十八大以来我国转变发展方式、调整发展道路的重要体现,也是发展价值目标的及时复归。以人民为中心思想的本真特征是党性和人民性的高度统一,是党的力量之源,实现人民利益的重要前提,是一系列制度建设的重要指导。以人民为中心思想的价值论意蕴,真正体现了时代精神和人民心声的价值诉求,反映了中国共产党执政的人民至上性。

回顾过去,由于急于摆脱极端贫困等经济建设和发展阶段性任务的差异,以人民为中心的思想在某些阶段和部分领域没有得到很好的贯彻落实。党的十八大以来,习近平总书记多次强调要以人民为中心,指出问题是时代的声音,人心是最大的政治,必须坚持以人民为中心的发展思想,把增进人民的福祉、促进人的全面发展作为发展的出发点和落脚点。人民是推动发展的根本力量,发展成果理应由全体人民共享。近些年我国社会重要矛盾发生变化,发展出现了一些不平衡、不和谐、不规范的问题,大都能直接或间接地归结到经济成果分享的不平衡性方面,人民没有得到应有的福利。解决这一关键问题的思路只能是回归以人民为中心,在激励人人参与、人人尽力的前提下,按照基本方略的指导完善各项制度建设,以制度的规范和有序促进机会均等、共同建设、福利共享,保障基本民生,实现全体人民共同迈入全面小康社会的既定目标。总之,党的基本方略是人民福利整体性建设的基本指引,把基本方略通过制度性转化,落实到体制机制建设和政策实施推进层面,才能更好地落实到以人民为中心这一价值之锚治国施策,保证人民在发展中获得各项福利。

三、深化制度改革,释放福利建设发展动力

改革开放对中国人民的重大意义怎么强调都不为过。中国共产党在对传统社会主义的弊端进行深刻反思并经历了一次伟大的觉醒后,从理论到实践进行了创造性的突破,实行改革开放的历史性决策,推动中国快速迈向现代化进程。改革开放只有进行时,没有完成时。党的十八届三中全会以来,习近平总书记顺应人民的需求,全力推进全面深化改革的进程。对处于发展关键阶段的中国而言,只有通过持续的改革,清除发展障碍,理顺发展关系,激发社会发展动力,才能不断为人民谋取更多的福利创造更好的条件。

以改革推进发展,解决人民关注的焦点问题,是增进人民福利不变的法则。通过锐意改革,我国40多年的经济建设取得的成就相当于其他一些大国100年左右的经济发展成果。当然建设成就突出的同时,一些矛盾和问题也十分集中地在短时间内表现出来,有些问题堪称是集中式、链条式的爆

发。这些问题大体可以归结为三类：第一类是发展中出现的失衡问题，比如区域发展不平衡、群体发展不平衡、行业发展不平衡、发展方式的不可持续、居民收入差距过大、社会保障不健全、食品安全等问题，从不同的方面都涉及人民的福祉，解决不好会影响人民对党和政府、对中国特色社会主义的信心。第二类是不思进取的小富即安型问题。社会发展到一定程度，就会出现发展迟缓、小富即安、不求上进、抱残守缺等问题，利益固化、定势思维、不敢冒险、趋于安逸，都会抹杀社会发展的活力，无法释放社会发展的潜力，不利于国家的长远发展，有损于人民的根本利益。第三类是人民反映强烈的腐败问题。腐败是最大的政治问题。在经济发展起来，物质生活得到很大改善后，社会上的某些领域和行业由于权力过大，出现自我膨胀，特别是在一些公共管理和服务部门出现的腐败现象、奢靡之风、个人享乐主义，严重损害了人民的利益，极大地影响了党和政府的形象，扭曲了人们通过勤奋、敬业、创造和贡献社会获取收入，创造美好生活的价值观。这些发展中出现的难题和问题，也是人民十分关切的焦点，会给社会的发展带来巨大的风险，只有通过全面深化改革，厘清十分复杂的部门利益牵涉，攻坚克难，解决多年遗留下来的顽瘴痼疾，才能平衡各方面的利益，保障最广大人民的福利。

进入新时代以来，习近平总书记敏锐地意识到了这一点，提出要有"敢于啃硬骨头，敢于涉险滩"的气魄，亲任中央全面深化改革领导小组组长（后改称中央全面深化改革委员会主任），推进全面深化改革，敢于打破既得利益阶层的固化藩篱，勇于担当，敢于承担改革的代价，推出了一系列重大的改革，包括司法体制改革、环保改革、农村土地制度改革、户籍制度改革、考试招生制度改革、公立医院综合改革等，这些长期想解决而没有解决的难题，过去想办成而没有办成的大事，都在较短的时间内得到很好的解决，积极回应了人民的期盼，取得巨大的成效，真正实现了与民便利，为民让利，让改革红利不断转化为民生利好和人民福祉。

　　总之,改革是发展的动力,发展是福利的保障。以改革挖掘社会的发展潜力,实现人民福利的可持续性,才能体现出社会主义制度的优越性,通过改革激发出人民的积极性和创造性，创造出比资本主义更有效率的制度环境,促进人的全面发展和进步。这是一种真正为国家负责,为人民着想的责任担当。只有不断推进改革,挖掘出更多的发展动力,创造出更多的社会财富,才能不断为人民利益的实现创造更多的动力源。

第九章　人民福利共建共享的时代价值

　　能否应对经济全球化的压力，不仅是测试现有福利国家生存能力的试金石，也为正在推进社会福利建设的后发国家提供了重要的参考。我国现行的社会福利制度建设在公平、普惠的理念下，逐渐由碎片化向大一统方向发展，福利水平不断提高。但社会福利体制的建立和福利水平的设定，需要综合考虑经济结构调整、就业方式变化、人口结构变动等重要经济参数，我国在还没有完全实现工业化建设、人均收入水平较低、人口老龄化严重的多重压力下，需要建立基本普惠的福利供给，为各类劳动者提供基本安全保障。同时，我国福利体制的设定，需要考虑一定的弹性、可持续性。把支付普惠型福利和工作型福利结合起来，尽可能实施积极的社会福利政策，进行人力资本投资，提供更多的工作岗位，帮助个体提高自身的知识和技能，增强应对经济结构调整的能力，促进更多的人有能力、有意愿、有渠道顺畅参加社会福利建设，做到劳动生产率的提升和社会福利、社会保护的有效兼顾，共同建设福利，共享福利成果，实现经济增长和社会福利的可持续发展，实现人的发展与经济发展的良性互动。

第一节　适应数字经济推动生产方式变革的需要

数字经济的快速发展对于传统的社会福利制度体系形成挑战，为了适应这一变化，对社会福利制度作出调整是必然之趋势。由于数字技术的发展将业务工作标准化和原子化，可以让从业者独自完成，在一定程度和范围内解构了传统的劳动组织关系，使得以单位和雇主为依托的传统社会保障关系受到挑战。在信息平台获得工作任务匹配的人员社保关系虚化，他们无法以传统的方式加入社会保障体系，享受社会保障制度带来的福利待遇。这种不匹配性的产生，主要是由于社会经济结构的变迁引致的结果，技术进步推动的社会经济发展模式的改变是主导力量，社会保障和福利设定必须服从和服务于这样的趋势和要求，因此推动社会福利模式的变革，建设全民共建共享的社会福利发展和享有模式，不仅是新时代人民美好生活的需要，也是我国主动适应数字经济的发展和科技的进步所带来的各种社会发展变化所呼吁和需要的。

从社会经济结构的发展变化看，经济和技术进步的发展趋势决定着社会保障和福利制度模式的变迁，社会福利建设必须要有前瞻性的探索应变之策。数字经济产生了更多的自由职业者，他们穿梭于各个数字平台之间获得就业和工作的机会，传统的福利制度无法包容这样的就业模式。需要从理论上明确阐释员工参加社会保障的权利来自参与了社会生产，传统雇佣关系的消失不能消解这一权利。社会保障体系是嵌入在经济发展体系中的从属系统，生产方式的改变不能否定生产者的社会保障权利，只是改变了其运作方式和实现形式。从实践层面看，新就业形态产生的社会经济基础，即共享经济、平台经济等众多新兴业态催生了新就业形态，这些从业者的社会保障问题也日益突出，目前以"单位依赖性"和"雇主关联性"劳动关系为基础的社会保障制度体系，不利于数字经济条件下非传统劳动关系就业形态人员的加入和保障权利的实现。

从制度可持续性的角度分析，在数字化时代，不应该再区分正规就业与非正规就业，应当把全体就业人员均纳入统一的社会保险制度。提高统筹层次，统一制度缴费，让压低社保缴费不再成为吸引资本流入的砝码；同时，建设更具包容性的社会福利待遇，让其成为吸引高素质人才的法宝之一。新时代的制度建设需要突出社会保障的包容性和创新性，我国社会保障制度改革应该在突破劳动关系约束的基础上实现制度的包容与创新。要从整体上构建适应数字化时代的社会保障体系，改造现行社会保障制度，推进社会保障管理体制改革和运行机制创新。解决新就业形态的社会保障问题需要根据不同就业群体的特点，分层分类施策，分析相应群体的社保需求特征，提出有针对性的解决办法。本书把新业态就业人员依据他们劳动关系特点分为三类，再按照他们的工作特点和社保需要研究如何在现有的制度框架基础上，打破体制障碍，实现制度的有效衔接。在尽可能低的成本下，接纳新形态就业人员加入保障网络，体现出社保制度的兼容性，以及对新经济形态发展的有效适应能力。

展望未来，推进福利的整体性建设，有利于我国社会福利制度建设得更加公平、均衡发展，原有的制度碎片化和根据人群工作特点的区别对待制度缺陷，在基本福利保障层面将依靠国家和党的治理优势逐渐得到有效的解决。数字技术和人工智能的发展催生了越来越多的自由职业者，社会的文明进步和社会权利的发展都要求把自由职业者纳入社会保障体系中。社会保障制度必须与时俱进，采用先进理念、技术和方法，以适应经济社会的发展变化。目前，我国新业态就业人员社保正在探索在就业地参加城乡居民基本养老和医疗保险，但参加职工保险还有较大障碍。鉴于新业态就业的流动性强、业务转接复杂等特点，建立名义账户管理形式是可行的选择。以养老保险为例,在基本养老保险全国统筹的基础上,分阶段记录缴费情况,缴费方式和时间也可以更加灵活,开发移动数字终端缴费系统,增强灵活性和可及性。长期看,要在发展普惠共享的国民年金的基础上,做大灵活性高、权责明确的个人账户,以适应人员的大规模、经常性流动和自由职业者增多的趋势。

总之,社会福利及其制度建设和优化必须服从和服务于经济的发展需要,有利于人员流动,促进竞争性效率提升和工作岗位增加,激励人们参加劳动,努力工作,这是基本原则,也是制度优化的方向。建设共建共享的人民福利,可以在一定程度上应对数字经济带来的大量碎片化的灵活性就业形式,保证人民更加勇敢地面对各种不确定的工作环境。

第二节　保障人民更加公平公正地发展权利

人民的福利建设归根结底是民生问题,是人民的生存权利和发展权的问题。新时代重视和推动人民福利建设,从更为深层的意义看,不仅为人民提供当期的福利供给,更重要的是建立公平公正的制度环境和发展条件,让更多的人民在享有即期福利的同时,有机会有能力发展自己,为自身和社会创造更多的福利所得。

人民福利问题凝结百姓心声,关系国家命运。人民各种福利获得也不仅仅只是解决对老百姓生活中具体的生活问题,它还是一项重要的政治问题。认识好、把握好民生福利问题,就抓住了共产党执政的要义。党的十八大以来,中国共产党将解决民生福利问题作为工作的中心,让改革发展的红利更多更公平地惠及每个老百姓身上。在"学有所教、劳有所得、病有所医、老有所养、住有所居"的基础上,增加"幼有所育、弱有所扶"的奋斗目标,这是当前中国共产党进行民生福利建设工作的具体目标。这不仅是马克思主义民生思想的发展,也是中国特色社会主义民生福利思想的重要发展,对于全面建成小康社会与全面建设社会主义现代化国家有着十分重大的现实意义。民生福利的改善没有终点,只有连续不断的起点。以共建共享的方式推进我国民生福利建设,能够为人民提供更全面的社会保护,提升享受公共服务的水平,让他们的社会公民权利的享有更加丰富,也更加公平。

习近平总书记在 2021 年 2 月 26 日主持十九届中央政治局第二十八次集体学习时的讲话,对建设和完善中国特色的社会保障体系,实现国民更加公平、更加普惠的社会保障和发展权利具有非常重要的指导意义。他强调,社会保障是保障和改善民生、维护社会公平、增进人民福祉的基本制度保障,是促进经济社会发展、实现广大人民群众共享改革发展成果的重要制度安排,是治国安邦的大问题。要加大再分配力度,强化互助共济功能,把更多人纳入社会保障体系,为广大人民群众提供更可靠、更充分的保障,不断满足人民群众多层次多样化的需求,健全覆盖全民、统筹城乡、公平统一、可持续的多层次社会保障体系,进一步织密社会保障安全网,促进我国社会保障事业高质量发展、可持续发展。

我国出台的《"十四五"公共服务规划》,提出要在"十四五"时期,推动公共服务发展,健全完善公共服务体系,持续推进基本公共服务均等化,着力扩大普惠性非基本公共服务供给,丰富多层次多样化的生活服务供给,是落实以人民为中心的发展思想、改善人民生活品质的重大举措,是促进社会公平正义、扎实推动共同富裕的应有之义,是促进形成强大国内市场、构建新发展格局的重要内容,对增强人民群众获得感、幸福感、安全感,促进人的全面发展和社会全面进步,具有十分重要的意义。

习近平总书记的讲话对中国在新的发展阶段建设覆盖全民的福利提出了基本指向,明确了努力的方向。《"十四五"公共服务规划》就惠及全民的福利制度建设和福利可及性程度作出了比较全面的制度设计和实施方案,如果能够得到很好的落实,将给我国人民的福利建设和社会福利的实现提供更加全面和坚实的保障。从国家视角看,人民的福利包括基本公共服务福利和普惠性的发展性福利。其中,基本公共服务福利是保障人民基本生存和发展的基本需要,这部分福利由政府承担主要的供给和保障责任,同时注重发挥市场主体和公益性社会机构给予补充。非基本公共服务是为满足公民更高层次的需求、保障社会整体福利水平所必需但市场自发供给不足的公共服务,政府通过支持公益性社会机构或市场主体,增加服务供给、提升服务质量,推动重点领域非基本公共服务普惠化发展,实现大多数公民以可承受的价格付费享有。

此外,为满足公民多样化、个性化、高品质服务需求,一些完全由市场供给、居民付费享有的生活服务,这部分福利可以作为公共服务体系的有益补充,政府主要负责营造公平竞争的市场环境,引导相关行业规范可持续发展,做好生活服务与公共服务衔接配合。随着我国经济社会发展水平的不断提升,基本公共服务、非基本公共服务与生活服务之间的边界也将随之发生变化,公共服务体系的范围、水平和质量都将稳步有序提升,不断满足人民群众日益增长的美好生活需要。

上述的公共服务建设就人民福利建设的主要内容,也是本书提出的我国以人民为中心整体性福利建设的重要体现。我国以人民为中心整体性福利思想是对西方资本一维性福利思想的超越,以人民为中心福利思想是对以资本为中心福利思想的全面超越,创设出世界社会福利发展的新形态。西方国家的福利思想是在不触动私有制的基本前提下,为了缓和阶级矛盾而采取的权宜之计和改良措施,这样的福利制度不会从根本上触及资本的利益,人民的福利必须让位于资本主导和利润最大化。过去的一段时间由于受西方的干扰,我国在发展的某些阶段和环节,偏离了以人民为中心思想,导致经济发展失衡、生态环境恶化、贫富差距拉大等问题。以人民为中心的福利思想摈弃了以资本为中心的福利定位,依靠人民发展,发展为了人民,重视人民利益,维护人民福利,保护人民利益免受资本侵害,保证人民获得更多更公正的发展权利。

第三节 促进新时代中国特色共同富裕社会建设

在我国经济发展成效显著、社会财富积累规模增长迅速的背景下,逐步解决贫富差距问题, 促进全体人民迈向共同富裕的目标逐渐成为我国发展的主导方向。社会主义国家本质上要求社会成员是共同富裕的,是全体人民的共同富裕,是包括精神丰富和物质充沛的共同富裕,不是少数人的富裕,也排除了平均主义倾向。

推动共同富裕,共同是关键。这里的"共同"包含多层含义。首先是指所有人的美好生活需要都能得到较好满足,"既要把'蛋糕'做大,还要把'蛋糕'分好"①。一方面,做大做好做优财富"蛋糕"离不开所有人各展所长、各司其职,为社会经济文化的发展添砖加瓦,为社会主义建设贡献力量。另一方面,还需要我们对这块财富"蛋糕"进行科学合理的分配,使社会中的每一位成员都能享受到数量充足、质量过硬、种类多元的"蛋糕",实现通往共同富裕的道路一个人都不能少的目标。全体人民不仅能共享改革开放的经济成果,还能拥有平等的地位、机会和权力,彻底消除区域之间和人口之间差距,实现全体人民的富裕。共同富裕的"共同"抽象了富裕的个体性,阻止了贫富差距的扩大, 彰显出生产资料占有及分配上的公平正义。习近平总书记提出:"全面建成小康社会,一个也不能少;共同富裕路上,一个也不能掉队。"②这充分体现了中国共产党人民至上的价值理念。

第二层"共同"是指物质文明、政治文明、精神文明、社会文明、生态文明

---

① 习近平:《切实把思想统一到党的十八届三中全会精神上来》,《求是》,2014 年第 1 期。
② 《习近平谈治国理政》(第三卷),外文出版社,2020 年,第 66 页。

齐头并进、协调发展,达到新的文明形态,物质财富和精神财富全面富裕。共同富裕是中国特色社会主义的本质要求。"十三五"期间我国如期实现全面建成小康社会的目标,创造性地解决了绝对贫困问题,在共同富裕的道路上又迈出了实质性的一步。但很多发展不平衡不充分的问题依旧亟待解决,不只是经济领域,精神文明建设、社会治理、民主法治建设、生态文明建设等各个领域都存在不同程度的不平衡不充分发展的问题。只有坚持党的全面领导,坚持以人民为中心,坚决贯彻落实新发展理念,切实解决好城乡、区域乃至不同群体收入差距问题,才能使共同富裕道路深根固柢。

虽然近年来我国经济社会发展取得巨大成就,社会整体福利不断增进,人民普遍受益,但发展的惠及程度并不均衡,社会福利在人群间、行业间、城乡间、地区间都有一定差距。党中央在当前提出扎实推进共同富裕,旨在强调在全面社会主义现代化国家建设新征程中要更加注重发展成果更多更公平地惠及大多数人,使社会福利向他们倾斜,补齐基础福利差距的短板。

从共建共享实施大福利的视角,促进基本公共服务均等化,是建设共同富裕社会的重要抓手。低收入群体是促进共同富裕的重点帮扶保障人群。社会政策要兜底线,社会建设要加大普惠性人力资本投入,有效减轻困难家庭教育负担,提高低收入群众子女受教育水平。要完善养老和医疗保障体系,逐步缩小职工与居民、城市与农村的筹资和保障待遇差距,逐步提高城乡居民基本养老金水平。要完善兜底救助体系,加快缩小社会救助的城乡标准差异,逐步提高城乡最低生活保障水平,兜住基本生活底线。要完善住房供应和保障体系,坚持"房子是用来住的、不是用来炒的"定位,租购并举,因城施策,完善长租房政策,扩大保障性租赁住房供给,重点解决好新市民住房问题。

共同富裕是全体人民的共同富裕,不是某些地区或者某些人群的富裕。但是城乡之间由于政策制度、地理位置、信息化水平、人口结构等都存在较大差异,逐步产生了城乡发展差距。这些差距不仅影响了经济发展的质量与效益，还关系着社会的稳定与公平，成为制约经济社会持续健康发展的瓶颈。因而为了更好地应对和解决城乡发展不平衡的问题，必须要健全城乡一体化机制，加强城乡公共服务一体化建设，不断缩小农村居民和城市居民在义务教育、医疗卫生、社会保障、基础设施、就业市场等公共服务领域的差距。这就意味着城乡公共服务一体化是实现共同富裕的必经之路。

城乡公共服务一体化建设是福利建设的重要内容，也是推动共同富裕社会建设的重要载体，其作用主要体现在三个方面：

一是有助于促进经济增长。当代经济发展更多地取决于人力资本水平，而公共服务的一体化供给能大大提高广大人民特别是农民的人力资本水平，人力资本的提升又能带来收入的增加，进一步促进消费。对企业来说，通过改善人力资本结构，优化人力资本配置，能提高生产效率，也有利于激发企业的创新发展。同时，城乡公共服务一体化建设主要是通过政府增加供给和优化公共服务供给结构实现的，人民在收入增长的同时又减轻了经济负担，消费潜力被进一步释放，有益于推动国内大循环，带动经济增长。

二是有助于缩小贫富差距。公共服务在初次分配、再分配调节收入差距方面都能发挥重要作用。中央财经委员会第十次会议指出，要促进基本公共服务均等化，增加普惠性人力资本投入，这就为提高人民参与初次分配能力提供了着力点。城乡公共服务一体化建设能有效提高人民尤其是农民的人力资本水平，增强其市场竞争力，进一步提高其参与初次分配的能力。在再分配调节机制上，城乡公共服务一体化建设通过深化财税制度改革，增加对欠发达地区的转移支付，推进社保制度创新等方式，不断缩小城乡之间公共服务制度差异。一方面减少了农民在看病、教育、养老等关键公共服务上的支出，保障人民群众能平等享有生存和发展的权利，增加了农民的可支配收入，从而缩小城乡居民收入差距。另一方面大大推动了农村公共服务建设和发展，缩小城乡差距，形成城乡衔接、相辅相成、协调发展的整体格局。

三是有助于人民美好生活目标的实现。共同富裕的愿景是人民生活富裕、精神富足、环境优美、社会和谐、公共服务惠及大众。而城乡公共服务一体化所涉及的义务教育、社会保障、基础设施、就业劳动等服务就是共同富裕愿景的具体组成要素。因而城乡公共服务一体化是共同富裕的内在需求。共同富裕必然意味着优质公共服务共有共建共享的社会形态，通过不断增加优质公共服务供给，持续提升公共服务水平，着力解决公共服务共享挑战，有效提高公共服务的质量和效率，群众的美好生活需要得到充分满足，人民生活水平和福利水平不断提升，人的全面发展得以保障，真正获得切实的幸福感、安全感和获得感。

在进入新的高质量发展阶段，推动共同富裕的美好目标要求我们通过转变经济发展方式，增加经济增长动能，全方位贯彻落实新发展理念来引领社会经济高质量发展。需要在不断挖掘增长潜力的基础上，统筹处理好发展不平衡不充分导致的各类问题，不断提升公共服务的供给质量和数量，逐步缩小城乡居民的收入差距，持续提升全体人民的生活质量和水平，为最终实现共同富裕打下坚实基础。

当然，面向全民的福利建设要在目标与可能之间实现平衡，要尽力而为、量力而行。要建立科学的公共政策体系，把"蛋糕"分好，形成人人享有的合理分配格局。要以更大的力度、更实的举措让人民群众有更多获得感。同时也要看到，我国发展水平离发达国家还有很大差距。要统筹需要和可能，把保障和改善民生建立在经济发展和财力可持续的基础之上，不要好高骛远、吊高胃口，作兑现不了的承诺。政府不能什么都包，重点是加强基础性、普惠性、兜底性民生保障建设。即使将来发展水平更高、财力更雄厚了，也不能提过高的目标，搞过头的保障，坚决防止落入"福利主义"养懒汉的陷阱。

尾　论

　　福利供给及其制度建设是经济社会发展的一种国家调整，当社会发展遇到问题时，这种调整就变得非常有必要。每个国家的经济发展道路不同，制度构建模式也各有特色，相应的福利制度建设都会打上鲜明的本国烙印。一国在不同的发展阶段也会体现出各有特色的福利建设和发展需求。在我国进入新的发展阶段，满足人民美好生活需要成为经济建设和社会发展的主要任务时，建设覆盖全民的多维一体的整体性福利建设就成为一项不可或缺的重要任务。我国以人民为中心福利制度的整体性构建，正是在全面建成小康社会、开始进入全面建设社会主义现代化进程中，提升人民生活水平的最重要事业。我国社会保障已经发展成为全体人民的共同福利，保障水平已从过去免除生存危机提高到保障所有人的基本生活。

　　党的十八大以来，我国坚持把社会保障全民覆盖作为全面建成小康社会的新要求，实施全民参保计划，各项社会保障的覆盖人数大幅增加。在党的领导下，在人民群众的努力下，我国社会保障建设顺利推进，成为当今世界社会保障发展速度最快、覆盖人口规模最大、保障水平持续提升幅度最大的国家，集中力量办大事的优势再次得到充分展现，推动我国社会福利发展水平上升到新台阶，获得了国际社会高度评价。2016年，国际社会保障协会授予中国政府"社会保障杰出成就奖"。

　　如前所述,本书讲的人民福利的概念是广义的福利概念,不仅仅是从国家和社会获得的免费的供给和资助,而是获得的广泛的生活支持和发展能力培养和权利的赋予,它超越了以往狭义福利的被动消极性,转向积极能动性福利建设和享有,从这样的坐标去理解和观察福利的整体性构建,就不难看出本书的福利内涵不但超越了我国现在通行的只针对特殊群体的福利保障,而且是囊括社会保障在内的多层次的社会福利体系,包括公平正义的法治保障、平等开放就业机会、免于匮乏的基本生活保护、良好的教育水平等,是政府公共服务、公共产品提供以及推动社会建设取得成就的一种综合表达,是国家为了激发人民劳动和创造潜能所作的各种保障和投资,是对人民生活保障、知识素养、身体健康、生活环境的积极投资,旨在夯实人民的综合发展能力,激发创造潜力,释放生产活力。

　　从我国发展的阶段性特征看,社会主义中国在新时代的发展道路上快速前进,福利建设是社会主义国家民生建设的应有之义,在工业化、现代化、市场化发展的基础上,数字化的发展大大增加了人员就业的流动性,普遍性的福利建设成为社会发展根本需要。从整体性的视角考虑我国人民的普遍福利,有利于克服我国目前的社会保障和福利碎片化的问题。

　　从共建共享共富的视角看,我国的经济社会发展水平已经到了比较高的阶段,综合经济科技实力在世界上位于前列,工业生产能力比较强大,物质产品的生产水平也向世界的中高端迈进。在这样的基础上,建立面向全民的保障基本生活水平的普遍性不但是必要的,而且是可能,有相当的物质基础可以支撑。人民福利的本质属性决定了它的人民性,要覆盖到全体人民。科技的发展,物质生产能力的提升,产品的极大丰富都足以支撑更好更高的人民生活水平,福利的获得不应是世界上极少数国家的少数人,而应该进入普遍福利时代, 这样的福利建设能够与经济发展之间保持协调、均衡的关系,人民福利不应成为经济发展的负担,而是保障经济可持续发展的永续动力。需要特别强调的是,那种把福利定位为一种免费获得或者无偿供给的观点是狭隘的、不准确的,也是有害的。绝对不能把新时代人民福利的认识停留在免费获取和无偿得到这样狭义的层面。福利更应该被认为是一种环境的改善、自我发展能力的提升、公平机会的获得、持续进步的条件储备等多个方面。展现出的相互成就的个人—集体—国家间的关系,应该是美好生活建设最重要的抓手。

从国际比较的视角看,建设以人民为中心的福利思想,必须以世界的眼光和历史的角度看待问题,清醒地认识到中国福利社会的建设和发展要尽力而为、量力而行,避免过度承诺和过度福利化引起的社会问题,防止因此而造成的效率低下、增长停滞、通货膨胀等弊端。我国以人民为中心的福利制度建设,必须要考虑到一定的弹性、流动性和发展可持续性。我国要逐渐提高人民的福利水平,改善生活品质,但是不能要求过高,要按照需要与可能的原则,根据人均收入水平、经济增长可持续性等综合考虑。要把国家福利由被动施予变为主动创造,把支付型福利和工作型福利结合起来,积极转变观念,树立给人民以福利,不仅仅是给钱和给物,而是提供公平公正的机会、发展的内在动力、挖掘创造的潜力,谨防制度固化导致社会发展落入"福利陷阱"。

从命运共同体的视角看,以提供社会安全网为重要内容的社会福利体系,是每个共同体成员维持个人尊严和实现自由发展的主要依托。社会福利体系还有十分重要的内在精神价值,即使现阶段囿于经济发展水平,中国还无法建立高水平的社会福利体系,但通过建立一个人人平等享有的基本社保体系,给所有共同体成员提供无歧视的平等保护,有利于推进共同富裕建设;同时也能让全体国民感受到国家共同体对他们的帮助和扶持,获得归属感和心灵慰藉,缓解他们面对市场竞争和信息化、数字化变革社会不可预知风险时不可避免的恐惧和压力,从经济和情感等层面凝聚更多国民命运共同体的建设力量。

　　总结本书的主要思想所要表达的核心理念，就是在新的发展条件下，不忘为民初心，牢记发展使命，砥砺前行，坚持人民群众的首创精神和主人翁地位。通过发展人民普遍享有的福利，给大家提供更多的成长、创造和发展的机会，让人民在积极向上的环境下，在国家不断发展进步的过程中都有人生出彩的机会，让基本生活保障、公平的教育机会、公正的竞争环境、清净的市场环境、清洁的生态环境都成为福利建设的重要内容，从多个层面激发广大人民群众的参与热情和创造活力，最大限度地实现好、维护好、发展好各类劳动者的各项福利和根本利益。把共同建设、共同享有普遍福利贯穿于美好生活建设的各个方面，全力推动在共建中共享、在共享中共建。

　　党的二十大报告指出，中国式现代化是全体人民共同富裕的现代化，是物质文明和精神文明相互协调的现代化，其中蕴含了发动人民群众积极努力共同建设的意识形态指向。全面建设社会主义现代化国家，需要发动最广大的人民群众有效地参与。人民愿意参与的前提是现有福利体系给予的获得感，以及劳动者付出后未来建设成果可以共享的预期，稳定这种预期的重要工作就是加强覆盖全面的统一的福利体系的建设，保证在人民参加了共同建设后，可以共同享有。共建共享性在我国新一轮的发展中，展现出极为重要的互构性。共建与共享是一个问题的两个方面，二者相辅相成、不可分割。共建处于先导的位置，只有共同开展劳动，创造财富、创造价值，才能建立基本的物质基础，才有进行财富分配的前提条件，才会为共享提供可靠的保障。当然，共建的成果必须要共享，才能保证共建的必要性、合法性和可持续性，该目标的实现需要高水平的制度设计和激励，制度的公平实施得到人民的认可。社会的公平正义本身就应该是人民享有的福利，公正合理地分配社会财富是共享社会发展的福利，是大福利内涵的不同表现形式和具体实现。可以说，新时代构建一个中国人民普遍享有的基本保护性福利，是走通中国式现代化道路基本条件,也是建设中国特色现代化美好社会的题中之义。

参考文献

一、中文著作

1.《马克思恩格斯文集》(第一卷),人民出版社,2009年。

2.《马克思恩格斯文集》(第二卷),人民出版社,2009年。

3.《马克思恩格斯文集》(第三卷),人民出版社,2009年。

4.《马克思恩格斯文集》(第四卷),人民出版社,2009年。

5.《马克思恩格斯文集》(第九卷),人民出版社,2009年。

6.《邓小平文选》(第三卷),人民出版社,1993年。

7.《习近平谈治国理政》,外文出版社,2014年。

8.《习近平谈治国理政》(第二卷),外文出版社,2017年。

9.《习近平谈治国理政》(第三卷),外文出版社,2020年。

10.中共中央宣传部:《习近平新时代中国特色社会主义思想学习纲要》,学习出版社、人民出版社,2019年。

11. 习近平:《决胜全面建成小康社会 夺取新时代中国特色社会主义伟大胜利——在中国共产党第十九次全国代表大会上的报告》,人民出版社,2017年。

12.《党的十九大报告辅导读本》,人民出版社,2017年。

13.[丹麦]埃斯平-安德森:《福利资本主义的三个世界》,郑秉文译,法律出版社,2003 年。

14.[德]艾哈德:《大众福利》,丁安新译,武汉大学出版社,1995 年。

15.丁建定:《西方国家社会保障制度史》,高等教育出版社,2010 年。

16.[法]卡特琳·米尔斯:《社会保障经济学》,郑秉文译,法律出版社,2003 年。

17.封进:《可持续的养老保险水平——全球化、城市化、老龄化的视角》,中信出版社,2016 年。

18.李迎生:《社会工作》,中国人民大学出版社,2010 年。

19.林闽钢:《现代西方社会福利思想》,中国劳动社会保障出版社,2012 年。

20.罗许成:《全球化与当代中国马克思主义国家理论的新发展:一种国家治理的视角》,浙江大学出版社,2009 年。

21.[美]E.博登海默:《法理学——法律哲学与法律方法》,邓正来译,中国政法大学出版社,1999 年。

22.[美]乔纳森·H.特纳:《社会学理论的结构》,北京大学出版社,2004年。

23.[美]张效敏:《马克思的国家理论》,田毅松译,上海三联书店,2013年。

24.穆怀中:《社会保障国际比较》(第三版),中国劳动社会保障出版社,2014 年。

25.彭华民:《西方社会福利理论前沿:论国家、社会、体制与政策》,中国社会出版社,2012 年。

26.钱宁主编:《现代社会福利思想》,高等教育出版社,2008 年。

27.[日]武川正吾:《福利国家的社会学——全球化、个体化与社会政策》,李莲花译,商务印书馆,2011 年。

28.[英]吉登斯:《超越左与右:激进政治的未来》,李惠斌译,社会科学文献出版社,2000 年。

29.[英]李嘉图:《政治经济学及赋税原理》,郭大力、王亚南译,商务印书馆,1952 年。

30.[英]马尔萨斯:《人口原理》,朱泱、胡企林、朱和中译,商务印书馆,1992 年。

31.[英]穆勒:《政治经济学原理》(下),赵荣潜等译,商务印书馆,1991 年。

32.[英]斯宾塞:《社会静力学》,张雄武译,商务印书馆,1995 年。

33.张长伟、周义顺:《从传统到现代:西方社会福利观的演变与转型》,中国社会出版社,2013 年。

34.郑功成:《中国社会保障改革与发展的战略选择》,人民出版社,2011年。

二、中文文章

1.习近平:《扎实推动共同富裕》,《求是》,2021 年第 20 期。

2.丁建定:《论中国养老保障制度与服务整合》,《西北大学学报》(哲学社会科学版),2019 年第 2 期。

3.丁元竹:《推动共享经济发展的几点思考——基于对国内外互联网"专车"的调研与反思》,《国家行政学院学报》,2015 年第 2 期。

4.郭瑜:《数字经济下的养老保险:挑战与改革》,《华中科技大学学报》(社会科学版),2021 年第 2 期。

5.何文炯:《社会养老保障制度要增强公平性和科学性》,《经济纵横》,2010 年第 9 期。

6.何文炯:《数字化、非正规就业与社会保障制度改革》,《社会保障评论》,2020 年第 3 期。

7.景天魁:《大力推进与国情相适应的社会保障制度建设——构建底线公平的福利模式》,《理论前沿》,2007 年第 18 期。

8.景天魁:《底线公平:公平与发展相均衡的福利基点》,《北京工业大学学报》(社会科学版),2015 年第 2 期。

9.李春根、张仲芳、赖志杰、刘海兰:《中国社会保障研究现状及展望——第三届中国社会保障理论与政策论坛综述》,《经济研究》,2020 年第 2 期。

10.李迎生:《中国普惠型社会福利制度的模式选择》,《中国人民大学学报》,2014 年第 5 期。

11. 刘玉安:《告别福利国家?——西欧社会政策改革的大趋势》,《当代世界社会主义问题》,2014 年第 3 期。

12.鲁全:《生产方式、就业形态与社会保险制度创新》,《社会科学》,2021 年第 6 期。

13.[美]J.B.福斯特等:《全球劳动后备军与新帝国主义》,张慧鹏译,《国外理论动态》,2012 年第 6 期。

14.牛海:《经济全球化的收敛压力与我国多维社会福利体系的构建》,《改革与战略》,2017 年第 11 期。

15.牛海、孟捷:《新时代中国社会保障体系的主要矛盾及其优化路径研究》,《西北大学学报》(哲学社会科学版),2019 年第 4 期。

16.汪立鑫:《中国国有经济制度安排的政治经济学》,《探索与争鸣》,2018 年第 6 期。

17.汪青松等:《美好生活需要的新时代内涵及其体现》,《上海交通大学学报》(哲学社会科学版),2018 年第 6 期。

18.王朝明、张海浪:《精准扶贫精准脱贫战略思想的理论价值》,《理论与改革》,2019 年第 1 期。

19.王思斌:《社会韧性与经济韧性的关系及建构》,《探索与争鸣》,2015年第 3 期。

20.王思斌:《我国适度普惠型社会福利制度的构建》,《北京大学学报》(哲学社会科学版),2009 年第 5 期。

21.向德平:《包容性发展理念对中国社会政策建构的启示》,《社会科学》,2012 年第 1 期。

22.肖巍:《"互联网+"背景下灵活就业的劳动关系探析》,《思想理论教育》,2020 年第 5 期。

23.严书翰:《社会主义社会建设理论的形成发展及意义》,《中共福建省委党校学报》,2009 年第 6 期。

24.杨燕绥、于淼、胡乃军:《人口老龄化、养老保险与城镇居民消费研究》,《苏州大学学报》(哲学社会科学版),2015 年第 3 期。

25.杨宜勇等:《"十四五"时期强化就业优先政策体系研究》,《宏观经济管理》,2021 年第 2 期。

26.张芳曼:《我国社保缴费率并非全球最高》,《人民日报》,2012 年 9 月 11 日。

27.赵青:《互联网平台灵活就业群体的社会保障困境与制度优化路径》,《中州学刊》,2021 年第 7 期。

28.郑秉文等:《养老金改革的前景、挑战与对策》,《国际经济评论》,2021 年第 4 期。

29.郑秉文:《第三支柱商业养老保险顶层设计税收的作用及其深远意义》,《中国人民大学学报》,2015 年第 1 期。

30.郑功成等:《从战略高度完善我国社会保障体系——学习习近平总书记关于完善社会保障体系重要讲话精神》,《社会保障评论》,2021 年第 2 期。

31.郑功成:《全面理解党的十九大报告与中国特色社会保障体系建设》,《国家行政学院学报》,2017 年第 6 期。

32.郑功成:《中国社会救助制度的合理定位与改革取向》,《国家行政学院学报》,2015 年第 4 期。

三、英文文献

1.Donghyun Park,*Pension Systems in East and Southeast Asia*,Philippines:Asian Development Bank, 2012.

2.Esping –Anderson,G.,*Social Foundations of Postindustrial Economics*,Oxford University Press, 1990.

3.Huber,Evelyne,*Development and Crisis of the Welfare State*,University of Chicago Press,2001.

4.Martin Feldstein&Jeffrey Liebman,Realizing the Potential of China's Social Security Pension System,*Published in China Economic Times*,February 24, 2006:1-4.

5.Mishra,Ramesh,*Globalization and the Welfare State*,Edward Elger,1999.

6.M.Page,*British Social Welfare in the Twenty Century*,Macmillan,1999.

7.Tim Tilton,*The Political Theory of Swedish Social Democracy:Through the Welfare State to Socialism*,Oxford University Press,1990.

8.Tit Muss,*Commitment to Welfare*,London,1986.

后 记

党的十八大以来，党对我国发展阶段性特征的把握有新的认识，理论研究的新议题也不断涌现，理论界的创新进入一个新的前所未有的快速发展期。在这样的大背景下，党中央提出的满足人民美好生活需要已经成为施政的主要议题，这样的观照也成为新时代社会发展的重要标志之一。

本人长期关注我国社会保障的建设情况，了解了我国在这一领域的起步虽然较晚，但是发展非常迅速，已经建成了全球最大的社会保障体系，全体国人基本都被纳入这一保护体系之中，不同程度地享有保障福利。由于在我国现有制度体系中，社会福利作为社会保障体系中的一部分，被专门提供给具有特定资格和身份的人，所以参加养老保险等社会保障中的人不认为这是一种社会福利，有一种"身在福中不知福"的感觉，同时把福利狭隘地理解为国家和社会的简单被动给付，没有把国家创造的空前的个人发展机会和自我成就的条件看作一种社会福利。鉴于此，本书结合国家新时代开启的人民美好生活建设事业，扩展了"福利"概念的内涵，丰富了中国习惯使用的狭义福利，在立场上与西方社会的"福利国家""福利社会"相区分，在享有范围上以人民为主体，在实现方式上以共建为主要路径，力图在理论和实践层面拓展人民对福利的认知。福利不是某一部分人的专享品，也不应当因为首先产生和流行在西方社会就与中国人民无缘，在抛去"福利国家"的特定内涵的指向后，作为改善人民生活的客体的全面福利本身理应是由勤劳的中国人民享有的。在中国经济建设和社会发展取得历史性成就的新时代，中国人民有了更好的基础和条件可以实现自己的福利诉求，这是助推本书创作的重要动力。本书表达了对中国人民生活持续改进的真切期盼。

感谢上海市委宣传部中青年理论骨干班专项课题的资助，以及上海市习近平新时代中国特色社会主义思想研究中心、上海理工大学马克思主义学院的支持，感谢课题组成员的贡献，特别是兰州大学马克思主义学院的刘光旭博士，他参与了第四、五、七、八章的初稿写作工作并整理了大量的数据。在本书的写作过程中，参考了大量的有关著作，在此谨向这些著作的作者们表示衷心感谢！

牛　海

2022 年 8 月于沪江园